Fondements
de la métaphysique des mœurs

Paru dans Le Livre de Poche :

KANT : LEÇONS DE MÉTAPHYSIQUE
Présentation, traduction et notes de Monique Castillo
Préface de Michel Meyer

et
LEÇONS SUR LA THÉORIE PHILOSOPHIQUE DE LA RELIGION
Traduction de William Fink
Présentation et lecture commentée de
William Fink et Gérard Nicolas

EMMANUEL KANT

Fondements de la métaphysique des mœurs

TRADUCTION ET NOTES PAR VICTOR DELBOS
PRÉFACE DE MONIQUE CASTILLO
Postface, *La Morale de Kant*, par Victor Delbos

LE LIVRE DE POCHE
Classiques de la philosophie

Monique Castillo, diplômée de sciences politiques, agrégée de philosophie et docteur d'Etat, est actuellement professeur à l'Université de Poitiers. Elle a notamment publié *Kant et l'avenir de la culture* (P.U.F., 1990) et une traduction des *Leçons de métaphysique*, d'Emmanuel Kant (Le Livre de Poche, 1993).

PRÉFACE

par

Monique Castillo

En 1781, la *Critique de la raison pure* introduit la morale par une interrogation spécifique, exprimée à la première personne : « Que dois-je faire ? » L'absence de réponse est ce qui fait question dans la question. La connaissance de l'expérience commence par décourager toute interprétation morale du monde et l'observation des mœurs rend illisible la destination ultime de l'action humaine. En 1785, les *Fondements de la métaphysique des mœurs* fournissent les moyens d'un traitement systématique de ce qui peut obliger dans une obligation. Leur point de départ reproduit fidèlement l'inquiétude critique : dans la diversité des buts que chacun se propose pour sa félicité, pour l'accomplissement de sa vie, il est impossible de déceler le moindre caractère obligatoire, rien qui vaille en soi et pour soi, rien qui transporte au-dessus des rapports purement techniques au monde et aux autres. S'il m'est impossible de savoir ce que je *dois* faire, tout ce qui détermine concrètement mes actions est condamné à m'apparaître comme quelque chose de contingent du point de vue moral.

Les *Fondements* annoncent ce qui sera la tâche d'une *Critique de la raison pratique* (1788) et anticipent leurs propres prolongements dans une *Métaphysique des mœurs* (1797). En cela, ils contribuent à préciser la nature et l'étendue d'un traitement spécifiquement critique de la morale. Le problème le plus difficile, exposé dans la troisième section, est de passer d'une conception négative à une conception positive de la liberté. La liberté se révèle d'abord à chacun comme une qualité négative, « en ce sens que nous ne sommes contraints à l'action par aucun principe de détermination sensible [1] », et que, par suite, « je ne puis être contraint par autrui à posséder une fin, c'est moi seul qui détiens le pouvoir de me proposer quelque chose comme fin [2] ». Cette liberté négative, indéterminable empiriquement, ne rencontre rien dans la nature et dans l'histoire qui puisse la lier ou l'associer. Il faut donc, pour fonder la morale, une liberté positive, un pouvoir de commencer et de déterminer l'action, de lui fournir ses raisons. Le service de la liberté requiert une conception normative, ou législatrice, de la raison. Les *Fondements* mettent en place le concept central d'autonomie pour établir le lien qui associe la volonté à la forme universelle de la loi morale. La *Métaphysique des mœurs* proposera l'idée d'*autocratie* de la raison pour rendre compte du lien entre la raison et les fins de l'action commandées par la loi morale.

De là, cette révérence, réelle mais parfois distante, dont le kantisme est l'objet. N'est-il pas la source d'une fondation

1. *Métaphysique des mœurs*, Introduction générale, trad. A. Philonenko, Vrin, p. 101.
2. *Doctrine de la vertu*, p. 51.

paradoxalement autoritaire, autocratique, de la liberté ? Il semble qu'il faille, pour le comprendre, revenir en deçà des pensées de la libération, pour y retrouver les origines d'une philosophie de la liberté. Une théorie de la libération redécouvrirait plutôt cette indépendance première de l'individu, cette liberté négative dont Kant ne fait qu'une liberté psychologique, tandis que la philosophie de la liberté cherche un *fondement* objectif, transcendantal et non psychologique de la liberté, une fondation non subjectiviste de la liberté du Je. Dans la mouvance postnietzschéenne de l'idée de libération, il s'agit plutôt de restituer à l'individu son activité particulière, conçue comme une puissance individualisée ; sa libération consiste à le libérer de la morale elle-même, pour le rendre à son indétermination morale antérieure. La pensée kantienne de la liberté, quant à elle, commence par libérer la morale de ses contrefaçons autoritaires, des intérêts particuliers des « moralistes » professionnels ou circonstanciels. C'est pourquoi elle repose sur l'autodétermination du sujet, sur une limitation librement consentie.

Ethique, morale et moralisme

La Préface des *Fondements* adapte sa propre terminologie aux divisions traditionnelles en usage chez les Anciens : tandis que la *philosophie naturelle* correspond à la *Physique*, la *philosophie morale* est donnée comme synonyme de l'*Ethique* [1]. Le jeu des concordances permet de définir l'analogie des tâches pour un traitement critique : à une métaphysique de la nature correspondra une

---

1. « Forger des mots nouveaux, là où la langue ne manque pas d'expressions pour des concepts donnés, c'est prendre une peine puérile pour se distinguer de la foule », *Critique de la raison pratique*, trad. J. Gibelin, PUF, p. 8.

métaphysique des mœurs. Il s'agit, dans chacun des cas, de produire l'objet comme objet rationnel à partir de sa définition selon des concepts rigoureusement purs, indépendants de ses apparitions dans l'expérience sensible. Du même coup, la différence entre les objets éclate en même temps que se met en place l'analogie entre les méthodes. La nature et les mœurs s'opposent comme deux domaines de législations, parfaitement distincts et inconvertibles. Ainsi, quoique l'éthique, comme la physique, regroupe tout ensemble un domaine empirique et un domaine pur, Kant nomme *morale* sa partie pure et rationnelle. Il indique par là que la morale se consacre plus spécifiquement au concept pur de devoir-être, par opposition au concept d'être (naturel) dans la physique. La législation éthique est celle qui est incommensurable au système des lois physiques.

Une deuxième acception du terme « éthique » est donnée dans la *Métaphysique des mœurs* : Il s'agit alors de diviser les lois morales en lois juridiques d'une part (*Doctrine du droit*) et en lois éthiques d'autre part (*Doctrine de la vertu*). Alors qu'une législation juridique s'applique aux relations extérieures entre les hommes (propriété, échanges, contrat, travail...), une législation éthique commande à l'intériorité ; elle n'ordonne pas seulement la forme de l'action, mais sa fin : elle fait du devoir une fin. Ici, l'éthique exprime ce qui distingue un comportement vertueux d'un comportement légal, elle représente un degré supplémentaire d'intériorisation de la loi.

Kant comprend lui-même comme une restriction la limitation, qui s'est imposée par l'usage, de l'éthique au domaine de la vertu, excluant les rapports intersubjectifs de nature juridique de cette éthique au sens restreint. Il rappelle que son sens le plus général était celui d'une « doctrine des mœurs »[1]. En droit et en principe, sa propre

---

1. *Doctrine de la vertu*, p. 49.

Métaphysique des mœurs occupe la place d'une éthique au sens de cette doctrine des mœurs, en s'attachant à l'ensemble des comportements et des situations que des devoirs viennent régler. C'est ce qu'indique encore l'idée, exprimée par Kant, que l'éthique doit comporter aussi une anthropologie pratique [1], que la *Métaphysique des mœurs* doit indiquer les effets des principes moraux dans l'expérience des relations interindividuelles [2]. Pourtant, il est devenu habituel de signaler l'acception spécifiquement kantienne de la moralité par opposition, précisément, au terme « éthique ». Cet usage accentue le rôle de la partie pure, *a priori*, strictement formelle et métaphysique des devoirs, en soulignant son indépendance par rapport à l'expérience. La postérité a mis ainsi au second plan, non seulement les applications prévues par la doctrine, mais aussi l'intérêt anthropologique de la morale kantienne [3]. Il est fréquent que l'on étudie les *Fondements* comme un exposé isolé et autosuffisant de la morale de Kant. Longtemps, les thèses kantiennes sur l'histoire, l'espèce humaine ou la civilisation ont été tenues pour des résurgences des préoccupations précritiques, tandis que les écrits sur le droit et la vertu étaient imputés aux effets quelque peu maniaques d'un besoin vieillissant de systématicité à tout prix.

Dans cette « kantisation » du concept moderne de la moralité, il entre une part d'admiration à l'égard de la découverte critique par laquelle un rationalisme moral, une fondation rationnelle des valeurs est possible et nécessaire. On juge donc du mérite de Kant (avant de le lui reprocher) par sa capacité de fonder la morale en excluant la nature de l'homme de son champ d'investigation [4]. Or il s'agit là d'une démarche méthodologique,

1. *Fondements de la métaphysique des mœurs*, Préface, p. 48.
2. *Doctrine du droit*, p. 91.
3. *Fondements*, p. 48 et 82.
4. *Fondements*, p. 50.

que chacun comprend sans peine quand elle s'applique à une métaphysique de la nature, à une fondation rationnelle des lois de la physique ; chacun alors garde bien à l'esprit que c'est de la nature, tout de même, que Kant veut parler. De la même façon, les *Fondements* expliquent aussi que la philosophie morale doit appliquer ses lois « à la volonté de l'homme en tant qu'elle est affectée par la nature [1] », que la « métaphysique » désigne à la fois une procédure rationnelle *a priori* et une reconnaissance de soi de la volonté libre dans la loi [2], que la démarche méthodologique a directement une valeur pratique [3]. Mais elle ne saurait tirer ses principes d'une anthropologie empirique ; la morale n'est fondée que si elle est pure, si elle ne dérive les devoirs ni de la psychologie, ni de la politique, ni de la religion, ni même des habitudes les plus répandues de l'éducation. En un mot, Kant ne dérive pas la morale des *mœurs* et c'est ce qui justifie que l'on puisse lui attribuer la distinction entre la morale et l'éthique : « la connaissance de ces lois n'est pas puisée dans... la perception du cours du monde, de ce qui arrive et de la manière dont cela arrive (bien que le mot allemand *Sitten*, comme le mot latin *mores*, ne signifie que la manière et la façon de vivre) [4] ».

Néanmoins, il ne faut pas perdre de vue que cette façon d'isoler la moralité des mœurs perpétue, dans nos manières d'en juger, la vision que Hegel a donnée de la morale kantienne. Les *Principes de la philosophie du droit*, notamment, distinguent soigneusement entre la sphère de la *Moralität* et celle de la *Sittlichkeit*. Hegel contribue ainsi à imposer comme une séparation ontologique une division originairement méthodologique.

---

1. *Fondements*, p. 48.
2. *Ibid.*, p. 51.
3. *Ibid.*, p. 74.
4. *Métaphysique des mœurs*, Introduction générale, p. 90.

L'opposition devient ontologique du fait que la moralité subjective *(Moralität)* repose sur la personne, tandis que la moralité objective *(Sittlichkeit)* trouve un enracinement concret dans les mœurs d'une communauté. L'apport de Hegel à la réputation (puisqu'il s'agit d'une transmission de traductions en usage) du kantisme est double. En voulant redonner aux mœurs un sens cumulatif (imbrication des significations politiques, nationales, familiales et individuelles dans un comportement) plutôt que sélectif (système des devoirs), il réintègre dans une doctrine des mœurs un sens de l'éthicité hérité des Anciens, et notamment d'Aristote, celui qui fait de la vertu une habitude, insérée dans une situation initiale d'échanges et de réciprocités, plutôt qu'un devoir dont l'« héroïsme » repose uniquement sur une auto-exhortation subjective. A cet égard, la division entre éthique et morale se perpétue comme une distinction commode pour désigner respectivement le domaine des normes (lois pures) et celui des liens (lois établies [1]). On accède au premier par la réflexion, tandis que le second est donné par l'histoire et la tradition. On peut reconnaître à cette distinction une fonction descriptive : elle rappelle que, dans la morale kantienne, la validité des règles est ce qui doit déterminer leur efficacité, tandis que, dans une éthique traditionnelle, l'efficacité conditionne la validité des mœurs.

Mais, en même temps, Hegel limite les possibilités d'une morale normative qu'il borne à ses propres frontières méthodologiques. En considérant la pensée critique comme une pensée de l'entendement, il arrête sa

---

1. On peut se référer aussi à la présentation que fait Bergson, rappelant que les mœurs renvoient à une représentation quasi-naturelle de la loi : « Mœurs et morale, règle au sens de constance et règle au sens d'impératif : l'universalité de fait et l'universalité de droit », *Les Deux Sources de la morale et de la religion*, PUF, Quadrige, p. 129.

compétence à celle d'une séparation entre la loi morale et le monde, entre la volonté et les conditions réelles de la vie. Par cette manière de voir, c'est la morale elle-même qui s'exporte hors du réel. En se concevant comme pure, la volonté ne pourrait, tout au plus, produire qu'une « vision morale du monde », elle cesserait d'être une pensée du monde (elle perdrait la scientificité de la pensée complète). Dans cette analyse, les conditions de sa propre validité la rendent incapable de concevoir ce qui fait l'efficacité de l'éthique. La critique hégélienne contribue à faire de la subdivision entre morale et éthique une subdivision datée, une sorte d'héritage tardif des Lumières. En identifiant la conception kantienne du réel à celle que les Lumières ont de la finitude, elle convertit le dualisme réflexif de Kant en un dualisme ontologique, exportant délibérément la pensée hors de l'être, le sujet hors de l'Etat, la morale hors des mœurs.

La morale étant ainsi coupée de ses applications, le criticisme ne peut plus apparaître comme une philosophie de la médiation et du progrès [1], et la moralité tend à se réduire à un pur et simple légalisme. L'autonomie prend, certes, la place centrale dans l'héritage kantien, mais au prix de l'oubli de la solidarité qui existe entre tous les enjeux de la pensée critique et au prix d'un rétrécissement significatif de sa portée morale. Kant ayant distingué, dans les *Fondements*, entre une action conforme au devoir (motivée par un intérêt) et une action faite par devoir (par respect pour la loi), entre la légalité et la moralité, ne suffit-il pas de qualifier la première de légalité extérieure et la seconde de légalité intérieure ? « Entre le Chaman Toungouse, les Prélats qui

---

1. Quoique Hegel reconnaisse dans l'idée de la perfectibilité du genre humain, quand il la reprend à son compte, la première forme de l'esprit *(Principes de la philosophie du droit,* § 343, R.).

dirigent l'Eglise et l'Etat, le Mongol, le Puritain... d'une part, et l'homme qui obéit au simple commandement du devoir, la différence n'est pas que les uns se rendraient esclaves tandis que l'autre serait libre, mais que les premiers ont leur maître hors d'eux tandis que le second le porte en lui-même et est de ce fait son propre esclave » [1]. En dépit de son exagération polémique, la formule indique clairement combien est aisée la dégradation du concept de la morale en celui du moralisme.

Il s'est développé, en effet, un sens assez courant du moralisme qui sert à désigner le prosélytisme d'un certain comportement « moraliste » ou « moralisateur » plutôt que la morale elle-même. On qualifiera de « moraliste » l'exhortation à faire partager par le plus grand nombre les intérêts d'un groupe ou d'une catégorie de personnes jugées défavorisées. Ce sens courant ne peut s'appliquer au kantisme puisqu'il s'agit de diriger le sentiment en suivant la force émotionnelle de l'exemple, de façon hétéronomique. Mais le moralisme a pu servir aussi à désigner le kantisme en tant que forme caractéristique de philosophie morale. Au début du siècle, A. Fouillée donne au mot une certaine consécration universitaire en s'efforçant de définir une position critique par rapport à deux courants : la réception du kantisme chez ses contemporains, notamment C. Renouvier et E. Boutroux, d'une part, et en relation avec la vague d'« amoralisme » venue d'Allemagne, notamment avec Nietzsche et Stirner, d'autre part. Dans ce contexte, il s'agit de faire de la morale un enjeu stratégique décisif. Pour désigner à la fois la signification historique et les limites du kantisme, pour l'achever en quelque sorte comme doctrine close, enfermée dans ses propres principes, A. Fouillée le caractérise comme un moralisme : « c'est la

---

1. *L'Esprit du christianisme et son destin*, trad. J. Martin, Vrin, p. 31.

morale de Kant qui est le moralisme proprement dit » [1]. Qu'est-ce donc que ce moralisme ? Un dogmatisme, un intellectualisme, « l'idée de légalité pure, de devoir pour le devoir et non pour le bien » [2]. Le moralisme est donc un légalisme qui restreint la morale elle-même, qui en est comme le diminutif.

Or, faire du kantisme un moralisme ne revient pas à distinguer simplement entre la morale et l'éthique, entre le domaine des normes inconditionnées et celui des mœurs historiquement déterminées, mais à faire de la morale ce qui s'oppose à l'éthique, ce qui déclare impossible la réalité d'un domaine éthique, et cela, par la préférence donnée à l'idéal contre le réel, au monde intelligible contre le monde sensible, à la surnature contre la nature. On aurait alors affaire à une structure d'utopie pratique qui aurait pour effet le dénigrement du monde, à tout jamais incapable de réaliser les conditions de la moralité. C'est avec une intention spéculative bien précise que A. Fouillée choisit ce terme, il veut en montrer les dangers et dénoncer, notamment, son incapacité à faire front contre un amoralisme envahissant dont il favorise, paradoxalement, le succès. En délaissant le champ de la réalité empirique, jugé incapable de fonder la morale, le kantisme serait le premier à justifier doctrinalement l'amoralité des inclinations sensibles. Il laisserait ainsi la carrière ouverte au nietzschéisme, qui n'a plus qu'à déclarer illusoire la fondation suprasensible

---

1. A. Fouillée, *Le Moralisme de Kant et l'amoralisme contemporain*, Alcan, 1905, p. 31.
2. *Ibid.*, p. 36. J. Hyppolite comprend également la critique hégélienne de la *vision morale du monde* comme une critique du « moralisme » kantien : « Kant, subissant à la fois l'influence du piétisme et du rationalisme, devait accentuer encore le moralisme de la doctrine et écarter les éléments proprement religieux ou mystiques » (*Genèse et structure de la Phénoménologie de l'Esprit de Hegel*, Aubier, tome II, p. 457).

des valeurs pour installer définitivement l'amoralité dans
l'ensemble de la nature.

Par le jeu des significations qui peuvent être données
à l'éthique, à la morale et au moralisme, on constate que
l'interprétation du kantisme s'est trouvée prise entre
deux vagues critiques divergentes. L'une d'elles comprend la modernité de la morale comme un appauvrisse-
ment de l'éthique, la référence à la nature étant perdue.
Elle oppose à l'autonomie les ressources de la conception aristotélicienne de l'éthique. M. Villey illustre ce
courant dans la Préface qu'il a donnée à la partie juridique de la *Métaphysique des mœurs*. Il conçoit le norma-
tivisme comme un simple légalisme, exclusivement
fondé sur une raison subjective, méconnaissant les situations réelles, la nature des choses et de l'histoire. La
référence à Aristote remet en honneur, contre Kant, l'espace concret du droit, qui est celui de la distribution
équitable entre des biens (honneurs, fonctions, responsa-
bilités). Les situations n'étant pas égales, l'équité veille
à rétribuer chacun à raison de sa participation effective
au maintien de la communauté, selon une hiérarchie des
droits et des devoirs. Mais la souveraineté reconnue aux
sujets (droits des hommes fondés sur leur nature raisonnable) repose sur « un rêve subjectif, utopique et insai-
sissable d'égalité universelle et de liberté »[1]. Ici, la place
accordée aux mœurs contre le rationalisme moral
condamne la préférence qui serait accordée à l'individu
contre la communauté. Or, par ailleurs, le kantisme est
aussi l'objet d'une condamnation faite au nom de l'individu. Dans la ligne de la critique nietzschéenne, la pureté
rationnelle des principes moraux est interprétée comme
le symptôme d'une mystification, comme une transfigu-
ration modernisée des concepts théologiques traditionnels. Par suite, la notion de personnalité morale, sur

---

1. M. Villey, Préface à la *Doctrine du droit*, Vrin, p. 24.

laquelle Kant fonde la liberté et l'égalité des hommes, est dénoncée comme une instance autoritaire qui rétablit, contre l'individualité sensible, le vieil idéal ascétique. Il s'agit, là encore, de condamner le « moralisme » kantien parce qu'il fait de la notion moderne de sujet (réflexif, rationnel, et trop « pur ») l'ennemi intérieur de l'individu. L'individualisme se constitue alors comme riposte à une théorie du sujet moral jugée oppressive et qui ferait de la liberté elle-même une sorte d'obstacle épistémologique à la libération de l'individu : « l'humanisme de la tradition métaphysique a aussi un caractère répressif et ascétique, qui s'intensifie d'autant plus dans la pensée moderne que la subjectivité s'y modèle sur l'objectivité scientifique et en devient une pure et simple fonction »[1].

Cette situation explique une certaine incommodité dans l'emploi du terme « moral »[2], soit qu'on soupçonne en lui l'aveu masqué d'une option intellectuellement terroriste, soit qu'on le considère comme éthéré, simplement incolore et parfaitement insignifiant. On constate ainsi que les principales approches critiques de la morale kantienne ont en commun la même tendance à vouloir « démoraliser » les fondements du kantisme.

Vérité morale et mensonge moral ;
universalité et humanité.

La méthode critique associe le pouvoir des concepts à leur pureté rationnelle. Plutôt que d'en conclure à une

---

1. G. Viattimo, *La Fin de la modernité*, le Seuil, 1987, p. 47.
2. Dans le domaine médical, par exemple, on use du terme « éthique » et non du mot « moral », bien qu'il s'agisse de traiter des questions relatives à une législation possible, et donc à des normes.

sorte d'infirmité pratique, à l'impossibilité d'une sortie hors de soi, il vaut mieux prendre acte d'une manière positive, comme le fait A. Philonenko, des possibilités métaphysiques nouvelles qui sont découvertes sur la base de cette séparation entre l'homme et le monde sensible : certes, l'éthique kantienne cesse d'être une éthique cosmique, mais elle est à même de constituer une métaphysique des mœurs en tant que métaphysique de l'homme [1]. Les *Fondements* en sont un témoignage tout particulier puisqu'ils enracinent cette découverte métaphysique de l'homme en tant qu'être libre directement dans la conscience commune. On peut donc dire que l'on a affaire à une « métaphysique du sens commun » [2] ou encore que « la conscience commune est un usage pratique de notre raison » [3].

Il peut paraître étrange, si l'on se remémore la réputation d'abstraction que ses détracteurs ont pu donner au kantisme, que les *Fondements de la métaphysique des mœurs* se présentent comme un écrit susceptible d'être populaire. L'ouvrage précise toutefois qu'une présentation populaire de la morale ne tient pas à une ornementation séduisante dans laquelle on envelopperait les devoirs pour les rendre appétissants ou désirables. En prenant appui sur la conscience commune, il a pour but d'en extraire les principes fondateurs de toute morale possible. C'est donc plutôt le caractère public et la destination publique des jugements moraux que Kant reconnaît d'emblée, et lui-même entend donner à sa démarche une forme parfaitement communicable en découvrant dans les jugements du public le criterium de la différence entre ce qui est moral et ce qui ne l'est pas. Dans les *Fondements*, l'accès à la moralité se fait par

---

1. A. Philonenko, Introduction à la *Doctrine de la vertu*, p. 20.
2. *Ibid.*, pp. 14 et 24.
3. V. Delbos, *La Philosophie pratique de Kant*, PUF, p. 279.

l'auto-éclaircissement de soi d'un sujet mis en situation d'exprimer ses évaluations. Le philosophe a pour tâche, dans les deux premières sections, de formaliser les critères du jugement ordinaire en leur donnant une forme réellement universelle, purifiée des images ou des associations qui proviennent seulement des circonstances. Il ôte aux jugements moraux leur caractère temporel, c'est-à-dire provisoire. Il se fonde donc sur la présupposition d'une familiarité réelle entre la conscience et l'universalité des principes, et cette supposition justifie un usage populaire possible de l'apriorisme.

Cette démarche initiale décrit une opération d'extraction ou d'abstraction, mais il faut souligner, d'entrée de jeu, ce que cette abstraction contient déjà de pratique par elle-même ; plutôt que de témoigner d'un effort particulièrement pénible pour s'approprier une matière étrangère, elle comporte un sens très spécifique sur le plan de la morale. La répugnance tout intellectuelle que l'on peut éprouver devant un problème difficile de géométrie n'est pas de même nature que l'effort d'abstraction que réclame l'accès à l'impératif catégorique. Dans le second cas, en effet, on a plutôt affaire à un effort qui est celui d'une conversion dans la manière de voir et de juger ; il faut se débarrasser des attentes spontanées qui sont les nôtres en raison de nos précompréhensions de l'éthique. L'abstraction ici consiste d'abord à se défaire de l'appui intuitif que fournissent ordinairement des *mobiles* moraux, dont Kant nie l'existence : nous apprenons ainsi que les valeurs ne constituent pas des motivations d'ordre psychologique. Or, si la morale ne recommande ni d'aimer ni de haïr, le lecteur est tenté de l'appréhender comme une morale axiologiquement neutre, en quelque sorte, alors qu'elle est psychologiquement neutre. L'humour des commentateurs a contribué à donner à cette indépendance une réputation d'intransigeance. Celui de Schiller, bien connu, est particulièrement éloquent, puisqu'il « traduit » l'impératif kantien à

l'intention de l'homme dont les penchants sont bons :
« tu dois chercher à en faire fi et à accomplir alors avec
répugnance ce que le devoir t'ordonne » [1].

Dans les *Fondements*, l'insignifiance pratique des
motivations psychologiques est introduite par la déclaration qu'une action faite par devoir est décidée en l'absence de tout intérêt, donc de tout mobile emprunté aux
sollicitations habituelles du vécu. Elle introduit une
démarche par laquelle Kant procède à la conversion initiale des *fondements* de l'éthique. Le schéma en est bien
connu : le devoir n'a pas sa source dans l'expérience
sensible, il ne peut la tenir que de la raison. Or cette
conversion est directement fondée dans la conscience
commune elle-même. Kant trouve en elle la capacité de
distinguer entre l'existence relative de la valeur (son utilité) et la reconnaissance d'une valeur absolue (celle
d'une volonté morale par elle-même) ; la conscience
commune réalise un auto-dépassement de l'attitude naturelle en matière pratique. Ainsi, quand l'individu s'abstrait de son attitude naturelle, ce qu'il gagne n'est pas
d'essence théorique, il n'accomplit pas de performance
spéculative, mais il réalise une abstraction qui est de
nature qualitative et qui dévoile le point de vue capable
d'élever la morale au-dessus de l'*évaluation*. Pour faire
ressortir cette indépendance de la valeur morale par rapport aux évaluations habituelles, Kant insiste sur la
valeur de l'intention, qui qualifie un acte, au détriment
des dispositions sensibles au bien dans les individus,
parce qu'elles ne qualifient que des choses désirables.
C'est cet aspect du kantisme que Nietzsche a voulu saper
dans ses fondements, en ramenant l'action humaine tout
entière dans le domaine exclusif de l'évaluation.

---

1. Cité par Delbos, *La Philosophie morale de Kant*, p. 265.

Il est remarquable de constater que les tentatives faites pour traduire le volontarisme kantien dans un vocabulaire moins abstrait, plus populaire et intuitif, aboutissent à lui retirer toute pertinence pratique. C'est notamment le cas lorsqu'on veut rapprocher l'impératif catégorique de la vie dite « réelle ». Chez John Stuart Mill, la traduction de l'impératif catégorique en impératif communautaire vise à lui « donner un sens », en lui reconnaissant un caractère utilitaire. En devenant une règle « que tous les êtres raisonnables puissent adopter *avec avantage pour leur intérêt* »[1], il devient « intéressant » ou immédiatement compréhensible, parce que sa dimension pratique a été convertie (et dénaturée) en une efficacité pragmatique. Cependant, la notion d'avantage introduit bien un mobile qui justifie la soumission des individus à la loi de leur intérêt commun, mais elle n'accède pas au niveau d'un sujet qui soit lui-même législateur. En reconnaissant, suivant la formule de l'impératif catégorique, que, seule, la maxime d'une action qui peut être universalisée est digne de devenir une loi, la conscience commune se représente elle-même comme responsable, non seulement d'une action particulière, mais de la législation introduite et signifiée par cette action (en tant que cas particulier d'une loi qui la dépasse). On ne peut pas, par exemple, comprendre pragmatiquement, mais seulement pratiquement, l'approbation donnée par Kant à la Révolution française. L'approbation porte sur la loi qui se trouve symbolisée ou signifiée par les actes et qui dépasse, à ses yeux, de beaucoup l'avantage des acteurs. Or la symbolisation n'est possible que si la liberté (qui est signifiée) est distincte du pouvoir (qui est gagné). Autrement dit, la loi que se donne un individu, ou celle

---

1. J. S. Mill, *L'Utilitarisme*, trad. G. Tanesse, Champs Flammarion, p. 137.

que se donne un peuple, est l'unique manière de supposer sa liberté de choix. C'est ce qu'établit la troisième
section des *Fondements*.

C'est pourquoi on détruit les fondements du kantisme
quand on les réduit à leur expression schématisée [1],
quand on prétend les connaître à la manière des lois de
la nature, en tant que lois de la sensibilité ou lois de la
collectivité. On leur donne une popularité qui en ren-
verse la validité, puisque les effets de la loi (le succès
en est le terme générique) passent pour les causes de la
loi. Dès lors, on renonce au questionnement kantien qui
demande ce qui *oblige* dans la loi. D'une manière assez
subtile, Schopenhauer en a donné une traduction empirique, ou une schématisation, qui a connu une grande
popularité et s'est désormais imposée comme une sorte
de classique des commentaires de l'éthique kantienne.
Reconnaissant lui-même la difficulté de comprendre le
caractère proprement obligatoire d'une loi qui commande par sa forme, Schopenhauer en accuse tout particulièrement le caractère abstrait, en réduisant tout à la
fois son autorité et son extension à des facteurs historiques ou psychologiques. L'autorité en est contestée avec
le soupçon qu'il s'agirait d'un déguisement philosophique d'une loi qui, en dernier ressort, est d'origine théologique (la loi de Moïse). Pour ce qui concerne son
extension (sa validité pour tout être raisonnable), Schopenhauer la comprend comme « une périphrase, une
expression déguisée, défigurée, pour signifier la règle
bien connue : *Quod tibi non vis fieri, alteri ne feceris* » [2].
L'habileté consiste à jouer sur le thème de la figuration

---

1. La différence entre le schème (nécessaire dans la théorie de
la nature) et le type (qui intervient dans le domaine de l'action)
est présentée dans la *typique du jugement pratique* (*Critique de la
raison pratique*, trad. F. Picavet, PUF, p. 70).
2. « Ne fais pas à autrui ce que tu ne voudrais pas qu'on te fît
à toi-même. » *Le Fondement de la morale*, trad. A. Burdeau, Le

(expression) comme défiguration. La loi morale kantienne serait une traduction formelle mensongère (parce que catégorique) d'un contenu empiriquement véridique, cette vérité n'étant autre que celle de l'autolimitation de l'égoïsme. Or Schopenhauer, lui aussi, fait du dépassement de l'égoïsme le fondement de la morale, et il loue Kant d'avoir rompu avec l'éthique des Anciens, trop centrée sur le bonheur. Les deux parties de sa propre doctrine, la justice et la charité, sont elles-mêmes régies par des formules dérivées du *Ne fais pas à autrui* etc.[1]. *Neminem laede* (ne lèse personne) commande la justice, tandis que *Omnes quantum potes, juva* (viens en aide à chacun autant que tu le peux) préside à l'effort vertueux. On peut donc se demander en quoi, exactement, l'universalité kantienne est mise en péril par cette accusation qui la ramène à un jeu formel sur des formules.

Schopenhauer veut imposer cette constatation : alors que toute morale vraie est dépassement de l'égoïsme, l'impératif catégorique, quant à lui, ne peut que reposer sur l'égoïsme. En effet, c'est en présupposant que *tous les autres* pourraient ne pas respecter la loi et souhaiter le règne de l'injustice que je me représente comme un *patient éventuel*, comme celui qui devrait alors supporter la loi d'autrui, et que je renonce à cette injustice comme

---

Livre de Poche, p. 93. Il faut se rappeler que Kant a lui-même refusé cette manière d'exprimer l'impératif catégorique : « Qu'on n'aille pas croire qu'ici la formule triviale *Quod tibi non vis fieri* etc., puisse servir de règle ou de principe. Car elle est uniquement déduite du principe que nous avons posé, et encore avec diverses restrictions ; elle ne peut être une loi universelle », *Fondements*, p. 106, note.

1. « Or cette règle, *Quod tibi, etc.*, n'est elle-même après tout qu'une forme détournée, ou si l'on veut, elle constitue les prémisses d'une autre proposition, de celle dans laquelle j'ai montré l'expression la plus simple et la plus pure de la conduite morale, telle que tous les systèmes s'accordent à nous la prescrire : *Neminem laede, imo omnes, quantum potes, juva* ». *Ibid.*

agent. Schopenhauer distingue ainsi ce que Kant ne sépare pas, le fait d'être à la fois législateur et sujet de la *même* loi. Si nous l'interprétons librement, nous dirons qu'il fait de l'universalisation de la maxime l'origine d'une sorte d'imaginaire du désordre dont la fonction, totalement conditionnelle et conditionnante pour la décision, est la peur d'une généralisation du mal que l'on pourrait subir. Dans ce cas, le *Ne fais pas à autrui...* peut être traduit par une expression plus populaire encore : « si tout le monde agissait aussi égoïstement que toi, l'existence commune serait impossible. » Mais il saute aux yeux que c'est alors la généralité empirique et non l'universalité pure de la loi qui introduit un tel conditionnement psychologique.

Nous apprenons ainsi que la généralisation des maximes, imaginairement figurée dans un corps collectif délinquant, est ce qui rend mensongère la loi morale. Elle cesse, en effet, d'être une source unique et pure d'obligation ; elle peut se prêter à toutes sortes de justifications idéologiques, s'il suffit de donner, par la généralité de la forme, une apparence de nécessité à des exigences qui n'ont qu'une réalité accidentelle. L'accuser de se prêter à des généralisations diverses et contradictoires [1], c'est l'accuser d'iniquité bien plus que de despotisme, car c'est en faire la meilleure caution pour toutes les lâchetés. Or il faut observer que ces critiques s'adressent, avec juste raison, à la confusion entre généralisation et universalisation. Mais Kant refuse précisément cet amalgame en concevant toujours l'universalité comme un excédent par rapport à la généralité, l'universalité pure étant inaccessible par de simples illustrations empiriques, aussi générales qu'elles puissent être. Il

---

1. Si j'étais toujours agent et jamais patient, « je pourrais fort bien alors consentir à faire de l'injustice et de l'insensibilité une maxime générale, et ainsi à régler la marche du monde ». *Ibid.*

reproche ainsi à la métaphysique de ses prédécesseurs de n'avoir pas atteint la signification véritable, apriorique, des principes, car elle n'était pas capable d'atteindre leur universalité mais « seulement un degré plus élevé de généralité, et l'on ne pouvait pas nettement les distinguer de l'empirique » [1]. Cette critique de la métaphysique traditionnelle est pratique dans son inspiration puisque la *Critique de la raison pure* annonce de cette façon la base méthodologique des *Fondements* : « aussi la métaphysique des mœurs est-elle proprement la morale pure où l'on ne prend pour fondement aucune anthropologie » [2]. L'enjeu de l'universalisation des maximes peut donc être quelque peu dramatisé : la simple généralité (celle d'un corps collectif ou celle de l'intérêt d'une faction) ferait reposer la morale sur un simple anthropomorphisme, « *anthropomorphisme* qui, à l'égard de la morale (en religion) entraîne les conséquences les plus fâcheuses » [3]. C'est bien ce que les détracteurs du kantisme ont en vue lorsqu'ils réduisent la loi à une simple expression collective, comme le fait Nietzsche en la ramenant à un certain type de volonté [4], dans le but de la rendre trop « particulièrement » humaine en tant que tentative de domination d'un certain point de vue sur le monde.

La fameuse abstraction kantienne se laisse alors mieux appréhender. En affirmant que la loi ne repose pas sur la nature humaine, les *Fondements* veulent atteindre son origine non anthropomorphique en vue d'une morale qui puisse être anthropomorphiquement

---

1. *Critique de la raison pure*, trad. Tremesaygues et Pacaud, PUF, p. 564.

2. *Ibid.*, p. 563.

3. *La Religion dans les limites de la simple raison*, trad. J. Gibelin, Vrin, p. 90.

4. *La Volonté de puissance*, trad. H. Albert, Le Livre de Poche, § 231.

neutre. Aucune représentation particulière de l'homme, donc aucun point de vue capable de s'approprier, pour ses propres fins, une certaine interprétation ou une certaine évaluation de la nature humaine, ne peut constituer un fondement pour la morale. Pour dépasser ce que la *Métaphysique des mœurs* appellera une simple « induction » à partir de l'expérience et donc « une apparence de raisonnement *a priori* »[1], ils choisissent d'appuyer l'extension universelle de la loi sur son application à « tous les êtres raisonnables ». On ne tombe pas pour autant dans un simple logicisme déshumanisé, et Hegel n'a pas donné la meilleure de ses critiques en tournant en dérision l'obligation de rendre un dépôt, obligation qui est présentée dans la première section des *Fondements* et reprise dans la deuxième section. Hegel juge tautologique la forme universelle, non contradictoire, de ce respect de la propriété, ce qui le conduit à en donner la traduction suivante : « la propriété, s'il y a propriété, doit être nécessairement propriété »[2]. La drôlerie du propos provient du hiatus ou de l'incompatibilité qui surgit, à la lecture, entre la signification théorique, strictement logique et abstraite, de la formule et la situation concrète, pratique, d'une volonté en situation de décision. Chacun sait bien aussi que la contradiction formelle de l'idée de suicide n'empêchera personne de se suicider. Peu importe, à la souffrance vécue, de *connaître* sa signification logique ! Mais chacun reconnaît tout aussi spontanément qu'il ne peut pas *vouloir* d'un monde où la propriété n'est qu'appropriation brutale et hors-la-loi, ni d'un monde où nul magistrat ne surmonterait jamais ses inclinations pour juger impartialement des individus différenciés par leur pouvoir de plaire ou d'être utiles. Il n'est pas plus absurde de comprendre le

---

1. *Métaphysique des mœurs*, Introduction générale, p. 90.
2. *Le Droit naturel*, trad. A. Kaan, « Idées », Gallimard, p. 93.

désir de suicide comme une exception désespérée à une volonté de vivre qui reste, quant à elle, entière.

L'universalité des êtres raisonnables est destinée à éviter la perversion que Nietzsche dénonce, à savoir une élévation de la loi de certains au-dessus de l'humanité des autres [1]. L'autonomie n'est pas découverte comme une propriété qui s'ajouterait au bagage empirique des individus et dont ils auraient le loisir de réclamer, selon l'opportunité, la jouissance privée : c'est raisonner faussement que de croire que Kant a voulu généraliser ou populariser un nouveau type d'intérêt individuel, qui résumerait les principales revendications de l'homme moderne. L'autonomie étant ce qui définit la volonté comme raison pratique, elle n'est pas la propriété, mais la destination de tout être raisonnable et doit être, à ce titre, la référence indispensable de toute législation portant sur les mœurs. La difficulté spéculative de la troisième section tient au fait qu'elle situe le concept de volonté, en tant qu'il est celui d'un être raisonnable en général, hors de portée de l'interprétation anthropomorphique, tout le problème étant de comprendre la volonté autrement que comme un phénomène empirique [2]. Or l'homme ne peut être obligé que par l'Idée d'humanité. Ce qui apparaît dans la notion d'être raisonnable, c'est la manière dont l'homme se représente lui-même comme

---

1. B. Rousset a souligné avec justesse la signification objective d'une telle extension : la notion d'être raisonnable « permet d'éviter des définitions trop étroites qui s'appuieraient sur des caractères contingents et empiriques et conduiraient ainsi aisément au rejet de certains hommes hors de l'humanité, comme cela se produit dans l'esclavage ». *La Doctrine kantienne de l'objectivité*, Vrin, p. 503.
2. C'est en faisant précisément de la volonté un fait d'expérience uniquement que Kelsen, par exemple, peut s'autoriser à conclure que toute volonté est idéologique. Sur le terrain du droit, il faudrait opposer Rawls à Kelsen pour retrouver l'analogue des enjeux soulevés par le kantisme.

un être de raison. Kant prend l'individu au niveau où il s'appréhende lui-même comme un sujet d'imputation, comme un sujet capable d'un rapport moral à soi. Les *Fondements* présentent ainsi la révélation progressive de la signification morale de la définition de l'homme comme être raisonnable, ils procèdent à la découverte de la raison comme raison pratique, à la moralisation du concept de raison. C'est ce qui leur permet d'établir une continuité entre la conscience commune et la philosophie. Ce que la conscience de soi reconnaît dans son propre mode d'évaluation, la philosophie le porte au savoir de soi dans l'autonomie. Cette démarche n'est elle-même possible et intelligible que sur le fond de la conception kantienne d'un intérêt suprême de la raison, qui est de nature pratique. En termes précis, cet intérêt, qui n'appartient qu'à la raison, signifie que la raison *pure* est très exactement ce qui ne peut faire l'objet d'aucun type d'appropriation anthropomorphique et conditionnel, fût-il celui du penseur lui-même. Kant n'identifie pas la représentation, qui nous est nécessaire, des possibilités et des finalités de la raison à l'intérêt des intellectuels en général ou des philosophes en particulier. On sait qu'il a renoncé à cette prétention première d'identifier le rationnel au savoir élaboré par les chercheurs : « cette illusoire supériorité s'évanouit ; j'apprends à honorer les hommes, et je me trouverais bien plus inutile que le commun des travailleurs si je ne croyais que ce sujet d'études peut donner à tous les autres une valeur qui consiste en ceci : faire ressortir les droits de l'humanité » [1]. On s'est toujours interrogé sur l'extension de ce collectif abstrait que constituent les « êtres raisonnables en général ». Schopenhauer se demandait s'il fallait y inclure la communauté des anges.

---

1. Extrait des *Remarques touchant les observations sur le sentiment du beau et du sublime*, trad. V. Delbos, Vrin, p. 66.

Une part de son étrangeté vient de ce qu'il oblige celui qui le conçoit à une sorte de dépossession de soi : il n'y a pas de spécialiste de l'universalité, pas même la corporation des savants. Kant oriente son formalisme dans la voie d'une identification des fins de la raison à l'intérêt suprême de l'humanité, « intérêt de l'humanité qui n'est subordonné à aucun autre plus élevé » [1]. Cette orientation, qui ne fait pas de la raison la propriété privée de la philosophie, mais qui met la philosophie au service de la raison en tant que destination commune de tous les hommes, est indispensable pour saisir l'indépendance de cette universalité des « êtres raisonnables en général » à l'égard de toute réduction anthropomorphique, même subtile.

Des Fondements *à la* Métaphysique des mœurs

Kant reconnaît ce que peut comporter d'effrayant le titre de *Métaphysique des mœurs* [2]. En son sens le plus littéral, est dit « métaphysique » un principe qui n'est pas physique, mais « pur » [3]. La *Doctrine de la vertu* en donne une illustration des plus immédiates : alors que le sentiment est d'ordre physique, les vertus reposent sur des fondements métaphysiques, autrement dit, sur des

---

1. *Critique de la raison pure*, trad. Tremesaygues et Pacaud, PUF, p. 539.

2. *Fondements*, p. 53.

3. Une métaphysique de la nature « doit toujours contenir des principes qui ne sont pas empiriques (c'est précisément pour cela qu'elle porte le nom de métaphysique) », *Premiers principes métaphysiques de la science de la nature*, trad. Gibelin, Vrin, p. 10. Pour les *Vorlesungen* de Heinze, citées par Guillermit : « c'est une science qui se trouve pour ainsi dire en dehors du domaine de la physique, au-delà de celui-ci » (*Les Progrès de la métaphysique en Allemagne*, trad. L. Guillermit, Vrin, note 5, p. 119).

principes indépendants des affections et des passions[1].
En ce sens très général, une métaphysique des mœurs
contient l'exposition de tous les principes non empiriques qui sont capables de gouverner l'action.

Cette définition simplement négative ne suffit pas à
rendre compte de son contenu, et la vraie difficulté est
plutôt de saisir les raisons d'être d'une métaphysique des
mœurs, la nécessité de sa place à l'intérieur du système
de la philosophie critique. Or les *Fondements* annoncent
qu'une métaphysique des mœurs est nécessaire à un
double point de vue : spéculatif et pratique[2]. La nécessité spéculative ou théorique d'une métaphysique des
mœurs est la même que celle d'une métaphysique de la
nature et toutes deux définissent les tâches de la philosophie pure en les organisant en un système programma-
tique : la *métaphysique de la nature* est chargée de
connaître les premiers principes de ce qui est (la nature),
la *métaphysique des mœurs* est chargée de dévoiler les
premiers principes de ce qui doit être (la morale)[3]. Le
besoin en est spéculatif en tant qu'il concerne la scientificité, ou l'objectivité, des fondements des lois physiques, d'une part, et des lois pratiques, d'autre part. Le
parallélisme entre ces deux parties de la philosophie
étant constamment rappelé par Kant, tant dans la Préface
aux *Fondements* que dans les Préfaces et Introductions
respectives des deux parties de la *Métaphysique des
mœurs*, il importe de voir jusqu'où la nature *théorique*
de l'enquête détermine les contenus et les questions du
droit et de la vertu.

Au niveau de son activité empirique, la physique porte
sur les objets matériels ; elle les reçoit dans leur diversité

---

1. *Doctrine de la vertu*, Préface, p. 45.
2. *Fondements*, p. 51.
3. CRP, TP, p. 563.

qualitative, selon la manière dont ils se livrent à l'intuition sensible. Elle peut les rassembler, les classer et les
présenter selon un ordre, mais, tant qu'elle fonde sur des
critères empiriques l'organisation des faits, elle procède
à la manière d'un art, l'art d'observer et de décrire. On
peut louer le talent ou approuver la perspicacité de l'enquête, encore faut-il que cette enquête ne reste pas for-
tuite et efficace au coup par coup. Il lui faut encore
recevoir la facture, l'autorité rationnelle d'une science.
Kant nommerait « accidentel » un savoir approuvé simplement en fonction de ses effets et consacré au culte
des faits bruts, tandis qu'une science véritable est
science « par nature », c'est-à-dire par sa nature rationnelle [1]. C'est pourquoi la physique a besoin d'une
métaphysique qui rattache son activité aux principes universels de la raison et qui l'élève au-dessus de la simple
habileté, au-dessus d'une simple technique qui collec-
tionnerait des faits sans pouvoir leur donner une signification univoque et législatrice. La physique réclame une
métaphysique parce qu'elle se sert de représentations *a
priori* qui fondent l'unité du divers observé, comme celles de la grandeur ou de l'espace, ou celles de la nature
et de l'expérience. En ce sens, la nature ne désigne pas
une somme de phénomènes, mais un système de règles [2].
Une discipline ne mérite d'être qualifiée de science que
si ses fondements peuvent être rationnellement légiti-
més, que si elle est tirée « de l'essence même de la
faculté de penser et n'est nullement inventée de toutes
pièces » [3]. Aux yeux de Kant, le critère de la scientificité

---

1. CRP, TP, p. 567.
2. « L'élément *formel* de la nature, dans ce sens plus restreint,
c'est la conformité de tous les objets de l'expérience à des lois et,
en tant qu'elle est connue *a priori*, leur conformité *nécessaire* »
(*Prolégomènes à toute métaphysique future*, trad. J. Gibelin, Vrin,
§ 17, p. 64).
3. *Premiers Principes...*, p. 14.

véritable est la *systématicité* ou possibilité d'ordonner à partir de principes, et non du hasard ou de la chronologie des découvertes, l'ensemble des savoirs qui constituent une science.

Par analogie avec cette fonction théorique de la métaphysique, les mœurs ont également besoin d'une fondation objective et purement rationnelle. De même que, sans une métaphysique, l'expérience demeure pour nous contingente et sans ordre, de la même façon, les obligations humaines dans leur diversité empirique, sociale, juridique ou morale, ne peuvent nous apparaître que comme des contraintes fortuites et absurdes tant que l'on demeure incapable d'expliquer en quoi elles sont un *devoir-être*, tant l'on ne reconnaît pas en elles ce qu'il faut légitimement vouloir. Par analogie avec la physique, qui réclame une métaphysique de la nature, les mœurs réclament une métaphysique du vouloir. Ces deux demandes d'objectivité établissent également une hiérarchie entre les niveaux de légitimité des règles : il existe, en physique, des « lois d'expérience » qui ne seront tenues pour des lois naturelles que si elles sont fondées *a priori* [1], et il existe aussi, dans les mœurs, des prescriptions qui ont un caractère général ; ce sont des « lois pratiques », que l'on ne peut pas encore appeler des « lois morales » tant qu'elles restent fondées dans l'expérience [2]. La *Doctrine du droit* donnera une illustration de ces degrés de légitimation lorsqu'elle s'élèvera au-dessus de la légalité simplement empirique du droit positif, factuel, pour atteindre à la légitimité *a priori* du droit naturel : le droit positif se présentera alors comme cet ensemble de prescriptions effectives, imposées à tous, mais dont la fondation reste simplement contingente et historique. Kant cherchera l'objectivité

---

1. *Ibid*, p. 9.
2. *Fondements*, p. 50.

métaphysique du droit dans une conception pure et apriorique d'un droit naturel rationnel.

L'analogie avec la *Métaphysique de la nature* conduit ainsi à privilégier la forme du *système* en tant qu'il caractérise la présentation et l'ordonnance de l'ensemble des devoirs dans la *Métaphysique des mœurs*. On passe du devoir aux devoirs, de la Critique à la Doctrine, des fondements au système, la systématicité de l'exposition témoignant de l'objectivité des fondations. Après que les *Fondements* (et, après eux, la *Critique de la raison pratique*) ont mis en place l'impératif catégorique en tant que forme générale ou principe originaire de toute obligation volontaire, la *Métaphysique* a pour rôle de fournir *a priori* les raisons de définir et d'organiser les différents types de devoirs. Cela implique que les différences entre les deux domaines de législation qui régissent l'ensemble des mœurs (le droit et la vertu), et les divisions effectuées à l'intérieur de ces législations ne relèvent pas de la nature des choses, mais de la nature des obligations. L'exposition ne reflète pas l'ordre des faits, mais celui des opérations de la raison. Ainsi, la distinction entre la *Doctrine du droit* et la *Doctrine de la vertu* ne dépend pas de l'histoire des mœurs ou des convictions établies, mais de la forme même de chaque type d'obligation : le droit réglemente les rapports entre les individus, il suppose l'acceptation d'une contrainte externe et sa législation porte sur la conformité des maximes à la loi ; la vertu recouvre le domaine des règles intérieures par lesquelles chacun s'impose à lui-même une contrainte interne, et sa législation porte sur l'identité de la maxime et de la loi. Par suite, le droit présente les devoirs comme les *formes* de la vie commune, tandis que la vertu expose les devoirs en tant qu'ils sont les *fins*, ou les contenus, de l'humanité en chaque homme.

Les *Fondements* préfigurent ces distinctions par les différentes formulations qu'ils donnent de l'impératif catégorique. La première formule établit que nous devons agir comme si nous produisions par nos maximes une loi de la nature ; or le domaine du droit, qui construit la coexistence des individus dans la société et dans l'Etat, doit représenter l'intersubjectivité collective comme destinée à se réaliser dans un monde commun, selon les formes d'une nature possible, tissée de relations réciproques d'actions et de réactions. La seconde formule, en faisant de l'humanité une fin en soi, fournit la matière *a priori* de toutes les fins qui peuvent s'imposer comme des devoirs ; la *Doctrine de la vertu* se fondera exclusivement sur ce principe pour en déduire l'ensemble des vertus : « à en juger d'après la seule raison, l'homme n'a pas d'autres devoirs que les devoirs envers l'homme (envers lui-même ou envers un autre) »[1]. De l'existence de l'humanité comme fin en soi se déduisent tous les contenus de nos obligations particulières concernant la vie, la culture et le bonheur. Enfin, la dernière formule de l'impératif, qui oriente la moralité de chacun vers sa participation à un « royaume des fins », anticipe sur les considérations qui seront celles de la philosophie de la religion, portant au-delà des Eglises historiquement constituées l'idéal d'une communauté exclusivement morale[2].

Pour ce qui concerne les divisions internes à chaque niveau de législation, elle seront entièrement justifiées sur la base des principes métaphysiques de la réflexion. La *Doctrine du droit* comporte une théorie du droit privé et une théorie du droit politique ; or la nécessité de passer de l'état de nature à l'état civil ne dépend pas du besoin ou de la peur, ni de tout autre motif d'ordre psychologique (naturel au sens physique), mais de l'obligation, *a priori* rationnelle, de quitter un état sans loi pour

---

1. *Doctrine de la vertu*, § 16, p. 117.
2. Pour H. Cohen, la *Religion dans les limites de la simple raison* est « une métaphysique de la religion dans le sens le meilleur » (*Kant's Begründung der Ethik*, Berlin 1910, p. 380).

entrer dans un état réglé pour une coexistence possible ;
un tel passage est donc formulé comme un impératif et
non comme le résultat d'un calcul. De son côté, la
Doctrine de la vertu range les devoirs en deux catégories : devoirs envers les hommes, d'une part (envers soi,
en vue de son perfectionnement, et envers autrui, en vue
de son bonheur) ; devoirs envers des êtres qui ne sont
pas des hommes, d'autre part (envers les êtres inférieurs,
comme les animaux, envers les êtres supérieurs, comme
Dieu). Bien que cette classification puisse paraître dictée
par la nature des objets, il n'en demeure pas moins que
son fil directeur reste métaphysique et *a priori*, puisque
les devoirs envers les animaux, comme ceux que nous
avons envers un Dieu sont des obligations dérivées des
devoirs de l'homme envers lui-même. Il s'agit toujours
d'une fondation pure, conforme à l'idée d'humanité telle
qu'elle est dégagée dans les *Fondements*, ce qui permet
d'exposer les vertus comme des fins immanentes de l'action.

A côté de cette analogie théorique entre la métaphysique de la nature et la métaphysique des mœurs, Kant
attribue encore à la métaphysique une destination bien
précise d'un point de vue spécifiquement moral. La
métaphysique étant une connaissance qui n'est pas simplement physique, on a vu comment, du point de vue de
la spéculation, elle prenait un sens méthodologique,
celui de la fondation des règles sur des principes purs.
Mais le dépassement du sensible ne définit pas seulement une méthode spéculative, il désigne aussi un but
de la raison, et la métaphysique est alors conçue comme
« la science qui permet de passer grâce à la raison de la
connaissance du sensible à celle du suprasensible » [1]. Ce
besoin métaphysique de connaissance n'est pas satisfait

---

1. *Les Progrès de la métaphysique en Allemagne*, p. 10.

par les différentes sciences, car elles portent sur le réel, nous en apprennent les limites et ne fournissent pas de réponse à la question de savoir en vue de quoi nous avons soif de connaître, soif manifestement disproportionnée aux conditions de notre conservation. Cette aspiration est exprimée de façon relativement populaire dans les *Leçons de métaphysique* : quelques satisfactions que puisse nous donner la science de la nature, elle ne supprime pas le besoin de poser des questions qui débordent la compétence des sciences, et « puisqu'aussi bien des sciences de ce genre ne sont nullement appropriées à notre destination présente, on doit s'attendre à une autre destination où elles auront plus de valeur » [1]. Le besoin de métaphysique se porte, comme on sait, sur des objets spécifiques, objets métaphysiques par leur nature, qui est de dépasser la nature : on voudrait savoir si l'âme peut dépasser les limites de la mort, si le monde est orienté par un but, si la conscience est douée de liberté. La demande d'une fondation de la morale ne justifie donc pas seulement la forme d'une métaphysique des mœurs, mais aussi son contenu, son objet propre, la liberté.

Dans les *Fondements*, la mutation du questionnement s'opère dans le passage de la deuxième à la troisième section. L'impératif catégorique ayant été posé comme le principe pur de tous les devoirs, il demeure encore une condition de la possibilité (théorique, intelligible) et non de la réalité (pratique, exigible) de la morale. Il faut encore que la question de la réalité de la liberté soit posée, ce qui implique que l'homme puisse être pensé en tant qu'être métaphysique. Kant introduit cette dimension supra-sensible de l'humain en l'homme en désignant comme son caractère intelligible, ou son statut de noumène, ce qui dépasse son existence empirique, phénoménale. L'homme est un sujet à qui l'on peut

---

1. *Leçons de métaphysique*, Le Livre de Poche, p. 364.

imputer la responsabilité de ses actes et, s'il peut engager sa responsabilité, il faut bien reconnaître que sa décision d'agir a été pure, libre de toutes les sollicitations
qui peuvent lui venir de l'expérience. On comprend ainsi
l'importance toute particulière de la morale, puisque
c'est elle, et non la science, qui fait connaître la destination métaphysique de l'homme ; le devoir étant une
détermination supra-sensible de l'action, il est l'unique
manière de connaître la liberté en tant que source non
physique de décision. La *Métaphysique des mœurs*
donne sens aux développements qui sont donnés dans
la troisième section des *Fondements*, « puisque dans la
doctrine des devoirs l'homme peut et doit être représenté
d'après la propriété de sa faculté d'être libre, laquelle
est entièrement supra-sensible, donc selon son humanité,
en tant que personnalité indépendante des déterminations physiques »[1]. Ce qui importe, pour cette fondation
de la métaphysique en l'homme, c'est de savoir jusqu'où
le domaine de l'action est imputable à l'homme ; en ce
cas, déterminer *a priori* les devoirs revient à les déduire
d'une liberté non conditionnée. Il est indispensable que
tout le domaine pratique puisse avoir ses causes dans la
liberté et que le bonheur lui-même (le plus puissant des
mobiles empiriques) soit considéré comme une conséquence et non comme une source de l'agir humain.

Nous comprenons alors mieux la nature de la difficulté évoquée par Kant[2]. Les *Fondements* annoncent,
avec la *Métaphysique des mœurs*, une double tâche
systématique, à la fois extensive et intensive : l'exposition des devoirs doit légitimer leur applicabilité à la
diversité de l'expérience, tout en augmentant, par sa

---

1. *Doctrine du droit, Division de la métaphysique des mœurs en
général*, II, p. 113.
2. Notons que Kant prend lui-même la précaution de limiter les
enjeux du problème, dans cet écrit qu'il veut populaire, pour ne
pas embrouiller le lecteur *(Fondements*, p. 53).

pureté formelle, leur caractère impératif. La connaissance des devoirs doit s'adresser à la fois à l'homme comme être de la nature et à l'homme en tant que personnalité supra-sensible. D'un côté, en suivant l'analogie avec une métaphysique de la nature, on va s'acheminer vers une constitution de l'expérience humaine comme expérience pratique, en s'avançant sur le terrain de l'homme en situation, de l'homme naturel : « tout de même qu'il y a dans une métaphysique de la nature des principes de l'application des principes suprêmes et universels de la nature en général, tout de même doit-il en être dans une métaphysique des mœurs et nous devons prendre pour objet la *nature* particulière de l'homme, qui n'est connue que par l'expérience, afin d'y *indiquer* les conséquences de ces principes moraux universels » [1]. C'est ainsi que le droit prend en compte, dans sa définition, le fait des contraintes réelles, expérimentables, liées à l'exécution des règlements. De même, la définition de la vertu prend en compte l'existence effective des inclinations et met au premier plan la force que chaque individu doit exercer sur lui-même dans un acte véritable de volonté. La métaphysique des mœurs donne ici les principes de l'application des principes, elle définit les domaines de l'action où valent les obligations, elle comprend les mœurs comme des devoirs et conçoit l'homme de l'action comme un sujet d'obligations.

---

1. *Métaphysique des mœurs*, Introduction générale. *De l'idée et de la nécessité d'une métaphysique des mœurs*, p. 91. La même exigence est reproduite dans la *Doctrine de la vertu* : « de même que l'on demande un passage de la métaphysique de la nature à la physique possédant ses règles particulières, tout de même demande-t-on quelque chose d'analogue à la métaphysique des mœurs : c'est-à-dire de *schématiser* pour ainsi dire les purs principes du devoir par leur application aux cas de l'expérience, et de les présenter tout prêts pour l'usage moralement pratique » (§ 45, p. 146).

D'un autre côté, elle dérive les règles d'une source non physique, de la liberté de tout être raisonnable, et le système des devoirs s'adresse aux individus en tant qu'ils sont capables d'agir par pures représentations, en tant, par conséquent, qu'ils sont libres. En ce sens, spécifiquement moral, la rigueur même de l'obligation révèle ce qui est métaphysique en chacun, sa personnalité et sa dignité. Kant escompte de la pureté des règles leur capacité de supplanter même les motivations psychologiques. Cette confiance ne doit pas nous étonner si l'on ne perd pas de vue que Kant transforme l'idée traditionnelle de vertu en l'élevant, précisément, à la moralité ; la vertu cesse d'être conçue comme un ensemble de comportements obligés par les convenances ou les habitudes collectives, elle devient synonyme de ce que l'homme peut lui-même faire de lui-même, le caractère que l'individu se donne par volonté. En ce sens, la métaphysique des mœurs transfigure les vertus positives en vertus morales, elle dévoile, dans les obligations, des raisons d'agir librement.

On peut observer que les *Fondements* indiquent cette double orientation de la *Métaphysique des mœurs*. D'un côté, en voulant ménager aux devoirs « un accès dans la volonté humaine et une influence pratique » [1], ils songent à l'individu affecté, sollicité et entraîné par ses inclinations, ils le traitent comme une volonté lestée de finitude. D'un autre côté, ils veulent confirmer aussi que c'est la pureté des devoirs qui leur garantit l'influence la plus réellement morale : « la représentation du devoir et en général de la loi morale, quand elle est pure et qu'elle n'est mélangée d'aucune addition étrangère de stimulants sensibles, a sur le cœur humain par les voies de la

---

1. *Fondements*, pp. 50 et 51.

seule raison (qui s'aperçoit alors qu'elle peut être pratique par elle-même) une influence beaucoup plus puissante que celle de tous les autres mobiles » [1]. Ils
s'adressent alors à l'humanité dans l'individu, à ce qui
dépasse la finitude humaine dans l'être raisonnable.

L'ambition de cette métaphysique est double, puisqu'elle veut ouvrir la voie d'une anthropologie morale
tout en ne fondant que sur le devoir les raisons de nos
actions, et elle donne ainsi satisfaction à la raison spéculative aussi bien qu'à la raison commune pratique [2].
Entendons par là que le même dessein reçoit une double
confirmation rationnelle : on ne peut fonder la morale
en partant des intérêts empiriques qui déterminent les
individus sensibles ; mais on doit, à l'inverse, retrouver
l'homme en partant de la morale. C'est ce qu'indique
l'idée critique souvent rappelée par les textes : bien que
la morale ne dérive pas de l'anthropologie, elle doit pouvoir s'y appliquer. Les *Fondements* justifient cette fonction théorique et pratique d'une métaphysique des
mœurs par une même urgence : éviter absolument que la
moralité succombe à la vulgarisation, que le prétexte de
la popularité devienne la cause de sa corruption. La vulgarisation met l'accent sur les motivations qui ramènent
le droit ou la vertu à un intérêt. Par ce biais, l'exemple
remplace le principe, l'égoïsme trouve sa satisfaction en
prenant la figure d'un intérêt commun.

La métaphysique des mœurs doit donc prendre la
place d'une philosophie populaire comprise en ce sens
techniquement pragmatique. C'est pourquoi la construction de l'expérience pratique restera formelle et *a priori*.
Le domaine du droit se servira d'une représentation formelle de la nature en tant que système de relations réciproques ; bien qu'elle prenne en compte la fonction

---

1. *Ibid.*, p. 80.
2. *Ibid.*, p. 81.

générale de la contrainte comme caractéristique de l'espace juridique de l'action, la métaphysique du droit ne
prend pas en considération le contenu des règles juridiques strictement particulières, la jurisprudence ou les
décrets qui ponctuent circonstanciellement la vie des
hommes [1]. Le domaine de la vertu, lui aussi, construit le
monde des rapports humains comme celui d'une intersubjectivité pure ou formelle, qui contient toutes les
manières de faire d'autrui une fin en soi, un objet de
respect, autrui n'étant pas traité comme un fait ou
comme un ensemble de déterminismes finis, mais
comme le but d'un ensemble d'intentions.

Doit-on en conclure que la métaphysique des mœurs,
parce qu'elle reste attachée à la forme des relations juridiques et interpersonnelles se prive d'une application
véritable aux situations concrètes ? Il faut d'abord constater que le parallélisme avec une métaphysique de la
nature s'applique jusqu'au bout : l'expérience ou la
nature qui est conçue *a priori* comme le lieu de la pratique n'est pas une somme de phénomènes empiriques,
mais un système de règles. Le monde du droit et de la
vertu est l'ensemble des règles qui tissent les relations
entre les hommes, règles qui peuvent et doivent être voulues pour qu'existe un droit des hommes et que se développe une disposition au perfectionnement dans les
mœurs. Ainsi, par exemple, le contrat social n'est pas
représenté comme l'expérience immédiate d'un intérêt
collectif pour la vie en commun, mais comme ce qui
doit régler l'*expérience des rapports* entre gouvernants
et gouvernés.

Il faut également éliminer tout ce qu'il peut y avoir
de trouble dans la revendication d'une morale appliquée.

---

1. Sur les étapes de cette construction formelle, voir B. Rousset,
Constitution de l'objet pratique, op. cit., pp. 504-514.

Doivent être écartées d'emblée l'attente d'une réalisation politique et celle d'une réalisation psychologique de la morale. Dans le premier cas, on aurait affaire à une police des mœurs qui contraint seulement à un légalisme extérieur et forcé[1] ; la loi serait alors respectée, mais non fondée comme respectable. Dans le second cas, on voudrait abolir la distance entre les maximes privées et les lois morales, penser l'obligation comme motivation et faire du sentiment la raison de la vertu. Mais on retrouverait les dérives de la vulgarisation moralisatrice, qui n'accorde à la dignité qu'une valeur indirecte et non une valeur en soi, puisqu'on prendrait les mobiles du bonheur pour des raisons d'être libre.

A cet égard, le criticisme corrige la conception populaire ou vulgarisée d'une morale appliquée. Appliquer la morale à l'homme, ce n'est pas la réduire à l'humain, mais élever l'homme à l'humanité. Ce que Kant attend de cette application, c'est que la révolution critique s'impose dans la morale. Les *Fondements* et la *Métaphysique des mœurs* ont pour but de fournir aux mœurs un fondement qui soit lui-même moral, avec le concept d'une raison pratique par elle seule. Par là se réalise l'autonomisation de la morale elle-même, soustraite à toute autorité qui voudrait s'imposer comme un fait extérieur et étranger à la rationalité, obligeant la raison à déclarer son incompétence. L'application de la morale ne peut donc signifier, pour Kant, qu'on la rende dépendante des conditions positives de son existence. L'*Anthropologie du point de vue pragmatique* établit, à ce sujet, une distinction précieuse et éclairante. Il est certes possible, dit en substance le texte, qu'un homme veuille se livrer à l'exploration des conditionnements physiologiques qui pèsent sur son individualité, et cette enquête empirique vise bien l'individu réel, « mais simplement lui faut-il

---

1. *Critique de la raison pratique*, p. 162.

convenir qu'en se livrant à ce jeu, il n'est que le spectateur de ses propres représentations et qu'il laisse faire la
nature » [1]. Cette « ratiocination théorique » n'est d'aucun
secours pour l'action en tant que telle. En revanche, pour
entrer avec autrui dans une relation morale possible, qui
implique des engagements et donc des choix, il a besoin
d'autre chose qu'un savoir positif de ces déterminations
physiques ; ce qui lui est indispensable, c'est de savoir
quelle représentation « il lui faut se forger de l'autre
individu avec qui il entretient des relations » [2].

   C'est donc bien la question « que dois-je faire ? », ou
« que dois-je vouloir ? », que Kant entend mettre en
application dans un système de devoirs qu'il élève à la
moralité et donc à la liberté. Cette application consistant
à rendre possible le devoir-être, la morale kantienne vise
à l'humanisation des conditions de l'action. Les différents devoirs sont autant de représentations de l'homme
en tant qu'il constitue les sources ou les buts de l'action.
J'ai besoin de savoir quelles doivent être mes représentations quand j'agis comme personne, comme citoyen,
comme juge ou comme détenteur d'un pouvoir. Cette
unité de préoccupation fait voir la continuité du projet
moral kantien à travers les différentes étapes signalées
dans la Préface des *Fondements* : fondation critique du
vouloir universel, déduction métaphysique du vouloir
juste et du vouloir vertueux, passage à l'usage du vouloir
dans une anthropologie pratique. Pour qu'une morale
soit possible, il faut se représenter l'homme comme être
raisonnable ; pour que l'expérience commune ait un
devenir pratique possible, il faut le concevoir comme
fin en soi ; pour que l'humanité de l'espèce entière soit

1. *Anthropologie du point de vue pragmatique*, trad. A. Renaut,
GF, p. 42.
   2. *Ibid.*, p. 44.

pensable, il faut se représenter tout individu, indépendamment de ses origines empiriques, comme citoyen du monde. Le kantisme ne refuse pas d'affronter le monde des choses, mais il refuse de comprendre le monde des choses comme ce qui abolit le monde de la volonté, le réel comme ce qui abolit le possible. Les *Fondements* font de ce parti la marque caractéristique du point de vue pratique : « le sentier de la liberté est le seul où il soit possible d'user de sa raison dans la conduite de la vie » [1].

---

1. *Fondements*, p. 140.

Fondements
de la métaphysique des mœurs

Avant-propos

Nous avons conservé la traduction, devenue usuelle chez nous, du titre de l'ouvrage, bien que les mots Fondements de la métaphysique des mœurs *ne rendent de* Grundlegung zur Metaphysik der Sitten *ni l'action de fonder, ni même suffisamment le caractère préliminaire du livre qui y sont exprimés. A l'épreuve, toute autre traduction nous a paru incompatible avec les habitudes de notre langue, ou présenter des infidélités peut-être plus graves.*

Les Fondements de la métaphysique des mœurs *ont paru pour la première fois à Riga en 1785. Du vivant de Kant, ils eurent trois autres éditions autorisées par lui (1786, 1792, 1797). La comparaison des éditions prouve que c'est le texte de la seconde qui est le meilleur. C'est celui qui a servi de base à la publication de l'ouvrage dans l'édition des œuvres de Kant actuellement exécutée par l'Académie des sciences de Berlin (t. IV, 1903, p. 385-463). Notre traduction est conforme au texte établi dans l'édition de l'Académie ; en quelques très rares passages seulement, nous avons soit rejeté telle correction admise par l'éditeur, soit accepté telle correction rejetée par lui ; dans ces divers cas nous avons eu soin de prévenir le lecteur.*

Victor DELBOS.

PRÉFACE

L'ancienne philosophie grecque se divisait en trois sciences : la PHYSIQUE, l'ETHIQUE et la LOGIQUE [1]. Cette division est parfaitement conforme à la nature des choses, et l'on n'a guère d'autre perfectionnement à y apporter que celui qui consiste à y ajouter le principe sur lequel elle se fonde, afin que de cette façon on s'assure d'une part qu'elle est complète, que d'autre part l'on puisse déterminer exactement les subdivisions nécessaires.

Toute connaissance rationnelle ou bien est *matérielle* et se rapporte à quelque objet, ou bien est *formelle* et ne s'occupe que de la forme de l'entendement et de la raison en eux-mêmes et des règles universelles de la pensée en général sans acception d'objets. La philosophie formelle s'appelle LOGIQUE [2], tandis que la philosophie matérielle, celle qui a affaire à des objets déterminés et aux lois auxquelles ils sont soumis, se divise à son tour en deux. Car ces lois sont ou des lois de la *nature* ou des lois de la *liberté*. La science de la première s'appelle PHYSIQUE, celle de la seconde s'appelle ETHIQUE ; celle-là est encore nommée Philosophie naturelle, celle-ci Philosophie morale [3].

La Logique ne peut avoir de partie empirique, c'est-à-dire de partie où les lois universelles et nécessaires de la pensée s'appuieraient sur des principes qui seraient tirés de l'expérience ; car autrement dit elle ne serait pas une logique, c'est-à-dire un canon [4] pour l'entendement et la raison qui vaut pour toute pensée et qui doit être démontré. Au contraire, la Philosophie naturelle aussi bien que la Philosophie morale peuvent avoir chacune sa partie empirique, car il faut qu'elles assignent leurs lois, l'une à la nature en tant qu'objet d'expérience, l'autre à la volonté de l'homme en tant qu'elle est affectée par la nature : lois, dans le premier cas, d'après lesquelles tout arrive ; dans le second cas, d'après lesquelles tout doit arriver, mais en tenant compte pourtant encore des conditions qui font que souvent ce qui doit arriver n'arrive point.

On peut appeler *empirique* toute philosophie qui s'appuie sur des principes de l'expérience ; *pure* [5], au contraire, celle qui expose ses doctrines en partant uniquement de principes *a priori* [6]. Celle-ci, lorsqu'elle est simplement formelle, se nomme *Logique*, mais si elle est restreinte à des objets déterminés de l'entendement, elle se nomme *Métaphysique* [7].

De la sorte naît l'idée d'une double métaphysique, une *Métaphysique de la nature* et une *Métaphysique des mœurs*. La Physique aura ainsi, outre sa partie empirique [8], une partie rationnelle ; de même l'Ethique ; cependant ici la partie empirique pourrait recevoir particulièrement le nom d'*Anthropologie pratique* [9], la partie rationnelle proprement celui de *Morale*.

Toutes les industries, tous les métiers et tous les arts ont gagné à la division du travail. La raison en est qu'alors ce n'est pas un seul qui fait tout, mais que chacun se borne à une certaine tâche qui, par son mode d'exécution, se distingue sensiblement des autres, afin de pouvoir s'en acquitter avec la plus grande perfection possible et avec plus d'aisance. Là où les travaux ne sont pas ainsi distingués et divisés, où chacun est un artiste à tout faire, les industries restent encore dans la plus grande barbarie. Or ce serait sans doute un objet qui en lui-même ne serait pas indigne d'examen que de se demander si la philosophie pure n'exige pas dans toutes ses parties un homme spécial qui soit à elle, et si pour l'ensemble de cette industrie qui est la science, il ne vaudrait pas mieux que ceux qui sont habitués à débiter, conformément au goût du public, l'empirique mêlé au rationnel en toutes sortes de proportions qu'eux-mêmes ne connaissent pas, qui se qualifient eux-mêmes de vrais penseurs tandis qu'ils traitent de songe-creux ceux qui travaillent à la partie purement rationnelle, que ceux-là, dis-je, fussent avertis de ne pas mener de front deux occupations qui demandent à être conduites de façon tout à fait différente, dont chacune exige peut-être un talent particulier, et dont la réunion en une personne ne fait que des gâcheurs d'ouvrage [10]. Néanmoins, je me borne ici à demander si la nature de la science ne requiert pas qu'on sépare toujours soigneusement la partie empirique de la partie rationnelle, qu'on fasse précéder la Physique proprement dite (empirique) d'une Métaphysique de la nature, d'autre part, l'Anthropologie pratique d'une Métaphysique des mœurs, qui devraient être soigneusement expurgées l'une et l'autre de tout élément empirique, cela afin de savoir tout ce que la raison pure peut faire dans les deux cas et à quelles sources elle puise elle-même cet enseignement *a priori* qui est le sien, que d'ailleurs cette dernière tâche soit entreprise par tous les moralistes (dont le nom est légion) ou seulement par quelques-uns qui s'y sentent appelés.

Comme mes vues portent ici proprement sur la philosophie morale, je limite à ces termes stricts la question posée : ne pense-t-on pas qu'il soit de la plus extrême nécessité d'élaborer une bonne fois une Philosophie morale pure qui serait complètement expurgée de tout ce qui ne peut être qu'empirique et qui appartient à

l'Anthropologie ? Car qu'il doive y avoir une telle philosophie, cela résulte en toute évidence de l'idée commune
du devoir et des lois morales. Tout le monde doit convenir que pour avoir une valeur morale, c'est-à-dire pour
fonder une obligation, il faut qu'une loi implique en elle
une absolue nécessité, qu'il faut que ce commandement :
« Tu ne dois pas mentir », ne se trouve pas valable pour
les hommes seulement en laissant à d'autres êtres raisonnables la faculté de n'en tenir aucun compte, et qu'il en
est de même de toutes les autres lois morales proprement
dites [11] ; que par conséquent le principe de l'obligation
ne doit pas être ici cherché dans la nature de l'homme,
ni dans les circonstances où il est placé en ce monde,
mais *a priori* dans les seuls concepts de la raison pure ;
et que toute autre prescription qui se fonde sur des principes de la simple expérience, fût-elle à certains égards
une prescription universelle [12], du moment que pour la
moindre part, peut-être seulement par un mobile [13], elle
s'appuie sur des raisons empiriques, si elle peut être
appelée une règle pratique, ne peut jamais être dite une
loi morale.

Ainsi non seulement les lois morales, y compris leurs
principes, se distinguent essentiellement, dans toute
connaissance pratique, de tout ce qui renferme quelque
chose d'empirique, mais encore toute philosophie
morale repose entièrement sur sa partie pure, et, appliquée à l'homme, elle ne fait pas le moindre emprunt à
la connaissance de ce qu'il est (Anthropologie) ; elle lui
donne, au contraire, en tant qu'il est un être raisonnable,
des lois *a priori*. Il est vrai que ces lois exigent encore
une faculté de juger aiguisée par l'expérience, afin de
discerner d'un côté dans quels cas elles sont applicables [14], afin de leur procurer d'autre part un accès dans
la volonté humaine et une influence pour la pratique [15] ;
car l'homme, affecté qu'il est lui-même par tant d'inclinations, est bien capable sans doute de concevoir l'idée
d'une raison pure pratique, mais n'a pas si aisément le

pouvoir de la rendre efficace *in concreto* dans sa conduite.

Une Métaphysique des mœurs est donc rigoureusement nécessaire, non pas seulement à cause d'un besoin de la spéculation, afin d'explorer la source des principes pratiques qui sont *a priori* dans notre raison, mais parce que la moralité elle-même reste exposée à toutes sortes de corruptions, aussi longtemps que manque ce fil conducteur et cette règle suprême qui permet de l'apprécier exactement [16]. Car, lorsqu'il s'agit de ce qui doit être moralement bon, ce n'est pas assez qu'il y ait *conformité* à la loi morale ; il faut encore que ce soit *pour la loi morale* que la chose se fasse ; sinon, cette conformité n'est que très accidentelle et très incertaine, parce que le principe qui est étranger à la morale produira sans doute de temps à autre ces actions conformes, mais souvent aussi des actions contraires à la loi. Or la loi morale dans sa pureté et dans sa vérité (ce qui précisément en matière pratique est le plus important) ne doit pas être cherchée ailleurs que dans une Philosophie pure ; aussi faut-il que celle-ci (la Métaphysique) vienne en premier lieu ; sans elle il ne peut y avoir en aucune façon de philosophie morale. Je dirai même que celle qui mêle ces principes purs avec les principes empiriques ne mérite pas le nom de philosophie (car la philosophie se distingue précisément de la connaissance rationnelle commune en ce qu'elle expose dans une science à part ce que cette connaissance commune ne saisit que mélangé) ; elle mérite bien moins encore le nom de philosophie morale, puisque justement par cet amalgame elle porte atteinte à la pureté de la moralité elle-même et qu'elle va contre sa propre destination.

Qu'on n'aille pas croire cependant que ce qui est réclamé ici on l'ait déjà dans la propédeutique que l'illustre Wolff a mise en tête de sa philosophie morale, je veux dire dans ce qu'il a appelé *Philosophie pratique universelle*, et qu'ici par suite il n'y ait pas précisément

un champ entièrement nouveau à fouiller [17]. Justement
parce qu'elle devait être une philosophie pratique universelle, ce qu'elle a considéré, ce n'a pas été une
volonté de quelque espèce particulière, comme une
volonté qui serait déterminée sans mobiles empiriques
d'aucune sorte, tout à fait en vertu de principes *a priori*,
et qu'on pourrait nommer une volonté pure [18], mais le
vouloir en général, avec toutes les actions et conditions
qui dans ce sens général lui appartiennent ; elle se distingue donc d'une Métaphysique des mœurs de la même
façon que la Logique générale se distingue de la Philosophie transcendantale ; la Logique générale, en effet,
expose les opérations et les règles de la pensée *en général*, tandis que la Philosophie transcendantale expose
uniquement les opérations et les règles spéciales de la
pensée PURE, c'est-à-dire de la pensée par laquelle des
objets sont connus complètement *a priori*. C'est que la
Métaphysique des mœurs doit examiner l'idée et les
principes d'une volonté *pure* possible, non les actions et
les conditions du vouloir humain en général, qui pour la
plus grande part sont tirées de la Psychologie. Le fait
que dans la Philosophie pratique générale il est aussi
question (bien à tort cependant) de lois morales et de
devoir, ne constitue aucune objection à ce que j'affirme.
En effet, les auteurs de cette science restent encore fidèles en cela à l'idée qu'ils s'en font ; ils ne distinguent
pas, parmi les principes de détermination, ceux qui,
comme tels, sont représentés tout à fait *a priori* par la
seule raison et sont proprement moraux, de ceux qui sont
empiriques, que l'entendement érige en concepts généraux par la simple comparaison des expériences ; ils les
considèrent au contraire sans avoir égard à la différence
de leurs origines, ne tenant compte que de leur nombre
plus ou moins grand (car ils sont tous à leurs yeux de la
même espèce), et ils forment ainsi leur concept d'*obligation* ; ce concept, à la vérité, n'est rien moins que moral ;
mais le caractère en est tout ce qu'on peut attendre qu'il

soit dans une philosophie qui sur l'*origine* de tous les concepts pratiques possibles ne décide nullement, s'ils se produisent *a priori* ou simplement *a posteriori*.

Or, dans l'intention où je suis de publier un jour une Métaphysique des mœurs, je la fais précéder de ce livre qui en pose les fondements. Sans doute il n'y a à la rigueur, pour pouvoir la fonder, que la Critique d'une *raison pure pratique* [19], comme pour fonder la Métaphysique il faut la Critique de la raison pure spéculative que j'ai déjà publiée [20]. Mais, d'une part, la première de ces Critiques n'est pas d'une aussi extrême nécessité que la seconde, parce qu'en matière morale la raison humaine, même dans l'intelligence la plus commune, peut être aisément portée à un haut degré d'exactitude et de perfection [21], tandis que dans son usage théorique, mais pur, elle est tout à fait dialectique [22] ; d'autre part, pour la Critique d'une raison pure pratique, si elle doit être complète, je crois indispensable que l'on se mette à même de montrer en même temps l'unité de la raison pratique avec la raison spéculative dans un principe commun ; car, en fin de compte, il ne peut pourtant y avoir qu'une seule et même raison, qui ne doit souffrir de distinction que dans ses applications [23]. Or je ne pourrais ici encore pousser mon travail à ce point d'achèvement sans introduire des considérations d'un tout autre ordre et sans embrouiller le lecteur. C'est pourquoi, au lieu du titre de *Critique de la raison pure pratique*, je me suis servi de *Fondements de la métaphysique des mœurs*.

Et comme aussi, en troisième lieu, une Métaphysique des mœurs, malgré ce que le titre a d'effrayant, peut néanmoins à un haut degré être populaire et appropriée à l'intelligence commune, je juge utile d'en détacher ce travail préliminaire où en sont posés les fondements, afin de n'avoir pas besoin dans la suite d'ajouter l'élément de subtilité inévitable en ces matières à des doctrines plus aisées à entendre [24].

Quant à ces *Fondements*, que je présente au public, ils ne sont rien de plus que la recherche et l'établissement du *principe suprême de la moralité*, ce qui suffit à constituer une tâche complète dans son plan et qu'il y a lieu de séparer de toute autre recherche morale [25]. Sans doute mes assertions sur ce problème essentiel si important et qui jusqu'à présent n'a pas été encore, tant s'en faut, traité de façon satisfaisante, recevraient de l'application du principe à tout le système et de la puissance d'explication suffisante qu'il manifeste en tout une grande confirmation ; mais j'ai dû renoncer à cet avantage, qui au fond eût été plus d'accord avec mon amour-propre qu'avec l'intérêt de tous ; car la facilité à appliquer un principe ainsi que son apparente suffisance ne fournissent pas de démonstration absolument sûre de son exactitude ; elles suscitent plutôt un certain parti pris de ne pas l'examiner et l'apprécier en toute rigueur pour lui-même, sans égard aux conséquences.

J'ai suivi dans cet écrit la méthode qui est, à mon avis, la plus convenable, quand on veut procéder analytiquement de la connaissance commune à la détermination de ce qui en est le principe suprême, puis, par une marche inverse, redescendre synthétiquement de l'examen de ce principe et de ses sources à la connaissance commune où l'on en rencontre l'application [26]. L'ouvrage se trouve donc ainsi divisé :

1° *Première section* : passage de la connaissance rationnelle commune de la moralité à la connaissance philosophique.

2° *Deuxième section* : passage de la philosophie morale populaire à la Métaphysique des mœurs.

3° *Troisième section* : dernière démarche de la Métaphysique des mœurs à la Critique de la raison pure pratique.

Passage de la connaissance rationnelle commune de la moralité à la connaissance philosophique

De tout ce qu'il est possible de concevoir dans le monde, et même en général hors du monde, il n'est rien qui puisse sans restriction être tenu pour bon, si ce n'est seulement une BONNE VOLONTÉ [27]. L'intelligence [28], le don de saisir les ressemblances des choses, la faculté de discerner le particulier pour en juger [29], et les autres *talents* de l'esprit, de quelque nom qu'on les désigne, ou bien le courage, la décision, la persévérance dans les desseins, comme qualités du *tempérament* [30], sont sans doute à bien des égards choses bonnes et désirables ; mais ces dons de la nature peuvent devenir aussi extrêmement mauvais et funestes si la volonté qui doit en faire usage, et dont les dispositions propres s'appellent pour cela *caractère* [31], n'est point bonne. Il en est de même des *dons de la fortune*. Le pouvoir, la richesse, la considération, même la santé ainsi que le bien-être complet et le contentement de son état, ce qu'on nomme le *bonheur*, engendrent une confiance en soi qui souvent aussi se convertit en présomption, dès qu'il n'y a pas une bonne volonté pour redresser et tourner vers des fins universelles l'influence que ces avantages ont sur l'âme, et du même coup tout le principe de l'action ; sans compter qu'un spectateur raisonnable et impartial ne saurait jamais éprouver de satisfaction à voir que tout réussisse perpétuellement à un être que ne relève aucun trait de pure et bonne volonté, et qu'ainsi la bonne volonté paraît constituer la condition indispensable même de ce qui nous rend dignes d'être heureux [32].

Il y a, bien plus, des qualités qui sont favorables à cette bonne volonté même et qui peuvent rendre son

œuvre beaucoup plus aisée, mais qui malgré cela n'ont
pas de valeur intrinsèque absolue, et qui au contraire
supposent toujours encore une bonne volonté. C'est là
une condition qui limite la haute estime qu'on leur
témoigne du reste avec raison, et qui ne permet pas de
les tenir pour bonnes absolument. La modération dans
les affections et les passions, la maîtrise de soi, la puissance de calme réflexion ne sont pas seulement bonnes
à beaucoup d'égards, mais elles paraissent constituer une
partie même de la valeur *intrinsèque* de la personne ;
cependant il s'en faut de beaucoup qu'on puisse les considérer comme bonnes sans restriction (malgré la valeur
inconditionnée que leur ont conférée les anciens). Car
sans les principes d'une bonne volonté elles peuvent
devenir extrêmement mauvaises ; le sang-froid d'un scélérat ne le rend pas seulement beaucoup plus dangereux ;
il le rend aussi immédiatement à nos yeux plus détesta-
ble encore que nous ne l'eussions jugé sans cela.

Ce qui fait que la bonne volonté est telle, ce ne sont
pas ses œuvres ou ses succès, ce n'est pas son aptitude
à atteindre tel ou tel but proposé, c'est seulement le vouloir ; c'est-à-dire que c'est en soi qu'elle est bonne ; et,
considérée en elle-même, elle doit sans comparaison être
estimée bien supérieure à tout ce qui pourrait être
accompli par elle uniquement en faveur de quelque inclination et même, si l'on veut, de la somme de toutes
les inclinations. Alors même que, par une particulière
défaveur du sort ou par l'avare dotation d'une nature
marâtre, cette volonté serait complètement dépourvue du
pouvoir de faire aboutir ses desseins ; alors même que
dans son plus grand effort elle ne réussirait à rien ; alors
même qu'il ne resterait que la bonne volonté toute seule
(je comprends par là, à vrai dire, non pas quelque chose
comme un simple vœu, mais l'appel à tous les moyens
dont nous pouvons disposer[33]), elle n'en brillerait pas
moins, ainsi qu'un joyau, de son éclat à elle, comme
quelque chose qui a en soi sa valeur tout entière. L'utilité

ou l'inutilité ne peut en rien accroître ou diminuer cette valeur. L'utilité ne serait en quelque sorte que la sertissure qui permet de mieux manier le joyau dans la circulation courante ou qui peut attirer sur lui l'attention de ceux qui ne s'y connaissent pas suffisamment, mais qui ne saurait avoir pour effet de le recommander aux connaisseurs ni d'en déterminer le prix.

Il y a néanmoins dans cette idée de la valeur absolue de la simple volonté, dans cette façon de l'estimer sans faire entrer aucune utilité en ligne de compte, quelque chose de si étrange que, malgré même l'accord complet qu'il y a entre elle et la raison commune, un soupçon peut cependant s'éveiller : peut-être n'y a-t-il là au fond qu'une transcendante chimère, et peut-être est-ce comprendre à faux l'intention dans laquelle la nature a délégué la raison au gouvernement de notre volonté. Aussi allons-nous, de ce point de vue, mettre cette idée à l'épreuve.

Dans la constitution naturelle d'un être organisé, c'est-à-dire d'un être conformé en vue de la vie, nous posons en principe qu'il ne se trouve pas d'organe pour une fin quelconque, qui ne soit du même coup le plus propre et le plus accommodé à cette fin[34]. Or, si dans un être doué de raison et de volonté la nature[35] avait pour but spécial sa *conservation*, son *bien-être*, en un mot son *bonheur*, elle aurait bien mal pris ses mesures en choisissant la raison de la créature comme exécutrice de son intention. Car toutes les actions que cet être doit accomplir dans cette intention, ainsi que la règle complète de sa conduite, lui auraient été indiquées bien plus exactement par l'instinct, et cette fin aurait pu être bien plus sûrement atteinte de la sorte qu'elle ne peut jamais l'être par la raison ; et si à une telle créature la raison devait par surcroît échoir comme une faveur, elle n'aurait dû lui servir que pour faire des réflexions sur les heureuses dispositions de sa nature, pour les admirer,

pour s'en réjouir et en rendre grâces à la Cause bienfai-
sante, mais non pour soumettre à cette faible et trompeuse direction sa faculté de désirer et pour se mêler
gauchement de remplir les desseins de la nature ; en un
mot, la nature aurait empêché que la raison n'allât verser
dans un *usage pratique* et n'eût la présomption, avec ses
faibles lumières, de se figurer le plan du bonheur et des
moyens d'y parvenir ; la nature aurait pris sur elle le
choix, non seulement des fins, mais encore des moyens
mêmes, et avec une sage prévoyance elle les eût confiés
ensemble simplement à l'instinct [36].

Au fait, nous remarquons que plus une raison cultivée
s'occupe de poursuivre la jouissance de la vie et du bonheur, plus l'homme s'éloigne du vrai contentement.
Voilà pourquoi chez beaucoup, et chez ceux-là mêmes
qui ont fait de l'usage de la raison la plus grande expérience, il se produit, pourvu qu'ils soient assez sincères
pour l'avouer, un certain degré de *misologie* [37], c'est-à-
dire de haine de la raison. En effet, après avoir fait le
compte de tous les avantages qu'ils retirent, je ne dis
pas de la découverte de tous les arts qui constituent le
luxe ordinaire, mais même des sciences (qui finissent par
leur apparaître aussi comme un luxe de l'entendement),
toujours est-il qu'ils trouvent qu'en réalité ils se sont
imposé plus de peine qu'ils n'ont recueilli de bonheur ;
aussi, à l'égard de cette catégorie plus commune d'hommes qui se laissent conduire de plus près par le simple
instinct naturel et qui n'accordent à leur raison que peu
d'influence sur leur conduite, éprouvent-ils finalement
plus d'envie que de dédain. Et en ce sens il faut
reconnaître que le jugement de ceux qui limitent fort et
même réduisent à rien les pompeuses glorifications des
avantages que la raison devrait nous procurer relativement au bonheur et au contentement de la vie, n'est en
aucune façon le fait d'une humeur chagrine ou d'un
manque de reconnaissance envers la bonté du gouvernement du monde, mais qu'au fond de ces jugements gît

secrètement l'idée que la fin de leur existence est toute différente et beaucoup plus noble, que c'est à cette fin, non au bonheur, que la raison est spécialement destinée, que c'est à elle en conséquence, comme à la condition suprême, que les vues particulières de l'homme doivent le plus souvent se subordonner[38].

Puisque, en effet, la raison n'est pas suffisamment capable de gouverner sûrement la volonté à l'égard de ses objets et de la satisfaction de tous nos besoins (qu'elle-même multiplie pour une part), et qu'à cette fin un instinct naturel inné l'aurait plus sûrement conduite ; puisque néanmoins la raison nous a été départie comme puissance pratique, c'est-à-dire comme puissance qui doit avoir de l'influence sur la *volonté*, il faut que sa vraie destination soit de produire une *volonté bonne*, non pas *comme moyen* en vue de quelque autre fin, mais *bonne en soi-même* ; c'est par là qu'une raison était absolument nécessaire, du moment que partout ailleurs la nature, dans la répartition de ses propriétés, a procédé suivant des fins. Il se peut ainsi que cette volonté ne soit pas l'unique bien, le bien tout entier ; mais elle est néanmoins nécessairement le bien suprême, condition dont dépend tout autre bien, même toute aspiration au bonheur[39]. Dans ce cas, il est parfaitement possible d'accorder avec la sagesse de la nature le fait que la culture de la raison, indispensable pour la première de ces fins qui est inconditionnée, quand il s'agit de la seconde, le bonheur, qui est toujours conditionnée, en limite de bien des manières et même peut en réduire à rien, au moins dans cette vie, la réalisation. En cela la nature n'agit pas contre toute finalité ; car la raison qui reconnaît que sa plus haute destination pratique est de fonder une bonne volonté, ne peut trouver dans l'accomplissement de ce dessein qu'une satisfaction qui lui convienne, c'est-à-dire qui résulte de la réalisation d'une fin que seule encore une fois elle détermine, cela même ne dût-il pas aller sans quelque préjudice porté aux fins de l'inclination.

3   Il faut donc développer le concept d'une volonté souverainement estimable en elle-même, d'une volonté bonne indépendamment de toute intention ultérieure, tel qu'il est inhérent déjà à l'intelligence naturelle saine, objet non pas tant d'un enseignement que d'une simple explication indispensable, ce concept qui tient toujours la plus haute place dans l'appréciation de la valeur complète de nos actions et qui constitue la condition de tout le reste ; pour cela nous allons examiner le concept du DEVOIR, qui contient celui d'une bonne volonté, avec certaines restrictions, il est vrai, et certaines entraves subjectives, mais qui, bien loin de le dissimuler et de le rendre méconnaissable, le font plutôt ressortir par contraste et le rendent d'autant plus éclatant[40].

Je laisse ici de côté toutes les actions qui sont au premier abord reconnues contraires au devoir, bien qu'à tel ou tel point de vue elles puissent être utiles ; car pour ces actions jamais précisément la question ne se pose de savoir s'il est possible qu'elles aient eu lieu *par devoir*, puisqu'elles vont même contre le devoir. Je laisse également de côté les actions qui sont réellement conformes au devoir, pour lesquelles les hommes n'ont *aucune inclination* immédiate, qu'ils n'en accomplissent pas moins cependant, parce qu'une autre inclination les y pousse. Car, dans ce cas, il est facile de distinguer si l'action conforme au devoir a eu lieu *par devoir* ou par vue intéressée. Il est bien plus malaisé de marquer cette distinction dès que l'action est conforme au devoir, et que par surcroît encore le sujet a pour elle une inclination *immédiate*[41]. Par exemple[42], il est sans doute conforme au devoir que le débitant n'aille pas surfaire le client inexpérimenté, et même c'est ce que ne fait jamais dans tout grand commerce le marchand avisé ; il établit au contraire un prix fixe, le même pour tout le monde, si bien qu'un enfant achète chez lui à tout aussi

bon compte que n'importe qui. On est donc *loyalement*
servi ; mais ce n'est pas à beaucoup près suffisant pour
qu'on en retire cette conviction que le marchand s'est
ainsi conduit par devoir et par des principes de probité ;
son intérêt l'exigeait, et l'on ne peut pas supposer ici
qu'il dût avoir encore par surcroît pour ses clients une
inclination immédiate de façon à ne faire, par affection
pour eux en quelque sorte, de prix plus avantageux à
l'un qu'à l'autre. Voilà donc une action qui était accomplie, non par devoir, ni par inclination immédiate, mais
seulement dans une intention intéressée.

Au contraire [43], conserver sa vie est un devoir, et c'est
en outre une chose pour laquelle chacun a encore une
inclination immédiate. Or c'est pour cela que la sollici-
tude souvent inquiète que la plupart des hommes y
apportent n'en est pas moins dépourvue de toute valeur
intrinsèque et que leur maxime n'a aucun prix moral. Ils
conservent la vie *conformément au devoir* sans doute,
mais non *par devoir*. En revanche, que des contrariétés
et un chagrin sans espoir aient enlevé à un homme tout
goût de vivre, si le malheureux, à l'âme forte, est plus
indigné de son sort qu'il n'est découragé ou abattu, s'il
désire la mort et cependant conserve la vie sans l'aimer,
non par inclination ni par crainte, mais par devoir, alors
sa maxime a une valeur morale.

Etre bienfaisant, quand on le peut, est un devoir, et de
plus il y a de certaines âmes si portées à la sympathie,
que même sans aucun autre motif de vanité ou d'intérêt
elles éprouvent une satisfaction intime à répandre la joie
autour d'elles et qu'elles peuvent jouir du contentement
d'autrui, en tant qu'il est leur œuvre. Mais je prétends
que dans ce cas une telle action, si conforme au devoir,
si aimable qu'elle soit, n'a pas cependant de valeur
morale véritable, qu'elle va de pair avec d'autres inclinations, avec l'ambition par exemple qui, lorsqu'elle
tombe heureusement sur ce qui est réellement en accord

avec l'intérêt public et le devoir, sur ce qui par conséquent est honorable, mérite louange et encouragement,
mais non respect ; car il manque à la maxime la valeur
morale, c'est-à-dire que ces actions soient faites, non par
inclination, mais *par devoir.* Supposez donc que l'âme
de ce philanthrope soit assombrie par un de ces chagrins
personnels qui étouffent toute sympathie pour le sort
d'autrui, qu'il ait toujours encore le pouvoir de faire du
bien à d'autres malheureux, mais qu'il ne soit pas touché
de l'infortune des autres, étant trop absorbé par la sienne
propre, et que, dans ces conditions, tandis qu'aucune
inclination ne l'y pousse plus, il s'arrache néanmoins à
cette insensibilité mortelle, et qu'il agisse, sans que ce
soit sous l'influence d'une inclination, uniquement par
devoir alors seulement son action a une véritable valeur
morale. Je dis plus : si la nature avait mis au cœur de tel
ou tel peu de sympathie, si tel homme (honnête du reste)
était froid par tempérament et indifférent aux souffran-
ces d'autrui, peut-être parce qu'ayant lui-même en par-
tage contre les siennes propres un don spécial
d'endurance et d'énergie patiente, il suppose aussi chez
les autres ou exige d'eux les mêmes qualités ; si la
nature n'avait pas formé particulièrement cet homme
(qui vraiment ne serait pas son plus mauvais ouvrage)
pour en faire un philanthrope, ne trouverait-il donc pas
encore en lui de quoi se donner à lui-même une valeur
bien supérieure à celle que peut avoir un tempérament
naturellement bienveillant ? A coup sûr ! Et c'est ici précisément qu'apparaît la valeur du caractère, valeur
morale et incomparablement la plus haute, qui vient de
ce qu'il fait le bien, non par inclination, mais par
devoir [44].

Assurer son propre bonheur est un devoir (au moins
indirect) ; car le fait de ne pas être content de son état,
de vivre pressé de nombreux soucis et au milieu de
besoins non satisfaits pourrait devenir aisément une
grande *tentation d'enfreindre ses devoirs.* Mais ici

encore, sans regarder au devoir, tous les hommes ont déjà d'eux-mêmes l'inclination au bonheur la plus puissante et la plus intime, parce que précisément dans cette idée du bonheur toutes les inclinations s'unissent en un total. Seulement le précepte qui commande de se rendre heureux a souvent un tel caractère qu'il porte un grand préjudice à quelques inclinations, et que pourtant l'homme ne peut se faire un concept défini et sûr de cette somme de satisfaction à donner à toutes qu'il nomme le bonheur ; aussi n'y a-t-il pas lieu d'être surpris qu'une inclination unique, déterminée quant à ce qu'elle promet et quant à l'époque où elle peut être satisfaite, puisse l'emporter sur une idée flottante, qu'un goutteux, par exemple, puisse mieux aimer savourer ce qui est de son goût, quitte à souffrir ensuite, parce que, selon son calcul, au moins dans cette circonstance, il ne s'est pas, par l'espérance peut-être trompeuse d'un bonheur qui doit se trouver dans la santé, privé de la jouissance du moment présent. Mais, dans ce cas également, si la tendance universelle au bonheur ne déterminait pas sa volonté, si la santé pour lui du moins n'était pas une chose qu'il fût si nécessaire de faire entrer dans ses calculs, ce qui resterait encore ici, comme dans tous les autres cas, c'est une loi, une loi qui lui commande de travailler à son bonheur, non par inclination, mais par devoir, et c'est par là seulement que sa conduite possède une véritable valeur morale.

Ainsi doivent être sans aucun doute également compris les passages de l'Ecriture où il est ordonné d'aimer son prochain, même son ennemi. Car l'amour comme inclination ne peut pas se commander ; mais faire le bien précisément par devoir, alors qu'il n'y a pas d'inclination pour nous y pousser, et même qu'une aversion naturelle et invincible s'y oppose, c'est là un amour *pratique* et non *pathologique*[45], qui réside dans la volonté, et non dans le penchant de la sensibilité, dans des principes de l'action, et non dans une compassion amollissante ; or cet amour est le seul qui puisse être commandé[46].

ℬ)   Voici la seconde proposition[47] : une action accomplie par devoir tire sa valeur morale *non pas du but* qui doit être atteint par elle, mais de la maxime d'après laquelle elle est décidée ; elle ne dépend donc pas de la réalité de l'objet de l'action, mais uniquement du *principe du vouloir* d'après lequel l'action est produite sans égard à aucun des objets de la faculté de désirer. Que les buts que nous pouvons avoir dans nos actions, que les effets qui en résultent, considérés comme fins et mobiles de la volonté, ne puissent communiquer à ces actions aucune valeur absolue, aucune valeur morale, cela est évident par ce qui précède. Où donc peut résider cette valeur, si elle ne doit pas se trouver dans la volonté considérée dans le rapport qu'elle a avec les effets attendus de ces actions ? Elle ne peut être nulle part ailleurs *que dans le principe de la volonté*, abstraction faite des fins qui peuvent être réalisées par une telle action ; en effet, la volonté placée juste au milieu entre son principe *a priori*, qui est formel, et son mobile *a posteriori*, qui est matériel, est comme à la bifurcation de deux routes ; et puisqu'il faut pourtant qu'elle soit déterminée par quelque chose, elle devra être déterminée par le principe formel du vouloir en général, du moment qu'une action a lieu par devoir ; car alors tout principe matériel lui est enlevé[48].

𝒞)   Quant à la troisième proposition, conséquence des deux précédentes, je l'exprimerais ainsi : *le devoir est la nécessité d'accomplir une action par respect pour la loi*[49]. Pour l'objet conçu comme effet de l'action que je me propose, je peux bien sans doute avoir de l'*inclination*, mais *jamais du respect*, précisément parce que c'est simplement un effet, et non l'activité d'une volonté. De même je ne peux avoir de respect pour une inclination en général, qu'elle soit mienne ou d'un autre ; je peux tout au plus l'approuver dans le premier cas, dans le second cas aller parfois jusqu'à l'aimer, c'est-à-dire la considérer comme favorable à mon intérêt propre. Il n'y a que ce qui est lié à ma volonté uniquement comme principe et jamais comme effet, ce qui ne sert pas à mon inclination, mais qui la domine, ce qui du moins empêche entièrement qu'on en tienne compte dans la décision, par suite la simple loi pour elle-même, qui puisse être un objet de respect et par conséquent être un commandement. Or, si une action accomplie par devoir doit exclure complètement l'influence de l'inclination et avec elle tout objet de la volonté, il ne reste rien pour la volonté qui puisse la déterminer, si ce n'est objectivement la *loi*, et subjectivement un *pur respect* pour cette loi pratique, par suite la maxime* d'obéir à cette loi, même au préjudice de toutes mes inclinations.

Ainsi la valeur morale de l'action ne réside pas dans l'effet qu'on en attend, ni non plus dans quelque principe de l'action qui a besoin d'emprunter son mobile à cet effet attendu. Car tous ces effets (contentement de son état, et même contribution au bonheur d'autrui) pourraient être aussi bien produits par d'autres causes ; il n'était donc pas besoin pour cela de la volonté d'un être raisonnable. Et cependant, c'est dans cette volonté seule que le souverain bien, le bien inconditionné, peut se rencontrer. C'est pourquoi *se représenter la loi* en elle-même, *ce qui à coup sûr n'a lieu que dans un être raisonnable*, et faire de cette représentation, non de l'effet attendu, le principe déterminant de la volonté, cela seul peut constituer ce bien si excellent que nous qualifions de moral, présent déjà dans la personne même qui agit

---

* On entend par *maxime* le principe subjectif du vouloir ; le principe objectif (c'est-à-dire le principe qui servirait aussi subjectivement de principe pratique à tous les êtres raisonnables, si la raison avait plein pouvoir sur la faculté de désirer) est la *loi* pratique [50].

selon cette idée, mais qu'il n'y a pas lieu d'attendre seulement de l'effet de son action *.

Mais quelle peut donc bien être cette loi dont la représentation, sans même avoir égard à l'effet qu'on en attend, doit déterminer la volonté pour que celle-ci

---

* On pourrait m'objecter que sous le couvert du terme de *respect* je ne fais que me réfugier dans un sentiment obscur, au lieu de porter la lumière dans la question par un concept de la raison. Mais, quoique le respect soit un sentiment, ce n'est point cependant un sentiment *reçu* par influence ; c'est, au contraire, un sentiment *spontanément produit* par un concept de la raison, et par là même spécifiquement distinct de tous les sentiments du premier genre, qui se rapportent à l'inclination, ou à la crainte. Ce que je reconnais immédiatement comme loi pour moi, je le reconnais avec un sentiment de respect qui exprime simplement la conscience que j'ai de la *subordination* de ma volonté à une loi sans entremise d'autres influences sur ma sensibilité, la détermination immédiate de la volonté par la loi et la conscience que j'en ai, c'est ce qui s'appelle le *respect*, de telle sorte que le respect doit être considéré, non comme la *cause* de la loi, mais comme l'*effet* de la loi sur le sujet [51]. A proprement parler, le respect est la représentation d'une valeur qui porte préjudice à mon amour-propre. Par conséquent, c'est quelque chose qui n'est considéré ni comme objet d'inclination, ni comme objet de crainte, bien qu'il ait quelque analogie avec les deux à la fois. L'*objet* du respect est donc simplement la loi, loi telle que nous nous l'imposons à *nous-mêmes*, et cependant comme nécessaire en soi. En tant qu'elle est la loi, nous lui sommes soumis, sans consulter l'amour-propre ; en tant que c'est par nous qu'elle nous est imposée, elle est une conséquence de notre volonté [52] ; au premier point de vue elle a de l'analogie avec la crainte ; au second, avec l'inclination [53]. Tout respect pour une personne n'est proprement que respect pour la loi (loi d'honnêteté, etc.) dont cette personne nous donne l'exemple [54]. Puisque nous considérons aussi comme un devoir d'étendre nos talents, nous voyons de même dans une personne qui a des talents comme l'*exemple d'une loi* (qui nous commande de nous exercer à lui ressembler en cela), et voilà ce qui constitue notre respect. Tout ce qu'on désigne sous le nom d'*intérêt* moral [55] consiste uniquement dans le *respect* pour la loi.

puisse être appelée bonne absolument et sans restriction ? Puisque j'ai dépossédé la volonté de toutes les
impulsions qui pourraient être suscitées en elle par l'idée
des résultats dus à l'observation de quelque loi, il ne
reste plus que la conformité universelle des actions à la
loi en général, qui doit seule lui servir de principe ; en
d'autres termes, je dois toujours me conduire de telle
sorte *que je puisse aussi vouloir que ma maxime
devienne une loi universelle*[56]. Ici donc c'est la simple
conformité à la loi en général[57] (sans prendre pour base
quelque loi déterminée pour certaines actions) qui sert
de principe à la volonté, et qui doit même lui servir de
principe, si le devoir n'est pas une illusion vaine et un
concept chimérique. Avec ce qui vient d'être dit, la raison commune des hommes, dans l'exercice de son jugement pratique, est en parfait accord, et le principe qui a
été exposé, elle l'a toujours devant les yeux.

Soit, par exemple, la question suivante : ne puis-je
pas, si je suis dans l'embarras, faire une promesse avec
l'intention de ne pas la tenir ? Je distingue ici aisément
entre les sens que peut avoir la question : demande-t-on
s'il est prudent ou s'il est conforme au devoir de faire
une fausse promesse ? Cela peut être sans doute prudent
plus d'une fois. A la vérité, je vois bien que ce n'est pas
assez de me tirer, grâce à ce subterfuge, d'un embarras
actuel, qu'il me faut encore bien considérer si de ce
mensonge ne peut pas résulter pour moi dans l'avenir un
désagrément bien plus grand que tous ceux dont je me
délivre pour l'instant ; et comme, en dépit de toute ma
prétendue *finesse*, les conséquences ne sont pas si aisées
à prévoir que le fait d'avoir une fois perdu la confiance
d'autrui ne puisse m'être bien plus préjudiciable que tout
le mal que je songe en ce moment à éviter, n'est-ce pas
agir *avec plus de prudence* que de se conduire ici d'après
une maxime universelle et de se faire une habitude de
ne rien promettre qu'avec l'intention de le tenir ? Mais
il me paraît ici bientôt évident qu'une telle maxime n'en

est pas moins toujours uniquement fondée sur les conséquences à craindre. Or c'est pourtant tout autre chose
que d'être sincère par devoir, et de l'être par crainte des
conséquences désavantageuses ; tandis que dans le premier cas le concept de l'action en soi-même contient
déjà une loi pour moi, dans le second cas il faut avant
tout que je cherche à découvrir autre part quels effets
peuvent bien être liés pour moi à l'action. Car, si je
m'écarte du principe du devoir, ce que je fais est certainement tout à fait mal ; mais si je suis infidèle à ma
maxime de prudence, il peut, dans certains cas, en résulter pour moi un grand avantage, bien qu'il soit en vérité
plus sûr de m'y tenir. Après tout, en ce qui concerne la
réponse à cette question, si une promesse trompeuse est
conforme au devoir, le moyen de m'instruire le plus
rapide, tout en étant infaillible, c'est de me demander à
moi-même : accepterais-je bien avec satisfaction que ma
maxime (de me tirer d'embarras par une fausse promesse) dût valoir comme une loi universelle (aussi bien
pour moi que pour les autres) ? Et pourrais-je bien me
dire : tout homme peut faire une fausse promesse quand
il se trouve dans l'embarras et qu'il n'a pas d'autre
moyen d'en sortir ? Je m'aperçois bientôt ainsi que si je
peux bien vouloir le mensonge, je ne peux en aucune
manière vouloir une loi universelle qui commanderait de
mentir ; en effet, selon une telle loi, il n'y aurait plus à
proprement parler de promesse, car il serait vain de
déclarer ma volonté concernant mes actions futures à
d'autres hommes qui ne croiraient point à cette déclaration ou qui, s'ils y ajoutaient foi étourdiment, me paye-
raient exactement de la même monnaie : de telle sorte
que ma maxime, du moment qu'elle serait érigée en loi
universelle, se détruirait elle-même nécessairement [58].

Donc, pour ce que j'ai à faire afin que ma volonté soit
moralement bonne, je n'ai pas précisément besoin d'une
subtilité poussée très loin [59]. Sans expérience quant au

cours du monde, incapable de parer à tous les événements qui s'y produisent, il suffit que je demande : peux-tu vouloir aussi que ta maxime devienne une loi universelle ? Si tu ne le peux pas, la maxime est à rejeter, et cela en vérité non pas à cause d'un dommage qui peut en résulter pour toi ou même pour d'autres, mais parce qu'elle ne peut pas trouver place comme principe dans une législation universelle possible ; pour une telle législation en retour la raison m'arrache un respect immédiat ; et si pour l'instant je ne *saisis* pas encore sur quoi il se fonde (ce qui peut être l'objet des recherches du philosophe), il y a du moins ceci que je comprends bien, c'est que c'est l'estimation d'une valeur de beaucoup supérieure à la valeur de tout ce qui est mis à un haut prix par l'inclination, et que c'est la nécessité où je suis d'agir par *pur* respect pour la loi pratique qui constitue le devoir, le devoir auquel il faut que tout autre motif cède, car il est la condition d'une volonté bonne *en soi* dont la valeur passe tout.

Ainsi donc, dans la connaissance morale de la raison humaine commune, nous sommes arrivés à ce qui en est le principe, principe qu'à coup sûr elle ne conçoit pas ainsi séparé dans une forme universelle [60], mais qu'elle n'en a pas moins toujours réellement devant les yeux et qu'elle emploie comme règle de son jugement. Il serait ici aisé de montrer comment, ce compas à la main, elle a dans tous les cas qui surviennent la pleine compétence qu'il faut pour distinguer ce qui est bien, ce qui est mal, ce qui est conforme ou contraire au devoir, pourvu que, sans lui rien apprendre le moins du monde de nouveau, on la rende attentive, comme le faisait Socrate [61], à son propre principe, de montrer par suite qu'il n'est besoin ni de science ni de philosophie pour savoir ce qu'on a à faire, pour être honnête et bon, même sage et vertueux. L'on pouvait même bien supposer déjà d'avance que la connaissance de ce qu'il appartient à tout homme de faire, et par conséquent encore de savoir, doit être aussi le fait de tout homme, même du plus commun. Ici l'on ne peut point considérer sans admiration combien, dans l'intelligence commune de l'humanité, la faculté de juger en matière pratique l'emporte de tout point sur la faculté de juger en matière théorique. Dans l'usage de cette dernière, quand la raison commune se risque à s'éloigner des lois de l'expérience et des perceptions des sens, elle tombe dans de manifestes absurdités et dans des contradictions avec elle-même, tout au moins dans un chaos d'incertitudes, d'obscurités et d'inconséquences [62]. En matière pratique, au contraire, la faculté de juger commence précisément surtout à bien manifester ses avantages, lorsque l'intelligence commune exclut des lois pratiques tous les mobiles sensibles. Celle-ci devient même subtile alors, soit qu'elle veuille chicaner avec sa conscience ou avec d'autres prétentions concernant ce qui doit être qualifié d'honnête, soit même qu'elle veuille pour son instruction propre déterminer avec exactitude la valeur des actions ; et, ce qui est le principal, elle peut, dans ce dernier cas, espérer y toucher juste tout aussi bien que peut se le promettre n'importe quel philosophe ; bien plus, elle est en cela presque plus sûre encore que le philosophe, car celui-ci ne saurait avoir d'autre principe qu'elle, et il peut d'autre part laisser aisément son jugement s'embrouiller par une foule de considérations étrangères qui n'appartiennent pas au sujet, et le faire dévier de la droite voie. Dès lors, ne serait-il pas plus à propos de s'en tenir, dans les choses morales, au jugement de la raison commune, et de n'introduire tout au plus la philosophie que pour exposer le système de la moralité d'une façon plus complète et plus claire, que pour présenter les règles qui la concernent d'une façon plus commode pour l'usage (et plus encore pour la discussion), mais non pour dépouiller l'intelligence humaine commune, même au point de vue pratique, de son heureuse simplicité, et pour l'engager par la philosophie dans une nouvelle voie de recherches et d'instruction ?

C'est une belle chose que l'innocence ; le malheur est seulement qu'elle sache si peu se préserver, et qu'elle se laisse si facilement séduire. Voilà pourquoi la sagesse même — qui consiste d'ailleurs bien plus dans la conduite que dans le savoir — a cependant encore besoin de la science, non pour en tirer des enseignements, mais pour assurer à ses prescriptions l'influence et la consistance. L'homme sent en lui-même, à l'encontre de tous les commandements du devoir que la raison lui représente si hautement respectables, une puissante force de résistance : elle est dans ses besoins et ses inclinations, dont la satisfaction complète se résume à ses yeux sous le nom de bonheur. Or la raison énonce ses ordres, sans rien accorder en cela aux inclinations, sans fléchir, par conséquent avec une sorte de dédain et sans aucun égard pour ces prétentions si turbulentes et par là même si légitimes en apparence (qui ne se laissent supprimer par aucun commandement). Mais de là résulte une *dialectique naturelle* [63], c'est-à-dire un penchant à sophistiquer contre ces règles strictes du devoir, à mettre en doute leur validité, tout au moins leur pureté et leur rigueur, et à les accommoder davantage, dès que cela se peut, à nos désirs et à nos inclinations, c'est-à-dire à les corrompre dans leur fond et à leur faire perdre toute leur dignité, ce que pourtant même la raison pratique commune ne peut, en fin de compte, approuver.

Ainsi la *raison humaine commune* est poussée, non par quelque besoin de la spéculation (besoin qui ne lui vient jamais, tant qu'elle se contente d'être simplement la saine raison), mais par des motifs tout pratiques, à sortir de sa sphère et à faire un pas dans le champ d'une *philosophie pratique*, et cela pour recueillir sur la source de son principe, sur la définition exacte qu'il doit recevoir en opposition avec les maximes qui s'appuient sur le besoin et l'inclination, des renseignements et de claires explications, de sorte qu'elle se tire d'affaire en présence de prétentions opposées et qu'elle ne coure pas le risque, par l'équivoque où elle pourrait aisément tomber, de perdre tous les vrais principes moraux. Ainsi se développe insensiblement dans l'usage pratique de la raison commune, quand elle se cultive, une *dialectique* qui l'oblige à chercher secours dans la philosophie, comme cela lui arrive dans l'usage théorique ; et, par suite, pas plus dans le premier cas sans doute que dans le second, elle ne peut trouver de repos nulle part ailleurs que dans une critique complète de notre raison[64].

DEUXIÈME SECTION

Passage de la philosophie morale populaire à la métaphysique des mœurs

Si nous avons tiré jusqu'ici notre concept du devoir de l'usage commun de la raison pratique, il n'en faut nullement conclure que nous l'ayons traité comme un concept empirique[65]. Loin de là, si nous appliquons notre attention à l'expérience de la conduite des hommes, nous nous trouvons en présence de plaintes continuelles et, nous l'avouons nous-mêmes, légitimes, sur ce fait qu'il n'y a point d'exemples certains que l'on puisse rapporter de l'intention d'agir par devoir, que mainte action peut être réalisée *conformément* à ce que le *devoir* ordonne, sans qu'il cesse pour cela d'être encore douteux qu'elle soit réalisée proprement *par devoir* et qu'ainsi elle ait une valeur morale[66]. Voilà pourquoi il y a eu en tout temps des philosophes qui ont absolument nié la réalité de cette intention dans les actions humaines et qui ont tout attribué à l'amour-propre plus ou moins raffiné ; ils ne mettraient pas en doute pour cela la justesse du concept de moralité ; ils parlaient au contraire avec une sincère affliction de l'infirmité et de l'impureté de la nature humaine, assez noble, il est vrai, suivant eux, pour faire sa règle d'une idée si digne de respect, mais en même temps trop faible pour la suivre, n'usant de la raison qui devrait servir à lui donner sa loi que pour prendre souci de l'intérêt des inclinations, soit de quelques-unes d'entre elles, soit, si l'on met les choses au mieux, de toutes, en les conciliant entre elles le mieux possible[67].

En fait, il est absolument impossible d'établir par expérience avec une entière certitude un seul cas où la maxime d'une action d'ailleurs conforme au devoir ait uniquement reposé sur des principes moraux et sur la représentation du devoir. Car il arrive parfois sans doute qu'avec le plus scrupuleux examen de nous-mêmes nous ne trouvons absolument rien qui, en dehors du principe moral du devoir, ait pu être assez puissant pour nous pousser à telle ou telle bonne action et à tel grand sacrifice ; mais de là on ne peut nullement conclure avec certitude que réellement ce ne soit point une secrète impulsion de l'amour-propre qui, sous le simple mirage de cette idée, ait été la vraie cause déterminante de la volonté ; c'est que nous nous flattons volontiers en nous attribuant faussement un principe de détermination plus noble ; mais en réalité nous ne pouvons jamais, même par l'examen le plus rigoureux, pénétrer entièrement jusqu'aux mobiles secrets[68] ; or, quand il s'agit de valeur morale, l'essentiel n'est point dans les actions, que l'on voit, mais dans ces principes intérieurs des actions, que l'on ne voit pas[69].

On ne peut pas non plus rendre à ceux qui se rient de toute moralité, comme d'une chimère de l'imagination humaine qui s'exalte elle-même par présomption, de service plus conforme à leurs désirs, que de leur accorder que les concepts du devoir (avec cette facilité de conviction paresseuse qui fait aisément admettre qu'il en est également ainsi de tous les autres concepts) doivent être

dérivés uniquement de l'expérience ; c'est, en effet, leur
préparer un triomphe certain [70]. Je veux bien, par amour
de l'humanité, accorder que la plupart de nos actions
soient conformes au devoir ; mais si l'on en examine de
plus près l'objet et la fin, on se heurte partout au cher
moi, qui toujours finit par ressortir ; c'est sur lui, non sur
le strict commandement du devoir, qui le plus souvent
exigerait l'abnégation de soi-même, que s'appuie le dessein dont elles résultent. Il n'est pas précisément nécessaire d'être un ennemi de la vertu, il suffit d'être un
observateur de sang-froid qui ne prend pas immédiatement pour le bien même le vif désir de voir le bien réalisé, pour qu'à certains moments (surtout si l'on avance
en âge et si l'on a le jugement d'une part mûri par l'expérience, d'autre part aiguisé pour l'observation) on
doute que quelque véritable vertu se rencontre réellement dans le monde [71]. Et alors il n'y a rien pour nous
préserver de la chute complète de nos idées du devoir,
pour conserver dans l'âme un respect bien fondé de la
loi qui le prescrit, si ce n'est la claire conviction que,
lors même qu'il n'y aurait jamais eu d'actions qui fussent dérivées de ces sources pures, il ne s'agit néanmoins
ici en aucune façon de savoir si ceci ou cela a lieu, mais
que la raison commande par elle-même et indépendamment de tous les faits donnés ce qui doit avoir lieu, que
par suite des actions dont le monde n'a peut-être jamais
encore offert le moindre exemple jusqu'aujourd'hui,
dont la possibilité d'exécution pourrait être mise en
doute par celui-là précisément qui fonde tout sur l'expérience, sont cependant ordonnées sans rémission par la
raison, que, par exemple, la pure loyauté dans l'amitié
n'en est pas moins obligatoire pour tout homme, alors
même qu'il se pourrait qu'il n'y eût jamais eu d'ami
loyal jusqu'à présent, parce que ce devoir est impliqué
comme devoir en général avant toute expérience dans
l'idée d'une raison qui détermine la volonté par des principes *a priori* [72].

Si l'on ajoute qu'à moins de contester au concept de moralité toute vérité et toute relation à quelque objet possible, on ne peut disconvenir que la loi morale ait une signification à ce point étendue qu'elle doive valoir non seulement pour des hommes, mais pour tous les *êtres raisonnables en général,* non pas seulement sous des conditions contingentes et avec des exceptions, mais avec une *absolue nécessité*, il est clair qu'aucune expérience ne peut donner lieu de conclure même à la simple possibilité de telles lois apodictiques. Car de quel droit pourrions nous ériger en objet d'un respect sans bornes, comme une prescription universelle pour toute nature raisonnable, ce qui peut-être ne vaut que dans les conditions contingentes de l'humanité ? Et comment des lois de la détermination de *notre* volonté devraient-elles être tenues pour des lois de la détermination de la volonté d'un être raisonnable en général, et à ce titre seulement, pour des lois applicables aussi à notre volonté propre, si elles étaient simplement empiriques et si elles ne tiraient pas leur origine complètement *a priori* d'une raison pure, mais pratique [73] ?

On ne pourrait non plus rendre un plus mauvais service à la moralité que de vouloir la faire dériver d'exemples. Car tout exemple qui m'en est proposé doit lui-même être jugé auparavant selon des principes de la moralité pour qu'on sache s'il est bien digne de servir d'exemple originel, c'est-à-dire de modèle ; mais il ne peut nullement fournir en tout premier lieu le concept de moralité. Même le Saint de l'Evangile doit être d'abord comparé avec notre idéal de perfection morale avant qu'on le reconnaisse pour tel [74] ; aussi dit-il de lui-même : Pourquoi m'appelez-vous bon, moi (que vous voyez ?) Nul n'est bon (le type du bien) que Dieu seul (que vous ne voyez pas) [75]. Mais d'où possédons-nous le concept de Dieu comme souverain bien [76] ? Uniquement de l'*idée* que la raison trace *a priori* de la perfection morale et qu'elle lie indissolublement au concept d'une libre volonté. En matière morale l'imitation n'a aucune place ; des exemples ne servent qu'à encourager, c'est-à-dire qu'ils mettent hors de doute la possibilité d'exécuter ce que la loi ordonne ; ils font tomber sous l'intuition ce que la règle pratique exprime d'une manière plus générale ; mais ils ne peuvent jamais donner le droit de mettre de côté leur véritable original, qui réside dans la raison, et de se régler sur eux.

Si donc il n'y a pas de vrai principe suprême de la moralité qui ne doive s'appuyer uniquement sur une raison pure indépendamment de toute expérience, je crois qu'il n'est même pas nécessaire de demander s'il est bon d'exposer ces concepts sous forme universelle (*in abstracto*), tels qu'ils existent *a priori* avec les principes qui s'y rattachent, supposé du moins que la connaissance proprement dite doive se distinguer de la connaissance commune et prendre le titre de philosophique. Mais de nos jours cette question pourrait bien être nécessaire. Car, si l'on recueillait les suffrages pour savoir laquelle doit être préférée, ou bien d'une connaissance rationnelle pure séparée de tout élément empirique, d'une métaphysique des mœurs par conséquent, ou bien d'une philosophie pratique populaire, on devine bien vite de quel côté pencherait la balance.

Il est sans contredit tout à fait louable de descendre aussi aux concepts populaires lorsqu'on a réussi d'abord à s'élever, et de façon à satisfaire pleinement l'esprit, jusqu'aux principes de la raison pure. Procéder ainsi, c'est *fonder* tout d'abord la doctrine des mœurs sur une métaphysique, et ensuite, celle-ci fermement établie, la rendre *accessible* par vulgarisation. Mais il est tout à fait absurde de vouloir condescendre à cette accommodation dès les premières recherches, dont dépend toute l'exactitude des principes. Ce n'est pas seulement que ce procédé ne saurait jamais prétendre au mérite extrêmement rare d'une véritable *vulgarisation philosophique* ; car il n'y a vraiment rien de difficile à se faire comprendre du commun des hommes quand pour cela on renonce à toute profondeur de pensée ; mais il en résulte alors une fastidieuse mixture d'observations entassées pêle-mêle et de principes d'une raison à moitié raisonnante ; les cerveaux vides s'en repaissent, parce qu'il y a là malgré tout quelque chose d'utile pour le bavardage quotidien ; mais les esprits pénétrants n'y trouvent que confusion, et dans leur désappointement ils ne peuvent, sans savoir à quoi se prendre, qu'en détourner les yeux. Cependant, s'il est des philosophes qui ne soient pas dupes de trompe-l'œil, ils trouvent un accueil peu favorable, quand ils détournent pour un temps de la prétendue vulgarisation, afin de conquérir le droit de vulgariser une fois seulement qu'ils seront arrivés à des vues définies [77].

Que l'on examine seulement les essais sur la moralité composés dans ce goût favori ; on trouvera tantôt la destination particulière de la nature humaine (mais de temps à autre aussi l'idée d'une nature raisonnable en général), tantôt la perfection, tantôt le bonheur, ici le sentiment moral, là la crainte de Dieu, un peu de ceci, mais un peu de cela également, le tout singulièrement mêlé [78] ; cependant on ne s'avise pas de demander si c'est bien dans la connaissance de la nature humaine (que nous ne pouvons pourtant tenir que de l'expérience) qu'il faut chercher les principes de la moralité ; et du moment qu'il n'en est pas ainsi, du moment que ces principes sont entièrement *a priori,* indépendants de toute manière empirique, et ne doivent pouvoir se trouver que dans les purs concepts de la raison, et nulle part ailleurs, pas même pour la moindre part, on n'a pas cependant l'idée de mettre résolument tout à fait à part cette recherche, conçue comme philosophie pure pratique ou (si l'on ose se servir d'un nom si décrié) comme Métaphysique* des

---

* On peut, si l'on veut (de même que l'on distingue la mathématique pure de la mathématique appliquée, la logique pure de la logique appliquée), distinguer aussi la philosophie pure des mœurs

mœurs, de la porter pour elle-même à sa pleine perfection et de demander au public qui souhaite la vulgarisation de prendre patience jusqu'à la fin de cette entreprise.

Or une telle Métaphysique des mœurs, complètement isolée[79], qui n'est mélangée ni d'anthropologie, ni de théologie, ni de physique ou d'hyperphysique[80], encore moins de qualités occultes (qu'on pourrait appeler hypophysiques[81]), n'est pas seulement un indispensable substrat de toute connaissance théorique des devoirs définie avec certitude, elle est encore un desideratum de la plus haute importance pour l'accomplissement effectif de leurs prescriptions. Car la représentation du devoir et en général de la loi morale, quand elle est pure et qu'elle n'est mélangée d'aucune addition étrangère de stimulants sensibles, a sur le cœur humain par les voies de la seule raison (qui s'aperçoit alors qu'elle peut être pratique par elle-même) une influence beaucoup plus puissante que celle de tous les autres mobiles * que l'on peut évoquer du champ de l'expérience[83], au point que dans

---

(métaphysique) de la philosophie des mœurs appliquée (c'est-à-dire appliquée à la nature humaine). Grâce à cette dénomination, on sera tout aussitôt averti que les principes moraux ne doivent pas être fondés sur les propriétés de la nature humaine, mais qu'ils doivent exister pour eux-mêmes *a priori*, et que c'est de tels principes que doivent pouvoir être dérivées des règles pratiques, valables pour toute nature raisonnable, par suite aussi pour la nature humaine.

* J'ai une lettre de feu l'excellent Sulzer[82], où il me demade quelle peut donc être la cause qui fait que les doctrines de la vertu, si propres qu'elles soient à convaincre la raison, aient cependant si peu d'efficacité. J'ajournai ma réponse afin de me mettre en mesure de la donner complète. Mais il n'y a pas d'autre raison à donner que celle-ci, à savoir que ceux-là mêmes qui enseignent ces doctrines n'ont pas ramené leurs concepts à l'état de pureté, et qu'en voulant trop bien faire par cela même qu'ils poursuivent dans tous les sens des motifs qui poussent au bien moral, pour rendre le remède tout à fait énergique, ils le gâtent. Car l'observation la plus commune montre que si l'on présente un acte de pro-

la conscience de sa dignité elle méprise ces mobiles, et que peu à peu elle est capable de leur commander ; au lieu qu'une doctrine morale bâtarde, qui se compose de mobiles fournis par des sentiments et des indications en même temps que de concepts de la raison, rend nécessairement l'âme hésitante entre des motifs d'action qui ne se laissent ramener à aucun principe, qui ne peuvent conduire au bien que tout à fait par hasard, et qui souvent aussi peuvent conduire au mal.

Par ce qui précède, il est évident que tous les concepts moraux ont leur siège et leur origine complètement *a priori* dans la raison, dans la raison humaine la plus commune aussi bien que dans celle qui est au plus haut degré spéculative [84] ; qu'ils ne peuvent pas être abstraits d'une connaissance empirique, et par suite simplement contingente ; que c'est cette pureté d'origine qui les rend précisément dignes comme ils le sont de nous servir de principes pratiques suprêmes ; que tout ce qu'on ajoute d'empirique est autant d'enlevé à leur véritable influence et à la valeur absolue des actions ; que ce n'est pas seulement une exigence de la plus grande rigueur, au point de vue théorique, quand il s'agit simplement de spéculation, mais qu'il est encore de la plus grande importance pratique de puiser ces concepts et ces lois à la source de la raison pure, de les présenter purs et sans mélange, qui plus est, de déterminer l'étendue de toute cette connaissance rationnelle pratique et cependant pure [85], c'est-à-dire la puissance entière de la raison pure pratique [86], de

---

bité détaché de toute vue d'intérêt quel qu'il soit, en ce monde ou dans l'autre, accompli d'une âme ferme même au milieu des plus grandes tentations que fait naître le besoin ou la séduction de certains avantages, il laisse bien loin derrière lui et éclipse tout acte analogue qui dans la plus petite mesure seulement aurait été affecté par un mobile étranger, qu'il lui élève l'âme et qu'il excite le désir d'en pouvoir faire autant. Même des enfants d'âge moyen ressentent cette impression, et l'on ne devrait jamais non plus leur présenter les devoirs autrement.

s'abstenir ici toutefois, quoique la philosophie spéculative le permette et qu'elle le trouve même parfois nécessaire, de faire dépendre les principes de la nature particulière de la raison humaine[87], mais, puisque des lois morales doivent valoir pour tout être raisonnable en général, de les déduire du concept universel d'un être raisonnable en général, et ainsi d'exposer toute la morale, qui dans son *application* aux hommes a besoin de l'anthropologie, d'abord indépendamment de cette dernière science, comme philosophie pure, c'est-à-dire comme métaphysique, de l'exposer, dis-je, ainsi complètement (ce qui est aisé à faire dans ce genre de connaissance tout à fait séparé), en ayant bien conscience que si l'on n'est pas en possession de cette métaphysique, c'est peine inutile, je ne veux pas dire de déterminer exactement pour le jugement spéculatif l'élément moral du devoir dans tout ce qui est conforme au devoir, mais qu'il est même impossible, en ce qui concerne simplement l'usage commun et pratique, et particulièrement l'instruction morale, de fonder la moralité sur ses vrais principes, de produire par là des dispositions morales pures et de les inculquer dans les âmes pour le plus grand bien du monde.

Or, afin d'aller dans ce travail, en nous avançant par une gradation naturelle, non pas simplement du jugement moral commun (qui est ici fort digne d'estime) au jugement philosophique, comme cela a été fait à un autre moment[88], mais d'une philosophie populaire, qui ne va pas au delà de ce qu'elle peut atteindre à tâtons au moyen d'exemples, jusqu'à la métaphysique (qui ne se laisse arrêter par rien d'empirique, et qui, devant mesurer tout l'ensemble de la connaissance rationnelle de cette espèce, s'élève en tout cas jusqu'aux Idées[89], là où les exemples même nous abandonnent), il nous faut suivre et exposer clairement la puissance pratique de la raison, depuis ses règles universelles de détermination jusqu'au point où le concept du devoir en découle.

Toute chose dans la nature agit d'après des lois. Il n'y a qu'un être raisonnable qui ait la faculté d'agir *d'après la représentation* des lois, c'est-à-dire d'après les principes, en d'autres termes, qui ait une *volonté*. Puisque, pour dériver les actions des lois, la *raison* est requise, la volonté n'est rien d'autre qu'une raison pratique[90]. Si la raison chez un être détermine infailliblement la volonté, les actions de cet être qui sont reconnues nécessaires objectivement sont aussi reconnues telles subjectivement, c'est-à-dire qu'alors la volonté est une faculté de choisir *cela seulement* que la raison, indépendamment de l'inclination, reconnaît comme pratiquement nécessaire, c'est-à-dire comme bon. Mais si la raison ne détermine pas suffisamment par elle seule la volonté, si celle-ci est soumise encore à des conditions subjectives (à de certains mobiles) qui ne concordent pas toujours avec les conditions objectives, en un mot, si la volonté n'est pas encore *en soi* pleinement conforme à la raison (comme cela arrive chez les hommes), alors les actions qui sont reconnues nécessaires objectivement sont subjectivement contingentes, et la détermination d'une telle volonté, en conformité avec des lois objectives, est une *contrainte*[91] ; c'est-à-dire que le rapport des lois objectives à une volonté qui n'est pas complètement bonne est représenté comme la détermination de la volonté d'un être raisonnable par des principes de la raison sans doute, mais par des principes auxquels cette volonté, selon sa nature, n'est pas nécessairement docile.

La représentation d'un principe objectif, en tant que ce principe est contraignant pour une volonté, s'appelle un commandement (de la raison), et la formule du commandement s'appelle un IMPÉRATIF.

Tous les impératifs sont exprimés par le verbe *devoir* (*sollen*), et ils indiquent par là le rapport d'une loi objective de la raison à une volonté qui, selon sa constitution subjective, n'est pas nécessairement déterminée par cette loi (une contrainte). Ils disent qu'il serait bon de faire telle chose ou de s'en abstenir ; mais ils le disent à une volonté qui ne fait pas toujours une chose parce qu'il lui est représenté qu'elle est bonne à faire. Or cela est pratiquement *bon*, qui détermine la volonté au moyen des représentations de la raison, par conséquent non pas en vertu de causes subjectives, mais objectivement, c'est-à-dire en vertu de principes qui sont valables pour tout être raisonnable en tant que tel. Ce bien pratique est distinct de l'*agréable*, c'est-à-dire de ce qui a de l'influence sur la volonté uniquement au moyen de la sensation en vertu de causes purement subjectives, valables seulement pour la sensibilité de tel ou tel, et non comme principe de la raison, valable pour tout le monde *[92].

Une volonté parfaitement bonne serait donc tout aussi bien sous l'empire de lois objectives (lois du bien) ; mais elle ne pourrait pour cela être représentée comme

---

* On appelle inclination la dépendance de la faculté de désirer à l'égard des sensations, et ainsi l'inclination témoigne toujours d'un *besoin*. Quant à la dépendance d'une volonté qui peut être déterminée d'une façon contingente, à l'égard des principes de la raison, on l'appelle un *intérêt*. Cet intérêt ne se trouve donc que dans une volonté dépendante qui n'est pas d'elle-même toujours en accord avec la raison ; dans la volonté divine on ne peut pas concevoir d'intérêt. Mais aussi la volonté humaine peut *prendre intérêt* à une chose sans pour cela *agir par intérêt*. La première expression désigne l'intérêt *pratique* que l'on prend à l'action ; la seconde, l'intérêt *pathologique* que l'on prend à l'objet de l'action. La première manifeste seulement la dépendance de la volonté à l'égard des principes de la raison en elle-même ; la seconde, la dépendance de la volonté à l'égard des principes de la raison mise au service de l'inclination, puisque alors la raison ne fournit que la règle pratique des moyens par lesquels on peut satisfaire au besoin de l'inclination. Dans le premier cas, c'est l'action qui m'intéresse ; dans le second, c'est l'objet de l'action (en tant qu'il m'est agréable). Nous avons vu dans la première section que dans une action accomplie par devoir on doit considérer, non pas l'intérêt qui s'attache à l'objet, mais seulement celui qui s'attache à l'action même et à son principe rationnel (la loi).

contrainte à des actions conformes à la loi, parce que d'elle-même, selon sa constitution subjective, elle ne peut être déterminée que par la représentation du bien. Voilà pourquoi il n'y a pas d'impératif valable pour la volonté *divine* et en général pour une volonté *sainte* ; le verbe *devoir* est un terme qui n'est pas ici à sa place, parce que déjà de lui-même le *vouloir* est nécessairement en accord avec la loi. Voilà pourquoi les impératifs sont seulement des formules qui expriment le rapport de lois objectives du vouloir en général à l'imperfection subjective de la volonté de tel ou tel être raisonnable, par exemple, de la volonté humaine.

Or tous les impératifs commandent ou *hypothétiquement* ou *catégoriquement*[93]. Les impératifs hypothétiques représentent la nécessité pratique d'une action possible, considérée comme moyen d'arriver à quelque autre chose que l'on veut (ou du moins qu'il est possible qu'on veuille). L'impératif catégorique serait celui qui représenterait une action comme nécessaire pour elle-même, et sans rapport à un autre but, comme nécessaire objectivement.

Puisque toute loi pratique représente une action possible comme bonne, et par conséquent comme nécessaire pour un sujet capable d'être déterminé pratiquement par la raison, tous les impératifs sont des formules par lesquelles est déterminée l'action qui, selon le principe d'une volonté bonne en quelque façon, est nécessaire. Or, si l'action n'est bonne que comme moyen pour *quelque autre chose*, l'impératif est *hypothétique* ; si elle est représentée comme bonne *en soi*, par suite comme étant nécessairement dans une volonté qui est en soi conforme à la raison le principe qui la détermine, alors l'impératif est *catégorique*.

L'impératif énonce donc quelle est l'action qui, possible par moi, serait bonne, et il représente la règle pratique en rapport avec une volonté qui n'accomplit pas sur-le-champ une action parce qu'elle est bonne, soit que le sujet ne sache pas toujours qu'elle est bonne, soit que, le sachant, il adopte néanmoins des maximes contraires aux principes objectifs d'une raison pratique.

L'impératif hypothétique exprime donc seulement que l'action est bonne en vue de quelque fin, *possible* ou *réelle*. Dans le premier cas, il est un principe PROBLÉMATIQUEMENT pratique ; dans le second, un principe ASSERTORIQUEMENT pratique. L'impératif catégorique qui déclare l'action objectivement nécessaire en elle-même, sans rapport à un but quelconque, c'est-à-dire sans quelque autre fin, a la valeur d'un principe APODICTIQUEMENT pratique [94].

On peut concevoir que tout ce qui n'est possible que par les forces de quelque être raisonnable est aussi un but possible pour quelque volonté, et de là vient que les principes de l'action, en tant que cette action est représentée comme nécessaire pour atteindre à quelque fin possible susceptible d'être réalisée par là, sont en fait infiniment nombreux. Toutes les sciences ont une partie pratique, consistant en des problèmes qui supposent que quelque fin est possible pour nous, et en des impératifs qui énoncent comment cette fin peut être atteinte. Ces impératifs peuvent donc être appelés en général des impératifs de l'HABILETÉ. Que la fin soit raisonnable et bonne, ce n'est pas du tout de cela qu'il s'agit ici, mais seulement de ce qu'il faut faire pour l'atteindre. Les prescriptions que doit suivre le médecin pour guérir radicalement son homme, celles que doit suivre un empoisonneur pour le tuer à coup sûr, sont d'égale valeur, en tant qu'elles leur servent les unes et les autres à accomplir parfaitement leurs desseins. Comme dans la première jeunesse on ne sait pas quelles fins pourraient s'offrir à nous dans le cours de la vie, les parents cherchent principalement à faire apprendre à leurs enfants une *foule de choses diverses* ; ils pourvoient à l'*habileté* dans l'emploi des moyens en vue de toutes sortes de fins *à volonté*, incapables qu'ils sont de décider pour aucune de ces fins, qu'elle ne puisse pas[95] d'aventure devenir réellement plus tard une visée de leurs enfants, tandis qu'il est *possible* qu'elle le devienne un jour ; et cette préoccupation est si grande qu'ils négligent communément de leur former et de leur rectifier le jugement sur la valeur des choses qu'ils pourraient bien avoir à se proposer pour fins[96].

Il y a cependant une fin que l'on peut supposer réelle chez tous les êtres raisonnables (en tant que des impératifs s'appliquent à ces êtres, considérés comme dépendants), par conséquent un but qui n'est pas pour eux une simple *possibilité*, mais dont on peut certainement admettre que tous se le proposent *effectivement* en vertu d'une nécessité naturelle, et ce but est le *bonheur*. L'impératif hypothétique qui représente la nécessité pratique de l'action comme moyen d'arriver au bonheur est ASSERTORIQUE. On ne peut pas le présenter simplement comme indispensable à la réalisation d'une fin incertaine, seulement possible, mais d'une fin que l'on peut supposer avec certitude et *a priori* chez tous les hommes, parce qu'elle fait partie de leur essence[97]. Or on peut donner le nom de *prudence**, en prenant ce mot dans son sens le plus étroit, à l'habileté dans le choix des moyens qui nous conduisent à notre plus grand bien-être. Aussi l'impératif qui

---

* Le terme de prudence est pris en un double sens ; selon le premier sens, il peut porter le nom de prudence par rapport au monde ; selon le second, celui de prudence privée. La première est l'habileté d'un homme à agir sur ses semblables de façon à les employer à ses fins. La seconde est la sagacité qui le rend capable de faire converger toutes ses fins vers son avantage à lui, et vers un avantage durable. Cette dernière est proprement celle à laquelle se réduit la valeur de la première, et de celui qui est prudent de la première façon sans l'être de la seconde on pourrait dire plus justement qu'il est ingénieux et rusé, mais en somme imprudent.

se rapporte au choix des moyens en vue de notre bonheur propre, c'est-à-dire la prescription de la prudence, n'est toujours qu'*hypothétique* ; l'action est commandée, non pas absolument, mais seulement comme moyen pour un autre but.

Enfin il y a un impératif qui, sans poser en principe et comme condition quelque autre but à atteindre par une certaine conduite, commande immédiatement cette conduite. Cet impératif est CATÉGORIQUE. Il concerne, non la matière de l'action, ni ce qui doit en résulter, mais la forme et le principe dont elle résulte elle-même ; et ce qu'il y a en elle d'essentiellement bon consiste dans l'intention, quelles que soient les conséquences[98]. Cet impératif peut être nommé l'impératif de la MORALITÉ.

L'acte de vouloir selon ces trois sortes de principes est encore clairement spécifié par la *différence* qu'il y a dans le genre de contrainte qu'ils exercent sur la volonté. Or, pour rendre cette différence sensible, on ne pourrait, je crois, les désigner dans leur ordre d'une façon plus appropriée qu'en disant : ce sont ou des *règles* de l'habileté, ou des *conseils* de la prudence, ou des *commandements* (des lois) de la moralité[99]. Car il n'y a que la *loi* qui entraîne avec soi le concept d'une *nécessité inconditionnée*, véritablement objective, par suite d'une nécessité universellement valable, et les commandements sont des lois auxquelles il faut obéir, c'est-à-dire se conformer même à l'encontre de l'inclination. L'*énonciation des conseils* implique, il est vrai, une nécessité, mais une nécessité qui ne peut valoir que sous une condition subjective contingente, selon que tel ou tel homme fait de ceci ou de cela une part de son bonheur ; au contraire, l'impératif catégorique n'est limité par aucune condition, et comme il est absolument, quoique pratiquement nécessaire, il peut être très proprement nommé un commandement. On pourrait encore appeler les impératifs du premier genre *techniques* (se rapportant à l'art), ceux du second genre *pragmatiques* * (se rapportant au bien-être), ceux du troisième genre *moraux* (se rapportant à la libre conduite en général, c'est-à-dire aux mœurs).

Maintenant cette question se pose : comment tous ces impératifs sont-ils possibles [100] ? Cette question tend à savoir comment on peut se représenter, non pas l'accomplissement de l'action que l'impératif ordonne, mais simplement la contrainte de la volonté, que l'impératif énonce dans la tâche à remplir. Comment un impératif de l'habileté est possible, c'est ce qui n'a certes pas besoin d'explication particulière. Qui veut la fin, veut aussi (en tant que la raison a sur ses actions une influence décisive) les moyens d'y arriver qui sont indispensablement nécessaires, et qui sont en son pouvoir. Cette proposition est, en ce qui concerne le vouloir, analytique [101] ; car l'acte de vouloir un objet, comme mon effet, suppose déjà ma causalité, comme causalité d'une cause agissante, c'est-à-dire l'usage des moyens, et l'impératif déduit le concept d'actions nécessaires à cette fin du seul concept de la volonté de cette fin [102] (sans doute, pour déterminer les moyens en vue d'un but qu'on s'est proposé, des propositions synthétiques sont requises ; mais elles concernent le principe de réalisation, non de l'acte de la volonté, mais de l'objet). Que pour diviser d'après un principe certain une ligne droite en deux parties égales, il me faille des extrémités de cette ligne décrire deux arcs de cercle, c'est sans doute ce que la mathématique nous enseigne uniquement au moyen de propositions

---

* Il me semble que le sens propre du mot *pragmatique* peut être ainsi très exactement déterminé. En effet, on appelle pragmatique les *sanctions* qui ne découlent pas proprement du droit des États comme lois nécessaires, mais de la *précaution* prise pour le bien-être général. Une *histoire* est composée pragmatiquement, quand elle rend prudent, c'est-à-dire quand elle apprend au monde d'aujourd'hui comment il peut prendre soin de ses intérêts mieux ou du moins tout aussi bien que le monde d'autrefois.

synthétiques ; mais que, sachant que cette action seule permet à l'effet projeté de se produire, si je veux pleinement l'effet, je veuille aussi l'action qu'il requiert, c'est là une proposition analytique ; car me représenter une chose comme un effet que je peux produire d'une certaine manière, et me représenter moi-même, à l'égard de cet effet, comme agissant de cette même façon, c'est tout un [103].

Les impératifs de la prudence, si seulement il était aussi facile de donner un concept déterminé du bonheur, seraient tout à fait de la même nature que ceux de l'habileté ; ils seraient tout aussi bien analytiques. Car ici comme là l'on pourrait dire que qui veut la fin veut aussi (nécessairement selon la raison) les moyens indispensables d'y arriver qui sont en son pouvoir. Mais, par malheur, le concept du bonheur est un concept si indéterminé, que, malgré le désir qu'a tout homme d'arriver à être heureux, personne ne peut jamais dire en termes précis et cohérents ce que véritablement il désire et il veut. La raison en est que tous les éléments qui font partie du concept du bonheur sont dans leur ensemble empiriques, c'est-à-dire qu'ils doivent être empruntés à l'expérience, et que cependant pour l'idée du bonheur un tout absolu, un maximum de bien-être dans mon état présent et dans toute ma condition future, est nécessaire. Or il est impossible qu'un être fini, si perspicace et en même temps si puissant qu'on le suppose, se fasse un concept déterminé de ce qu'il veut ici véritablement. Veut-il la richesse ? Que de soucis, que d'envie, que de pièges ne peut-il pas par là attirer sur sa tête ! Veut-il beaucoup de connaissance et de lumières ? Peut-être cela ne fera-t-il que lui donner un regard plus pénétrant pour lui représenter d'une manière d'autant plus terrible les maux qui jusqu'à présent se dérobent encore à sa vue et qui sont pourtant inévitables, ou bien que charger de plus de besoins encore ses désirs qu'il a déjà bien assez de peine à satisfaire. Veut-il une longue vie ? Qui lui répond que ce ne serait pas une longue souffrance ? Veut-il du moins la santé ? Que de fois l'indisposition du corps a détourné d'excès où aurait fait tomber une santé parfaite, etc. ! Bref, il est incapable de déterminer avec une entière certitude d'après quelque principe ce qui le rendrait véritablement heureux : pour cela il lui faudrait l'omniscience. On ne peut donc pas agir, pour être heureux, d'après des principes déterminés, mais seulement d'après des conseils empiriques, qui recommandent, par exemple, un régime sévère, l'économie, la politesse, la réserve, etc., toutes choses qui, selon les enseignements de l'expérience, contribuent en thèse générale pour la plus grande part au bien-être. Il suit de là que les impératifs de la prudence, à parler exactement, ne peuvent commander en rien, c'est-à-dire représenter des actions d'une manière objective comme pratiquement *nécessaires*, qu'il faut les tenir plutôt pour des conseils *(consilia)* que pour des commandements *(proecepta)* de la raison ; le problème qui consiste à déterminer d'une façon sûre et générale quelle action peut favoriser le bonheur d'un être raisonnable est un problème tout à fait insoluble ; il n'y a donc pas à cet égard d'impératif qui puisse commander, au sens strict du mot, de faire ce qui rend heureux, parce que le bonheur est un idéal, non de la raison, mais de l'imagination, fondé uniquement sur des principes empiriques, dont on attendrait vainement qu'ils puissent déterminer une action par laquelle serait atteinte la totalité d'une série de conséquences en réalité infinie. Cet impératif de la prudence serait en tout cas, si l'on admet que les moyens d'arriver au bonheur se laissent fixer avec certitude, une proposition pratique analytique. Car il ne se distingue de l'impératif de l'habileté que sur un point, c'est que pour ce dernier la fin est simplement possible, tandis que pour celui-là elle est donnée en fait ; mais comme tous deux commandent simplement les moyens en vue de ce qu'on est supposé vouloir comme fin, l'impératif qui ordonne de vouloir les moyens à celui qui veut la fin est dans les deux cas analytique [104]. Sur la possibilité d'un impératif de ce genre il n'y a donc pas l'ombre d'une difficulté.

Au contraire, la question de savoir comment l'impératif de la *moralité* est possible, est sans doute la seule qui ait besoin d'une solution, puisque cet impératif n'est en rien hypothétique et qu'ainsi la nécessité objectivement représentée ne peut s'appuyer sur aucune supposition, comme dans les impératifs hypothétiques [105]. Seulement il ne faut ici jamais perdre de vue que ce n'est *par aucun exemple*, que ce n'est point par suite empiriquement, qu'il y a lieu de décider s'il y a en somme quelque impératif de ce genre ; mais ce qui est à craindre, c'est que tous les impératifs qui paraissent catégoriques n'en soient pas moins de façon détournée hypothétiques. Si l'on dit, par exemple : tu ne dois pas faire de promesse trompeuse, et si l'on suppose que la nécessité de cette abstention ne soit pas comme un simple conseil qu'il faille suivre pour éviter quelque autre mal, un conseil qui reviendrait à peu près à dire : tu ne dois pas faire de fausse promesse, de peur de perdre ton crédit, au cas où cela viendrait à être révélé ; si plutôt une action de ce genre doit être considérée en elle-même comme mauvaise et qu'ainsi l'impératif qui exprime la défense soit catégorique, on ne peut néanmoins prouver avec certitude dans aucun exemple que la volonté soit ici déterminée uniquement par la loi sans autre mobile qu'elle, alors même qu'il semble en être ainsi ; car il est toujours possible que la crainte de l'opprobre, peut-être aussi une obscure appréhension d'autres dangers, ait sur la volonté une influence secrète. Comment prouver par l'expérience la non-réalité d'une cause, alors que l'expérience ne nous apprend rien au delà de ceci, que cette cause, nous ne l'apercevons pas ? Mais dans ce cas le prétendu impératif moral, qui comme tel paraît catégorique et inconditionné, ne serait en réalité qu'un précepte pragmatique, qui attire notre attention sur notre intérêt et nous enseigne uniquement à le prendre en considération.

Nous avons donc à examiner tout à fait *a priori* la possibilité d'un impératif catégorique, puisque nous n'avons pas ici l'avantage de trouver cet impératif réalisé dans l'expérience, de telle sorte que nous n'ayons à en examiner la possibilité que pour l'expliquer, et non pour l'établir [106]. En attendant, ce qu'il faut pour le moment remarquer, c'est que l'impératif catégorique seul a la valeur d'une LOI pratique, tandis que les autres impératifs ensemble peuvent bien être appelés des *principes*, mais non des lois de la volonté [107] ; en effet, ce qui est simplement nécessaire à faire pour atteindre une fin à notre gré peut être considéré en soi comme contingent, et nous pourrions toujours être déliés de la prescription en renonçant à la fin ; au contraire, le commandement inconditionné n'abandonne pas au bon plaisir de la volonté la faculté d'opter pour le contraire ; par suite, il est le seul à impliquer en lui cette nécessité que nous réclamons pour la loi.

En second lieu, pour cet impératif catégorique ou cette loi de moralité, la cause de la difficulté (qui est d'en saisir la possibilité) est aussi très considérable. Cet impératif est une proposition pratique synthétique *a priori** et puisqu'il y a tant de difficultés dans la connaissance théorique à comprendre la possibilité de propositions de ce genre, il est aisé de présumer que dans la connaissance pratique la difficulté ne sera pas moindre.

---

* Je lie l'action à la volonté, sans présupposer de condition tirée de quelque inclination ; je la lie *a priori*, par suite nécessairement (quoique ce ne soit qu'objectivement [108], c'est-à-dire sous l'idée d'une raison qui aurait plein pouvoir sur toutes les causes subjectives de détermination). C'est donc là une proposition pratique qui ne dérive pas analytiquement le fait de vouloir une action d'un autre vouloir déjà supposé (car nous n'avons pas de volonté si parfaite), mais qui le lie immédiatement au concept de la volonté d'un être raisonnable, comme quelque chose qui n'y est pas contenu.

Pour résoudre cette question, nous allons d'abord chercher s'il ne serait pas possible que le simple concept d'un impératif catégorique en fournît aussi la formule, formule contenant la proposition qui seule peut être un impératif catégorique ; car la question de savoir comment un tel commandement absolu est possible alors même que nous en connaissons le sens, exigera encore un effort particulier et difficile que nous réservons pour la dernière section de l'ouvrage [109].

Quand je conçois un impératif *hypothétique* en général, je ne sais pas d'avance ce qu'il contiendra, jusqu'à ce que la condition me soit donnée. Mais si c'est un impératif *catégorique* que je conçois, je sais aussitôt ce qu'il contient. Car, puisque l'impératif ne contient en dehors de la loi que la nécessité, pour la maxime*, de se conformer à cette loi, et que la loi ne contient aucune condition à laquelle elle soit astreinte, il ne reste rien que l'universalité d'une loi en général, à laquelle la maxime de l'action doit être conforme, et c'est seulement cette conformité que l'impératif nous représente proprement comme nécessaire.

Il n'y a donc qu'un impératif catégorique, et c'est celui-ci : *Agis uniquement d'après la maxime qui fait que tu peux vouloir en même temps qu'elle devienne une loi universelle* [110].

Or, si de ce seul impératif tous les impératifs du devoir peuvent être dérivés comme de leur principe, quoique nous laissions non résolue la question de savoir

---

* La *maxime* est le principe subjectif de l'action, et doit être distinguée du *principe objectif*, c'est-à-dire de la loi pratique. La maxime contient la règle pratique que la raison détermine selon les conditions du sujet (en bien des cas selon son ignorance, ou encore selon ses inclinations), et elle est ainsi le principe d'après lequel le sujet *agit* ; tandis que la loi est le principe objectif, valable pour tout être raisonnable, le principe d'après lequel il *doit agir*, c'est-à-dire un impératif.

si ce qu'on appelle le devoir n'est pas en somme un concept vide, nous pourrons cependant tout au moins montrer ce que nous entendons par là et ce que ce concept veut dire.

Puisque l'universalité de la loi d'après laquelle des effets se produisent constitue ce qu'on appelle proprement *nature* dans le sens le plus général (quant à la forme), c'est-à-dire l'existence des objets en tant qu'elle est déterminée selon des lois universelles [111], l'impératif universel du devoir pourrait encore être énoncé en ces termes : *Agis comme si la maxime de ton action devait être érigée par ta volonté en* LOI UNIVERSELLE DE LA NATURE [112].

Nous allons maintenant énumérer quelques devoirs, d'après la division ordinaire des devoirs en devoirs envers nous-mêmes et devoirs envers les autres hommes, en devoirs parfaits et en devoirs imparfaits*.

1. Un homme, à la suite d'une série de maux qui ont fini par le réduire au désespoir, ressent du dégoût pour la vie, tout en restant assez maître de sa raison pour pouvoir se demander à lui-même si ce ne serait pas une violation du devoir envers soi que d'attenter à ses jours. Ce qu'il cherche alors, c'est si la maxime de son action peut bien devenir une loi universelle de la nature. Mais voici sa maxime : par amour de moi-même, je pose en principe d'abréger ma vie, si en la prolongeant j'ai plus

---

* On doit remarquer ici que je me réserve entièrement de traiter de la division des devoirs dans une *Métaphysique des mœurs* qui paraîtra plus tard, et que cette division ne se trouve ici par conséquent que comme une division commode (pour classer mes exemples [113]). Au reste, j'entends ici par devoir parfait celui qui n'admet aucune exception en faveur de l'inclination, et ainsi je reconnais non seulement des *devoirs parfaits* extérieurs, mais encore des *devoirs parfaits* intérieurs [114], ce qui est en contradiction avec l'usage du mot reçu dans les écoles ; mais je n'ai pas l'intention de justifier ici cette conception, car, qu'on me l'accorde ou non, peu importe à mon dessein.

de maux à en craindre que de satisfactions à en espérer. La question est donc seulement de savoir si ce principe de l'amour de soi peut devenir une loi universelle de la nature. Mais alors on voit bientôt qu'une nature dont ce serait la loi de détruire la vie même, juste par le sentiment dont la fonction spéciale est de pousser au développement de la vie, serait en contradiction avec elle-même, et ainsi ne subsisterait pas comme nature ; que cette maxime ne peut donc en aucune façon occuper la place d'une loi universelle de la nature, et qu'elle est en conséquence contraire au principe suprême de tout devoir [115].

2. Un autre se voit poussé par le besoin à emprunter de l'argent. Il sait bien qu'il ne pourra pas le rendre, mais il voit bien aussi qu'on ne lui prêtera rien s'il ne s'engage ferme à s'acquitter à une époque déterminée. Il a envie de faire cette promesse ; mais il a aussi assez de conscience pour se demander : n'est-il pas défendu, n'est-il pas contraire au devoir de se tirer d'affaire par un tel moyen ? Supposé qu'il prenne cependant ce parti ; la maxime de son action signifierait ceci : quand je crois être à court d'argent, j'en emprunte, et je promets de rendre, bien que je sache que n'en ferai jamais rien. Or il est fort possible que ce principe de l'amour de soi ou de l'utilité personnelle se concilie avec tout mon bien-être à venir ; mais pour l'instant la question est de savoir s'il est juste. Je convertis donc l'exigence de l'amour de soi en une loi universelle, et j'institue la question suivante : qu'arriverait-il si ma maxime devenait une loi universelle ? Or je vois là aussitôt qu'elle ne pourrait jamais valoir comme loi universelle de la nature et s'accorder avec elle-même, mais qu'elle devrait nécessairement se contredire. Car admettre comme une loi universelle que tout homme qui croit être dans le besoin puisse promettre ce qui lui vient à l'idée, avec l'intention de ne pas tenir sa promesse, ce serait même rendre impossible le fait de promettre avec le but qu'on peut se

proposer par là, étant donné que personne ne croirait à ce qu'on lui promet, et que tout le monde rirait de pareilles démonstrations, comme de vaines feintes [116].

3. Un troisième trouve en lui un talent qui, grâce à quelque culture, pourrait faire de lui un homme utile à bien des égards. Mais il se voit dans une situation aisée, et il aime mieux se laisser aller au plaisir que s'efforcer d'étendre et de perfectionner ses heureuses dispositions naturelles. Cependant il se demande encore si sa maxime, de négliger ses dons naturels, qui en elle-même s'accorde avec son penchant à la jouissance, s'accorde aussi bien avec ce que l'on appelle le devoir. Or il voit bien que sans doute une nature selon cette loi universelle pourrait toujours encore subsister, alors même que l'homme (comme l'insulaire de la mer du Sud) laisserait rouiller son talent et ne songerait qu'à tourner sa vie vers l'oisiveté, le plaisir, la propagation de l'espèce, en un mot, vers la jouissance ; mais il ne peut absolument pas VOULOIR que cela devienne une loi universelle de la nature, ou que cela soit implanté comme tel en nous par un instinct naturel. Car, en tant qu'être raisonnable, il veut nécessairement que toutes les facultés soient déve-loppées en lui parce qu'elles lui sont utiles et qu'elles lui sont données pour toutes sortes de fins possibles [117].

Enfin un *quatrième*, à qui tout va bien, voyant d'autres hommes (à qui il pourrait bien porter secours) aux prises avec de grandes difficultés, raisonne ainsi : Que m'im-porte ? Que chacun soit aussi heureux qu'il plaît au Ciel ou que lui-même peut l'être de son fait ; je ne lui dérobe-rai pas la moindre part de ce qu'il a, je ne lui porterai pas même envie ; seulement je ne me sens pas le goût de contribuer en quoi que ce soit à son bien-être ou d'aller l'assister dans le besoin ! Or, si cette manière de voir devenait une loi universelle de la nature, l'espèce humaine pourrait sans doute fort bien subsister, et assu-rément dans de meilleures conditions que lorsque chacun a sans cesse à la bouche les mots de sympathie et de

bienveillance, et même met de l'empressement à prati-
quer ces vertus à l'occasion, mais en revanche trompe
dès qu'il le peut, trafique du droit des hommes ou y
porte atteinte à d'autres égards [118]. Mais, bien qu'il soit
parfaitement possible qu'une loi universelle de la nature
conforme à cette maxime subsiste, il est cependant
impossible de VOULOIR qu'un tel principe vaille universellement comme loi de la nature. Car une volonté qui
prendrait ce parti se contredirait elle-même ; il peut en
effet survenir malgré tout bien des cas où cet homme ait
besoin de l'amour et de la sympathie des autres, et où il
serait privé lui-même de tout espoir d'obtenir l'assistance qu'il désire par cette loi de la nature issue de sa
volonté propre [119].

Ce sont là quelques-uns des nombreux devoirs réels,
ou du moins tenus par nous pour tels, dont la déduction [120], à partir du principe unique que nous avons
énoncé, tombe clairement sous les yeux. Il faut que nous
puissions vouloir que ce qui est une maxime de notre
action devienne une loi universelle ; c'est là le canon qui
permet l'appréciation morale de notre action en général.
Il y a des actions dont la nature est telle que leur maxime
ne peut même pas être *conçue* sans contradiction comme
une loi universelle de la nature, bien loin qu'on puisse
poser par la *volonté* qu'elle *devrait* le devenir. Il y en a
d'autres dans lesquelles on ne trouve pas sans doute
cette impossibilité interne, mais telles cependant qu'il
est impossible de *vouloir* que leur maxime soit élevée à
l'universalité d'une loi de la nature, parce qu'une telle
volonté se contredirait elle-même [121]. On voit aisément
que la maxime des premières est contraire au devoir
strict ou étroit (rigoureux), tandis que la maxime des
secondes n'est contraire qu'au devoir large (méritoire),
et qu'ainsi tous les devoirs, en ce qui concerne le genre
d'obligation qu'ils imposent (non l'objet de l'action
qu'ils déterminent), apparaissent pleinement par ces

exemples dans leur dépendance à l'égard du même unique principe.

Si maintenant nous faisons attention à nous-mêmes dans tous les cas où nous violons un devoir, nous trouvons que nous ne voulons pas réellement que notre maxime devienne une loi universelle, car cela nous est impossible ; c'est bien plutôt la maxime opposée qui doit rester universellement une loi ; seulement nous prenons la liberté d'y faire une *exception* pour nous, ou (seulement pour cette fois) en faveur de notre inclination [122]. En conséquence, si nous considérions tout d'un seul et même point de vue, à savoir du point de vue de la raison, nous trouverions une contradiction dans notre volonté propre en ce sens que nous voulons qu'un certain principe soit nécessaire objectivement comme loi universelle, et que néanmoins il n'ait pas une valeur universelle subjectivement, et qu'il souffre des exceptions. Mais comme nous considérons à un moment notre action du point de vue d'une volonté pleinement conforme à la raison, et ensuite aussi cette même action du point de vue d'une volonté affectée par l'inclination, il n'y a ici réellement pas de contradiction, mais bien une résistance de l'inclination aux prescriptions de la raison *(antagonismus)* : ce qui fait que l'universalité du principe *(universalitas)* est convertie en une simple *généralité (generalitas)*, et que le principe pratique de la raison doit se rencontrer avec la maxime à moitié chemin. Or, bien que ce compromis ne puisse être justifié dans notre propre jugement quand celui-ci est impartialement rendu, il montre cependant que nous reconnaissons réellement la validité de l'impératif catégorique et que (avec un entier respect pour lui) nous nous permettons quelques exceptions sans importance, à ce qu'il nous semble, et pour lesquelles nous subissons une contrainte [123].

Ainsi nous avons réussi au moins à prouver que le devoir est un concept qui doit avoir un sens et contenir une législation réelle pour nos actions ; cette législation une législation réelle pour nos actions ; cette législation ne peut être exprimée que dans des impératifs catégoriques, nullement dans des impératifs hypothétiques ; en même temps nous avons, ce qui est déjà beaucoup, exposé clairement, et en une formule qui le détermine pour toute application, le contenu de l'impératif catégorique qui doit renfermer le principe de tous les devoirs (s'il y a des devoirs en général). Mais nous ne sommes pas encore parvenus à démontrer *a priori* qu'un tel impératif existe réellement, qu'il y ait une loi pratique qui commande absolument par soi sans aucun mobile, et que l'obéissance à cette loi soit le devoir [124].

Quand on se propose de mener à bien une telle entreprise, il est de la plus haute importance de se tenir ceci pour dit : c'est qu'il ne faut pas du tout se mettre en tête de vouloir dériver la réalité de ce principe de la *constitution particulière de la nature humaine* [125]. Car le devoir doit être une nécessité pratique inconditionnée de l'action ; il doit donc valoir pour tous les êtres raisonnables (les seuls auxquels peut s'appliquer absolument un impératif), et c'est *seulement à ce titre* qu'il est aussi une loi pour toute volonté humaine. Au contraire, ce qui est dérivé de la disposition naturelle propre de l'humanité, ce qui est dérivé de certains sentiments et de certains penchants, et même, si c'est possible, d'une direction particulière qui serait propre à la raison humaine et ne devrait pas nécessairement valoir pour la volonté de tout être raisonnable, tout cela peut bien nous fournir une maxime à notre usage, mais non une loi, un principe subjectif selon lequel nous pouvons agir par penchant et inclination, non un principe objectif d'après lequel nous *aurions l'ordre* d'agir, alors même que tous nos penchants, nos inclinations et les dispositions de notre nature y seraient contraires ; cela est si vrai que la sublimité et la dignité intrinsèque du commandement exprimé dans un devoir apparaissent d'autant plus qu'il trouve moins de secours et même plus de résistance dans les causes subjectives, sans que cette circonstance affaiblisse le moins du monde la contrainte qu'impose la loi ou enlève quelque chose à sa validité.

Or nous voyons ici la philosophie placée dans une situation critique : il faut qu'elle trouve une position ferme sans avoir, ni dans le ciel ni sur la terre, de point d'attache ou de point d'appui [126]. Il faut que la philosophie manifeste ici sa pureté, en se faisant la gardienne de ses propres lois, au lieu d'être le héraut de celles que lui suggère un sens inné ou je ne sais quelle nature tutélaire. Celles-ci, dans leur ensemble, valent sans doute mieux que rien ; elles ne peuvent cependant jamais fournir des principes comme ceux que dicte la raison et qui doivent avoir une origine pleinement et entièrement *a priori*, et tirer en même temps de là leur autorité impérative, n'attendant rien de l'inclination de l'homme, attendant tout de la suprématie de la loi et du respect qui lui est dû, ou, dans le cas contraire, condamnant l'homme à se mépriser et à s'inspirer de l'horreur au dedans de lui-même.

Donc tout élément empirique non seulement est impropre à servir d'auxiliaire au principe de la moralité, mais est encore au plus haut degré préjudiciable à la pureté des mœurs. En cette matière, la valeur propre, incomparablement supérieure à tout, d'une volonté absolument bonne, consiste précisément en ceci, que le principe de l'action est indépendant de toutes les influences exercées par des principes contingents, les seuls que l'expérience peut fournir. Contre cette faiblesse ou même cette basse manière de voir, qui fait qu'on cherche le principe moral parmi des mobiles et des lois empiriques, on ne saurait trop faire entendre d'avertissements ni trop souvent ; car la raison, dans sa lassitude, se repose volontiers sur cet oreiller, et, bercée dans son rêve par de douces illusions (qui ne lui font cependant embrasser, au lieu de

Junon, qu'un nuage), elle substitue à la moralité un monstre bâtard formé de l'ajustement artificiel de membres d'origine diverse, qui ressemble à tout ce qu'on veut y voir, sauf cependant à la vertu, pour celui qui l'a une fois envisagée dans sa véritable forme*.

La question est donc celle-ci : est-ce une loi nécessaire *pour tous les êtres raisonnables*, que de juger toujours leurs actions d'après des maximes telles qu'ils puissent vouloir eux-mêmes qu'elles servent de lois universelles ? Si cette loi est telle, elle doit être avant tout liée (tout à fait *a priori*) au concept de la volonté d'un être raisonnable en général. Mais pour découvrir cette connexion, il faut, si fort qu'on y répugne, faire un pas en avant, je veux dire vers la Métaphysique, bien que ce soit dans un de ses domaines qui est distinct de la philosophie spéculative, à savoir, dans la Métaphysique des mœurs [127]. Dans une philosophie pratique, où il s'agit de poser, non pas des principes de ce qui *arrive*, mais des lois de ce qui *doit arriver*, quand même cela n'arriverait jamais, c'est-à-dire des lois objectives pratiques, nous n'avons pas par là même à instituer de recherche sur les raisons qui font qu'une chose plaît ou déplaît, sur les caractères par lesquels le plaisir de la simple sensation se distingue du goût, et sur la question de savoir si le goût se distingue d'une satisfaction universelle de la raison, à nous demander sur quoi repose le sentiment du plaisir et de la peine, comment de ce sentiment naissent les désirs et les inclinations, comment

---

* Envisager la vertu dans sa véritable forme, ce n'est pas autre chose qu'exposer la moralité dégagée de tout mélange d'élément sensible et dépouillée de tout faux ornement que lui prête l'attrait de la récompense ou l'amour de soi. Combien alors elle obscurcit tout ce qui paraît séduisant aux inclinations, c'est ce que chacun peut aisément apercevoir avec le plus léger effort de sa raison, pourvu qu'elle ne soit pas tout à fait corrompue pour toute abstraction.

des désirs et des inclinations naissent, par la coopération de la raison, des maximes : car tout cela fait partie d'une doctrine empirique de l'âme [128] qui devrait constituer la seconde partie d'une doctrine de la nature, si l'on considère celle-ci comme *philosophie de la nature*, en tant qu'elle est fondée sur des *lois empiriques*. Mais ici il s'agit de la loi pratique objective, par suite du rapport d'une volonté à elle-même, en tant qu'elle se détermine uniquement par la raison ; dans ce cas, en effet, tout ce qui a rapport à ce qui est empirique se supprime de lui-même, parce que si la *raison par elle seule* détermine la conduite (et c'est précisément ce dont nous avons à présent à rechercher la possibilité), il faut qu'elle le fasse nécessairement *a priori*.

La volonté est conçue comme une faculté de se déterminer soi-même à agir *conformément à la représentation de certaines lois*. Et une telle faculté ne peut se rencontrer que dans des êtres raisonnables. Or ce qui sert à la volonté de principe objectif pour se déterminer elle-même, c'est la *fin*, et, si celle-ci est donnée par la seule raison, elle doit valoir également pour tous les êtres raisonnables [129]. Ce qui, au contraire, contient simplement le principe de la possibilité de l'action dont l'effet est la fin s'appelle le *moyen*. Le principe subjectif du désir est le *mobile*, le principe objectif du vouloir est le *motif* ; de là la différence entre des fins objectives qui tiennent à des motifs valables pour tout être raisonnable. Des principes pratiques sont *formels*, quand ils font abstraction de toutes les fins subjectives ; ils sont *matériels*, au contraire, quand ils supposent des fins de ce genre. Les fins qu'un être raisonnable se propose à son gré comme *effets* de son action (les fins matérielles) ne sont toutes que relatives ; car ce n'est simplement que leur rapport à la nature particulière de la faculté de désirer du sujet qui leur donne la valeur qu'elles ont, laquelle, par suite, ne peut fournir des principes universels pour tous les êtres raisonnables, non plus que des principes nécessaires et valables pour chaque volition, c'est-à-dire de lois pratiques. Voilà pourquoi toutes ces fins relatives ne fondent que des impératifs hypothétiques.

Mais supposé qu'il y ait quelque chose *dont l'existence en soi-même* ait une valeur absolue, quelque chose qui, comme *fin en soi*, pourrait être un principe de lois déterminées, c'est alors en cela et en cela seulement que se trouverait le principe d'un impératif catégorique possible, c'est-à-dire d'une loi pratique.

Or je dis : l'homme, et en général tout être raisonnable, *existe* comme fin en soi, et *non pas simplement comme moyen* dont telle ou telle volonté puisse user à son gré ; dans toutes ses actions, aussi bien dans celles qui le concernent lui-même que dans celles qui concernent d'autres êtres raisonnables, il doit toujours être considéré *en même temps comme fin*. Tous les objets des inclinations n'ont qu'une valeur conditionnelle ; car, si les inclinations et les besoins qui en dérivent n'existaient pas, leur objet serait sans valeur. Mais les inclinations mêmes, comme sources du besoin, ont si peu une valeur absolue qui leur donne le droit d'être désirées pour elles-mêmes, que, bien plutôt, en être pleinement affranchi doit être le souhait universel de tout être raisonnable [130]. Ainsi la valeur de tous les objets *à acquérir* par notre action est toujours conditionnelle. Les êtres dont l'existence dépend, à vrai dire, non pas de notre volonté, mais de la nature, n'ont cependant, quand ce sont des êtres dépourvus de raison, qu'une valeur relative, celle de *moyens*, et voilà pourquoi on les nomme des *choses* ; au contraire, les êtres raisonnables sont appelés des *personnes*, parce que leur nature les désigne déjà comme des fins en soi, c'est-à-dire comme quelque chose qui ne peut pas être employé simplement comme moyen, quelque chose qui par suite limite d'autant toute faculté d'agir comme bon nous semble (et qui est un objet de respect [131]). Ce ne sont donc pas là des fins simplement subjectives, dont l'existence, comme effet de notre action, a une valeur *pour nous :* ce sont des *fins objectives*, c'est-à-dire des choses dont l'existence est une fin en soi-même, et même une fin telle qu'elle ne peut être remplacée par aucune autre, au service de laquelle les fins objectives devraient se mettre, *simplement* comme moyens. Sans cela, en effet, on ne pourrait trouver jamais rien qui eût une *valeur absolue.* Mais si toute valeur était conditionnelle, et par suite contingente, il serait complètement impossible de trouver pour la raison un principe pratique suprême.

Si donc il doit y avoir un principe pratique suprême, et au regard de la volonté humaine un impératif catégorique, il faut qu'il soit tel que, par la représentation de ce qui, étant *une fin en soi*, est nécessairement une fin pour tout homme, il constitue un principe *objectif* de la volonté, que par conséquent il puisse servir de loi pratique universelle. Voici le fondement de ce principe : *la nature raisonnable existe comme fin en soi.* L'homme se représente nécessairement ainsi sa propre existence ; c'est donc en ce sens un principe *subjectif* d'actions humaines. Mais tout autre être raisonnable se présente également ainsi son existence, en conséquence du même principe rationnel qui vaut aussi pour moi * ; c'est donc en même temps un principe *objectif* dont doivent pouvoir être déduites, comme d'un principe pratique suprême, toutes les lois de la volonté. L'impératif pratique sera donc celui-ci : *Agis de telle sorte que tu traites l'humanité aussi bien dans ta personne que dans la personne de tout autre toujours en même temps comme une fin, et jamais simplement comme un moyen* [133].

---

* Cette proposition, je l'avance ici comme postulat. On en trouvera les raisons dans la dernière section [132].

Restons-en aux exemples précédents :

En *premier lieu*, selon le concept du devoir nécessaire envers soi-même, celui qui médite le suicide se demandera si son action peut s'accorder avec l'idée de l'humanité *comme fin en soi*. Si, pour échapper à une situation pénible, il se détruit lui-même, il se sert d'une personne, uniquement comme *d'un moyen* destiné à maintenir une situation supportable jusqu'à la fin de la vie. Mais l'homme n'est pas une chose ; il n'est pas par conséquent un objet qui puisse être traité *simplement* comme un moyen ; mais il doit dans toutes ses actions être toujours considéré comme une fin en soi [134]. Ainsi je ne puis disposer en rien de l'homme en ma personne, soit pour le mutiler, soit pour l'endommager, soit pour le tuer. (Il faut que je néglige ici de déterminer de plus près ce principe, comme il le faudrait pour éviter toute méprise, dans le cas où, par exemple, il s'agit de me laisser amputer les membres pour me sauver, de risquer ma vie pour la conserver ; cette détermination appartient à la morale proprement dite.)

En *second lieu*, pour ce qui est du devoir nécessaire ou devoir strict envers les autres, celui qui a l'intention de faire à autrui une fausse promesse apercevra aussitôt qu'il veut se servir d'un autre homme *simplement comme d'un moyen*, sans que ce dernier contienne en même temps la fin en lui-même. Car celui que je veux par cette promesse faire servir à mes desseins ne peut absolument pas adhérer à ma façon d'en user envers lui et contenir ainsi lui-même la fin de cette action. Cette violation du principe de l'humanité dans d'autres hommes tombe plus évidemment sous les yeux quand on tire les exemples d'atteintes portées à la liberté ou à la propriété d'autrui. Car là il apparaît clairement que celui qui viole les droits des hommes a l'intention de se servir de la personne des autres simplement comme d'un moyen, sans considérer que les autres, en qualité d'êtres raisonnables, doivent être toujours estimés en même temps comme des fins, c'est-à-dire uniquement comme des êtres qui doivent pouvoir contenir aussi en eux la fin de cette même action*.

En *troisième lieu*, pour ce qui est du devoir contingent (méritoire) envers soi-même, ce n'est pas assez que l'action ne contredise pas l'humanité dans notre personne, comme fin en soi ; il faut encore qu'elle *soit en accord avec elle*. Or il y a dans l'humanité des dispositions à une perfection plus grande, qui font partie de la fin de la nature à l'égard de l'humanité dans le sujet que nous sommes ; négliger ces dispositions, cela pourrait bien à la rigueur être compatible avec la *conservation* de l'humanité comme fin en soi, mais non avec l'*accomplissement* de cette fin.

En *quatrième lieu*, au sujet du devoir méritoire envers autrui, la fin naturelle qu'ont tous les hommes, c'est leur bonheur propre. Or, à coup sûr, l'humanité pourrait subsister, si personne ne contribuait en rien au bonheur d'autrui, tout en s'abstenant d'y porter atteinte de propos délibéré ; mais ce ne serait là cependant qu'un accord négatif, non positif, avec l'*humanité comme fin en soi*, si chacun ne tâchait pas aussi de favoriser, autant qu'il est en lui, les fins des autres. Car le sujet étant une fin en soi, il faut que ses fins, pour que cette représentation produise chez moi *tout* son effet, soient aussi, autant que possible, *mes* fins.

---

* Qu'on n'aille pas croire qu'ici la formule triviale : *quod tibi non vis fieri*, etc., puisse servir de règle ou de principe. Car elle est uniquement déduite du principe que nous avons posé, et encore avec diverses restrictions ; elle ne peut être une loi universelle, car elle ne contient pas le principe des devoirs envers soi-même, ni celui des devoirs de charité envers autrui (il y a bien des gens en effet pour consentir volontiers à ce qu'autrui ne soit pas obligé de leur bien faire, pourvu qu'ils puissent être dispensés de bien faire à autrui), ni enfin celui des devoirs stricts des hommes les uns envers les autres, car le criminel pourrait, d'après ce principe, argumenter contre le juge qui le punit, etc.

Ce principe, d'après lequel l'humanité et toute nature raisonnable en général sont considérées *comme fin en soi* (condition suprême qui limite la liberté des actions de tout homme [135]), n'est pas emprunté à l'expérience d'abord à cause de son universalité, puisqu'il s'étend à tous les êtres raisonnables en général : sur quoi aucune expérience ne suffit à rien déterminer ; ensuite parce qu'en ce principe l'humanité est représentée, non comme une fin des hommes (subjective), c'est-à-dire comme un objet dont on se fait en réalité une fin de son propre gré, mais comme une fin objective, qui doit, quelles que soient les fins que nous nous proposions, constituer en qualité de loi la condition suprême restrictive de toutes les fins subjectives, et parce qu'ainsi ce principe dérive nécessairement de la raison pure. C'est que le principe de toute législation pratique réside *objectivement dans la règle* et dans la forme de l'universalité, qui la rend capable (d'après le premier principe) d'être une loi (qu'on peut dire à la rigueur une loi de la nature), tandis que *subjectivement* c'est dans la *fin* qu'il réside ; or le sujet de toutes les fins, c'est tout être raisonnable, comme fin en soi (d'après le second principe [136]) ; de là résulte maintenant le troisième principe pratique de la volonté, comme condition suprême de son accord avec la raison pratique universelle, à savoir, l'idée *de la volonté de tout être raisonnable conçue comme volonté instituant une législation universelle* [137].

Selon ce principe on rejettera toutes les maximes qui ne peuvent s'accorder avec la législation universelle propre de la volonté. La volonté n'est donc pas simplement soumise à la loi ; mais elle y est soumise de telle sorte qu'elle doit être regardée également comme *instituant elle-même la loi*, et comme n'y étant avant tout soumise (elle peut s'en considérer elle-même comme l'auteur) que pour cette raison.

Les impératifs, selon le genre de formules que nous avons présentées plus haut, soit celui qui exige que les actions soient conformes à des lois universelles comme dans un *ordre de la nature*, soit celui qui veut que les êtres raisonnables aient la *prérogative* universelle de *fins* en soi, excluaient sans doute de leur autorité souveraine toute immixtion d'un intérêt quelconque, à titre de mobile, par cela même qu'ils étaient représentés comme catégoriques ; mais ils n'étaient *admis* comme catégoriques que parce qu'il fallait en admettre de tels si l'on voulait expliquer le concept de devoir. Mais qu'il y ait des propositions pratiques qui commandent catégoriquement, c'est une vérité qui ne pouvait se démontrer dès l'abord, et il n'est même pas possible que cette démonstration se produise ici encore, dans cette section. Une chose toutefois n'en pouvait pas moins se faire : c'était que le détachement de tout intérêt dans l'acte de vouloir par devoir, considéré comme le caractère spécifique qui distingue l'impératif catégorique de l'impératif hypothétique, fût indiqué en même temps dans l'impératif même, au moyen de quelque détermination qui lui serait inhérente, et c'est ce qui arrive maintenant dans cette troisième formule du principe, à savoir dans l'idée de la volonté de tout être raisonnable conçue comme *volonté qui institue une législation univer-selle* [138].

Car, si nous concevons une telle volonté, quelque possibilité qu'il y ait à ce qu'une volonté *soumise à des lois* soit liée encore à ces lois par un intérêt, il est impossible qu'une volonté qui est elle-même souveraine législatrice dépende en ce sens d'un intérêt quelconque [139] ; car une volonté ainsi dépendante aurait elle-même encore besoin d'une autre loi, qui vînt astreindre l'intérêt de son amour-propre à cette condition, d'être capable de valoir comme loi universelle.

Ainsi le *principe* selon lequel toute volonté humaine apparaît comme *une volonté instituant par toutes ses*

maximes une législation universelle*, si seulement il
apportait avec lui la preuve de sa justesse, *conviendrait
parfaitement bien* à l'impératif catégorique, en ce que,
précisément à cause de l'idée de la législation universelle, il *ne se fonde sur aucun intérêt* et qu'ainsi parmi
tous les impératifs possibles il peut seul être *inconditionné* ; ou mieux encore, en retournant la proposition,
s'il y a un impératif catégorique (c'est-à-dire une loi
pour la volonté de tout être raisonnable), il ne peut que
commander de toujours agir en vertu de la maxime
d'une volonté, qui pourrait en même temps se prendre
elle-même pour objet en tant que législatrice universelle ; car alors seulement le principe pratique est
inconditionné ainsi que l'impératif auquel on obéit ; il
n'y a en effet absolument aucun intérêt sur lequel il
puisse se fonder.

Il n'est maintenant plus surprenant, si nous jetons un
regard en arrière sur toutes les tentatives qui ont pu être
faites pour découvrir le principe de la moralité, que toutes aient nécessairement échoué [140]. On voyait l'homme
lié par son devoir à des lois, mais on ne réfléchissait pas
qu'il *n'*est soumis *qu'à sa propre législation*, encore que
cette législation soit universelle, et qu'il n'est obligé
d'agir que conformément à sa volonté propre, mais à
sa volonté établissant par destination de la nature une
législation universelle. Car, si l'on ne le concevait que
comme soumis à une loi (quelle qu'elle soit), celle-ci
impliquerait nécessairement en elle un intérêt sous forme
d'attrait ou de contrainte, parce qu'elle ne dériverait pas
comme loi de *sa* volonté, et que sa volonté serait forcée
conformément à la loi par *quelque chose d'autre* à agir
d'une certaine manière. Or c'était cette conséquence de

---

* Je peux être dispensé ici d'apporter des exemples pour l'explication de ce principe ; car ceux qui tout à l'heure éclaircissaient
l'impératif catégorique et ses formules peuvent ici tous servir de
même pour cette fin.

tout point inévitable qui faisait que tout effort pour trouver un principe suprême du devoir était perdu sans retour. Car on ne découvrait jamais le devoir, mais la nécessité d'agir par un certain intérêt. Que cet intérêt fût un intérêt personnel ou un intérêt étranger, l'impératif affectait toujours alors nécessairement un caractère conditionnel et ne pouvait en rien être bon pour le commandement moral. J'appellerai donc ce principe, principe de l'AUTONOMIE de la volonté, en opposition avec tous les autres principes, que pour cela je mets au compte de l'HÉTÉRONOMIE.

Le concept suivant lequel tout être raisonnable doit se considérer comme établissant par toutes les maximes de sa volonté une législation universelle afin de se juger soi-même et ses actions de ce point de vue, conduit à un concept très fécond qui s'y rattache, je veux dire le concept *d'un règne des fins* [141].

Or par *règne* j'entends la liaison systématique de divers êtres raisonnables par des lois communes. Et puisque des lois déterminent les fins pour ce qui est de leur aptitude à valoir universellement, si l'on fait abstraction de la différence personnelle des êtres raisonnables et aussi de tout le contenu de leurs fins particulières, on pourra concevoir un tout de toutes les fins (aussi bien des êtres raisonnables comme fins en soi que des fins propres que chacun peut se proposer), un tout consistant dans une union systématique, c'est-à-dire un règne des fins qui est possible d'après les principes énoncés plus haut [142].

Car des êtres raisonnables sont tous sujets de la *loi* selon laquelle chacun d'eux ne doit *jamais* se traiter soi-même et traiter tous les autres *simplement comme des moyens*, mais toujours en *même temps comme des fins en soi*. Or de là dérive une liaison systématique d'êtres raisonnables par des lois objectives communes, c'est-à-dire un règne qui, puisque ces lois ont précisément pour but le rapport de ces êtres les uns aux autres, comme fins et moyens [143], peut être appelé règne des fins (qui n'est à la vérité qu'un idéal [144]).

Mais un être raisonnable appartient, en qualité de *membre*, au règne des fins, lorsque, tout en y donnant des lois universelles, il n'en est pas moins lui-même soumis aussi à ces lois. Il y appartient, *en qualité de chef*, lorsque, donnant des lois, il n'est soumis à aucune volonté étrangère.

L'être raisonnable doit toujours se considérer comme législateur dans un règne des fins qui est possible par la liberté de la volonté, qu'il y soit membre ou qu'il y soit chef. Mais à la place de chef il ne peut prétendre simplement par les maximes de sa volonté ; il n'y peut prétendre que s'il est un être pleinement indépendant, sans besoins, et avec un pouvoir qui est sans restriction adéquat à sa volonté [145].

La moralité consiste donc dans le rapport de toute action à la législation qui seule rend possible un règne des fins. Or cette législation doit se trouver dans tout être raisonnable même, et doit pouvoir émaner de sa volonté, dont voici alors le principe : n'accomplir d'action que d'après une maxime telle qu'elle puisse comporter en outre d'être une loi universelle, telle donc seulement *que la volonté puisse se considérer elle-même comme constituant en même temps par sa maxime une législation universelle*. Si maintenant les maximes ne sont pas tout d'abord par leur nature nécessairement conformes à ce principe objectif des êtres raisonnables, considérés comme auteurs d'une législation universelle, la nécessité d'agir d'après ce principe s'appelle contrainte pratique, c'est-à-dire *devoir*. Dans le règne des fins le devoir ne s'adresse pas au chef, mais bien à chacun des membres, et à tous à la vérité dans la même mesure [146].

La nécessité pratique d'agir selon ce principe, c'est-à-dire le devoir, ne repose en rien sur des sentiments, des impulsions et des inclinations, mais uniquement sur le rapport des êtres raisonnables entre eux [147] ; dans ce rapport, la volonté d'un être raisonnable doit toujours être considérée en même temps comme *législatrice*, parce qu'autrement l'être raisonnable ne se pourrait pas concevoir comme *fin en soi*. La raison rapporte ainsi chacune des maximes de la volonté conçue comme législatrice universelle à chacune des autres volontés, et même à chacune des actions envers soi-même, et cela non pas pour quelque autre motif pratique ou quelque futur avantage, mais en vertu de l'idée de la *dignité* d'un être raisonnable qui n'obéit à d'autre loi que celle qu'il institue en même temps lui-même.

Dans le règne des fins tout a un PRIX ou une DIGNITÉ [148]. Ce qui a un prix peut être aussi bien remplacé par quelque chose d'autre, à titre d'*équivalent* [149] ; au contraire, ce qui est supérieur à tout prix, ce qui par suite n'admet pas d'équivalent, c'est ce qui a une dignité.

Ce qui se rapporte aux inclinations et aux besoins généraux de l'homme, cela a un *prix marchand* ; ce qui, même sans supposer de besoin, correspond à un certain goût, c'est-à-dire à la satisfaction que nous procure un simple jeu sans but de nos facultés mentales [150], cela a un *prix de sentiment* ; mais ce qui constitue la condition qui seule peut faire que quelque chose est une fin en soi, cela n'a pas seulement une valeur relative, c'est-à-dire un prix, mais une valeur intrinsèque, c'est-à-dire une *dignité*.

Or la moralité est la condition qui seule peut faire qu'un être raisonnable est une fin en soi ; car il n'est possible que par elle d'être un membre législateur dans le règne des fins. La moralité, ainsi que l'humanité, en tant qu'elle est capable de moralité, c'est donc là ce qui seul a de la dignité. L'habileté et l'application dans le travail ont un prix marchand ; l'esprit, la vivacité d'imagination, l'humour, ont un prix de sentiment [151] ; par contre, la fidélité à ses promesses, la bienveillance par principe (non la bienveillance d'instinct), ont une valeur intrinsèque. Ni la nature ni l'art ne contiennent rien qui puisse être mis à la place de ces qualités, si elles viennent à manquer ; car leur valeur consiste, non dans les effets qui en résultent, non dans l'avantage et le profit qu'elles constituent, mais dans les intentions, c'est-à-dire dans les maximes de la volonté qui sont prêtes à se traduire ainsi en actions, alors même que l'issue ne leur serait pas favorable. Ces actions n'ont pas besoin non plus d'être recommandées par quelque disposition subjective ou quelque goût qui nous les ferait considérer avec une faveur et une satisfaction immédiates ; elles n'ont besoin d'aucun penchant ou sentiment qui nous pousse immédiatement vers elles ; elles présentent la volonté qui les accomplit comme l'objet d'un respect immédiat ; il n'y a que la raison qui soit requise, pour les *imposer* à la volonté, sans chercher à les obtenir d'elle par *insinuation*, ce qui au surplus dans des devoirs serait contradictoire. C'est cette estimation qui fait reconnaître la valeur d'une telle disposition d'esprit comme une dignité, et elle la met à part infiniment au-dessus de tout prix ; on ne peut d'aucune manière la mettre en balance, ni la faire entrer en comparaison avec n'importe quel prix, sans porter atteinte en quelque sorte à sa sainteté.

Et qu'est-ce donc qui autorise l'intention moralement bonne ou la vertu à élever de si hautes prétentions ? Ce n'est rien moins que la faculté qu'elle confère à l'être raisonnable de *participer à l'établissement de lois universelles*, et qui le rend capable par là même d'être membre d'un règne possible des fins [152] : ce à quoi il était déjà destiné par sa propre nature comme fin en soi, et pour cela précisément comme législateur dans le règne des fins, comme libre au regard de toutes les lois de la nature, n'obéissant qu'aux lois qu'il établit lui-même et selon lesquelles ses maximes peuvent appartenir à une législation universelle (à laquelle il se soumet en même temps lui-même). Nulle chose, en effet, n'a de valeur en dehors de celle que la loi lui assigne. Or la législation même qui détermine toute valeur doit avoir précisément pour cela une dignité, c'est-à-dire une valeur inconditionnée, incomparable, que traduit le mot de *respect*, le seul qui fournisse l'expression convenable de l'estime qu'un être raisonnable en doit faire [153]. L'*autonomie* est donc le principe de la dignité de la nature humaine et de toute nature raisonnable.

Les trois manières que nous avons indiquées de représenter le principe de la moralité ne sont au fond qu'autant de formules d'une seule et même loi, formules dont chacune contient en elle par elle-même les deux autres [154]. Il y a cependant entre elles une différence, qui à vrai dire est plutôt subjectivement qu'objectivement pratique, et dont le but est de rapprocher (selon une certaine analogie) une idée de la raison de l'intuition et par là du sentiment [155]. Toutes les maximes ont :

1° Une *forme*, qui consiste dans l'universalité, et à cet égard la formule de l'impératif moral est la suivante : il faut que les maximes soient choisies comme si elles devaient avoir la valeur de lois universelles de la nature,

2° Une *matière*, c'est-à-dire une fin, et voici alors ce qu'énonce la formule : l'être raisonnable, étant par sa nature une fin, étant par suite une fin en soi, doit être pour toute maxime une condition qui serve à restreindre toutes les fins simplement relatives et arbitraires ;

3° Une *détermination complète* de toutes les maximes par cette formule, à savoir, que toutes les maximes qui dérivent de notre législation propre doivent concourir à un règne possible des fins comme à un règne de la nature [*]. Le progrès se fait ici en quelque sorte selon les

---

[*] La téléologie considère la nature comme un règne des fins [156] ; la morale, là un règne possible des fins comme un règne de la nature [157] : Là le règne des fins est une idée théorique destinée à expliquer ce qui est donné. Ici c'est une idée pratique, qui sert à accomplir ce qui n'est pas donné, mais ce qui peut devenir réel par notre façon d'agir, et cela conformément à cette idée même.

catégories [158], en allant de l'*unité* de la forme de la
volonté (de son universalité) à la *pluralité* de la matière
(des objets, c'est-à-dire des fins), et de là à la *totalité* ou
l'intégralité du système [159]. Mais on fait mieux de procéder toujours, quand il s'agit de porter un *jugement* moral,
selon la stricte méthode, et de prendre pour principe la
formule universelle de l'impératif catégorique : *Agis
selon la maxime qui peut en même temps s'ériger elle-
même en loi universelle*. Mais si l'on veut en même
temps ménager à la loi morale l'*accès* des âmes, il est
très utile de faire passer la même action par les trois
concepts indiqués et de la rapprocher par là autant que
possible de l'intuition.

Nous pouvons maintenant finir par où nous avions
commencé, c'est-à-dire par le concept d'une volonté
inconditionnellement bonne [160]. Est *absolument bonne*
la *volonté* qui ne peut être mauvaise, dont par suite
la maxime, quant elle est convertie en loi universelle,
ne peut jamais se contredire elle-même. Ce principe
est donc aussi sa loi suprême : agis toujours d'après
une maxime telle que tu puisses la vouloir en même
temps portée à l'universel, à la façon d'une loi ; c'est
l'unique condition sous laquelle une volonté ne peut
jamais être en opposition avec elle-même, et un tel
impératif est catégorique. Et puisque le caractère qu'a
la volonté de valoir comme une loi universelle pour
des actions possibles a de l'analogie avec la connexion
universelle de l'existence des choses selon des lois
universelles, qui est l'élément formel de la nature en
général [161], l'impératif catégorique peut encore s'exprimer ainsi : *Agis selon des maximes qui puissent se
prendre en même temps elles-mêmes pour objet comme
lois universelles de la nature*. C'est donc ainsi qu'est
constituée la formule d'une volonté absolument bonne.

La nature raisonnable se distingue des autres par
ceci, qu'elle se pose à elle-même une fin. Cette fin
serait la matière de toute bonne volonté. Mais comme,

dans l'idée d'une volonté absolument bonne sans condition restrictive (le fait d'atteindre telle ou telle fin), il faut faire abstraction de toute fin *à réaliser* (qui ne pourrait rendre bonne une volonté que relativement), il faut que la fin soit conçue ici, non pas comme une fin à réaliser, *mais* comme une fin *existant par soi*, qu'elle soit par suite conçue d'une façon seulement négative, c'est-à-dire comme une fin contre laquelle on ne doit jamais agir, qui ne doit donc jamais être estimée simplement comme moyen, qui doit être toujours estimée en même temps dans tout acte de vouloir comme une fin. Or cette fin ne peut être autre chose que le sujet même de toutes les fins possibles [162], puisque celui-ci est en même temps le sujet d'une volonté absolument bonne possible ; en effet, une volonté absolument bonne ne peut sans contradiction être mise au-dessous d'aucun autre objet. Le principe : agis à l'égard de tout être raisonnable (de toi- même et des autres) de telle sorte qu'il ait en même temps dans ta maxime la valeur d'une fin en soi, ne fait donc qu'un au fond avec le principe : agis selon une maxime qui contienne en même temps en elle l'aptitude à valoir universellement pour tout être raisonnable. Car dire que dans tout usage des moyens en vue d'une fin je dois imposer à ma maxime cette condition limitative, qu'elle vaille universellement comme une loi pour tout sujet, revient précisément à ceci : que pour principe fondamental de toutes les maximes des actions il faut poser que le sujet des fins, c'est-à-dire l'être raisonnable même, ne doit jamais être traité simplement comme un moyen, mais comme une condition limitative suprême dans l'usage de tous les moyens, c'est-à-dire toujours en même temps comme une fin [163].

Or il suit de là incontestablement que tout être raisonnable, comme fin en soi, doit pouvoir, au regard de toutes les lois, quelles qu'elles soient, auxquelles il peut être soumis, se considérer en même temps comme auteur d'une législation universelle [164], car c'est précisément cette aptitude de ses maximes à constituer une législation universelle qui le distingue comme fin en soi ; il suit pareillement que c'est sa dignité (sa prérogative), par-dessus tous les simples êtres de la nature, qui implique qu'il doit considérer ses maximes toujours de son point de vue à lui, mais qui est aussi en même temps le point de vue de tout être raisonnable conçu comme législateur (voilà pourquoi on appelle aussi de tels êtres des personnes). Or c'est ainsi qu'un monde d'êtres raisonnables (*mundus intelligibilis*), considéré comme un règne des fins, est possible, et cela par la législation propre de toutes les personnes comme membres. D'après cela, tout être raisonnable doit agir comme s'il était toujours par ses maximes un membre législateur dans le règne universel des fins. Le principe formel de ces maximes est : agis comme si ta maxime devait servir en même temps de loi universelle (pour tous les êtres raisonnables). Un règne des fins n'est donc possible que par analogie avec un règne de la nature ; mais le premier ne se constitue que d'après des maximes, c'est-à-dire d'après des règles que l'on s'impose à soi-même, tandis que le dernier ne se constitue que selon des lois de causes efficientes soumises à une contrainte extérieure [165]. Malgré cela, on n'en donne pas moins à l'ensemble de la nature, bien qu'il soit considéré comme une machine, en tant qu'il a rapport à des êtres raisonnables considérés comme ses fins, le nom justifié par là de règne de la nature [166]. Or un tel règne des fins serait effectivement réalisé par des maximes dont l'impératif catégorique prescrit la règle à tous les êtres raisonnables, *si elles étaient universellement suivies*. Mais quoique l'être raisonnable ne puisse pas compter que, quand il suivrait lui-même ponctuellement cette maxime, ce soit un motif pour que tous les autres y soient également fidèles, ni non plus que le règne de la nature et la disposition de ce règne selon des fins concourent avec lui, comme avec un membre digne d'en faire partie, à un règne des fins possible par lui-même, c'est-à-dire favorise son attente du bonheur [167], cependant cette loi : agis d'après les maximes d'un membre qui institue une législation universelle pour un règne des fins simplement possible, subsiste dans toute sa force parce qu'elle commande catégoriquement. Et c'est en cela précisément que consiste ce paradoxe : que seule la dignité de l'humanité, en tant que nature raisonnable, indépendamment de toute autre fin à atteindre par là, ou de tout avantage, que par suite le respect pour une simple idée n'en doive pas moins servir de prescription inflexible pour la volonté, et que ce soit juste cette indépendance de la maxime à l'égard de tous les mobiles de cette sorte qui en fasse la sublimité, et qui rende tout sujet raisonnable digne d'être un membre législateur dans le règne des fins ; car autrement on ne devrait le représenter que soumis à la loi naturelle de ses besoins. Alors même que le règne de la nature aussi bien que le règne des fins seraient conçus comme unis sous un chef, et qu'ainsi le second de ces règnes ne serait plus une simple idée, mais acquerrait une véritable réalité [168], il y aurait là assurément pour cette idée un bénéfice qui lui viendrait de l'addition d'un mobile puissant, mais en aucune façon d'un accroissement de sa valeur intrinsèque [169] ; car, malgré cela, il n'en faudrait pas moins se représenter toujours ce législateur unique et infini lui-même comme jugeant de la valeur des êtres raisonnables seulement d'après leur conduite désinté-ressée, telle qu'elle leur est prescrite à eux-mêmes en vertu de cette idée uniquement. L'essence des choses ne se modifie pas par leurs rapports externes, et ce qui, abstraction faite de ces derniers, suffit à constituer la valeur absolue de l'homme, est aussi la mesure d'après laquelle il doit être jugé par qui que ce soit, même par l'Etre suprême. La *moralité* est donc le rapport des actions à l'autonomie de la volonté, c'est-à-dire à la législation universelle possible par les maximes de cette volonté. L'action qui peut s'accorder avec l'autonomie de la volonté est *permise :* celle qui ne le peut pas est *défendue.* La volonté dont les maximes s'accordent nécessairement avec les lois de l'autonomie est une volonté *sainte,* absolument bonne. La dépendance d'une volonté qui n'est pas absolument bonne à l'égard du principe de l'autonomie (la contrainte morale), c'est l'*obligation.* L'obligation ne peut donc être rapportée à un être saint. La nécessité objective d'une action en vertu de l'obligation s'appelle *devoir.*

Par le peu que je viens de dire, on n'aura maintenant pas de peine à s'expliquer comment il se fait que, bien que sous le concept du devoir nous nous figurions une sujétion à la loi, nous nous représentions cependant aussi par là une certaine sublimité et une certaine *dignité* attachées à la personne qui remplit tous ses devoirs. Car ce n'est pas en tant qu'elle est *soumise* à la loi morale qu'elle a en elle de la sublimité, mais bien en tant qu'au regard de cette même loi elle est en même temps *législatrice,* et qu'elle n'y est subordonnée qu'à ce titre. Nous avons également montré plus haut comment ce n'est ni la crainte, ni l'inclination, mais uniquement le respect pour la loi qui est le mobile capable de donner à l'action une valeur morale. Notre volonté propre, supposé qu'elle n'agisse que sous la condition d'une législation universelle rendue possible par ses maximes, cette volonté idéale, qui peut être la nôtre, est l'objet propre du respect, et la dignité de l'humanité consiste précisément dans cette faculté qu'elle a d'établir des lois universelles, à la condition toutefois d'être en même temps soumise elle-même à cette législation.

L'autonomie de la volonté
comme principe suprême de la moralité

L'autonomie de la volonté est cette propriété qu'a la volonté d'être à elle-même sa loi (indépendamment de toute propriété des objets du vouloir). Le principe de l'autonomie est donc : de toujours choisir de telle sorte que les maximes de notre choix soient comprises en même temps comme lois universelles dans ce même acte de vouloir. Que cette règle pratique soit un impératif, c'est-à-dire que la volonté de tout être raisonnable y soit nécessairement liée comme à une condition, cela ne peut être démontré par la simple analyse des concepts impliqués dans la volonté, car c'est là une proposition synthétique [170] ; il faudrait dépasser la connaissance des objets et entrer dans une critique du sujet, c'est-à-dire de la raison pure pratique [171] ; en effet, cette proposition synthétique, qui commande apodictiquement, doit pouvoir être connue entièrement *a priori* ; or ce n'est pas l'affaire de la présente section. Mais que le principe en question de l'autonomie soit l'unique principe de la morale, cela s'explique bien par une simple analyse des concepts de la moralité. Car il se trouve par là que le principe de la moralité doit être un impératif catégorique, et que celui-ci ne commande ni plus ni moins que cette autonomie même.

L'hétéronomie de la volonté
comme source de tous les principes
illégitimes de la moralité

Quand la volonté cherche la loi qui doit la déterminer *autre part* que dans l'aptitude de ses maximes à instituer une législation universelle qui vienne d'elle ; quand en conséquence, passant par-dessus elle-même, elle cherche cette loi dans la propriété de quelqu'un de ses objets, il en résulte toujours une *hétéronomie*. Ce n'est pas alors la volonté qui se donne à elle- même la loi, c'est l'objet qui la lui donne par son rapport à elle. Ce rapport, qu'il s'appuie sur l'inclination ou sur les représentations de la raison [172], ne peut rendre possibles que des impératifs hypothétiques ; je dois faire cette chose, *parce que je veux cette autre chose*. Au contraire, l'impératif moral, par conséquent catégorique, dit : je dois agir de telle ou telle façon, alors même que je ne voudrais pas autre chose. Par exemple, d'après le premier impératif, on dit : je ne dois pas mentir, si je veux continuer à être honoré ; d'après le second, on dit : je ne dois pas mentir, alors même que le mensonge ne me ferait pas encourir la moindre honte. Ce dernier impératif doit donc faire abstraction de tout objet, en sorte que l'objet n'ait absolument aucune *influence* sur la volonté : il faut en effet que la raison pratique (la volonté) ne se borne pas à administrer un intérêt étranger [173], mais qu'elle manifeste uniquement sa propre autorité impérative, comme législation suprême. Ainsi, par exemple, je dois chercher à assurer le bonheur d'autrui, non pas comme si j'étais par quelque endroit intéressé à sa réalité (soit par une inclination immédiate, soit indirectement à cause de quelque satisfaction suscitée par la raison), mais uniquement pour ceci, que la maxime qui l'exclut ne peut être comprise dans un seul et même vouloir comme loi universelle.

*Classification de tous les principes de la moralité
qui peuvent résulter du concept fondamental
de l'hétéronomie, tel que nous l'avons défini*

La raison humaine a ici comme partout dans son usage pur, aussi longtemps que la Critique lui a manqué [174], tenté toutes les fausses voies possibles avant de réussir à rencontrer la seule vraie.

Tous les principes qu'on peut admettre de ce point de vue sont ou *empiriques* ou *rationnels* [175]. Les PREMIERS,

tirés du principe du *bonheur*, sont fondés sur le sentiment, physique ou moral ; les SECONDS, tirés du principe
de la *perfection*, sont fondés, ou bien sur le concept
rationnel de la perfection, considérée comme effet possible [176], ou bien sur le concept d'une perfection existant
par soi (la volonté de Dieu), considérée comme cause
déterminante de notre volonté [177].

Des *principes empiriques* sont toujours impropres à
servir de fondement à des lois morales. Car l'universalité
avec laquelle elles doivent valoir pour tous les êtres raisonnables sans distinction, la nécessité pratique inconditionnée qui leur est imposée par là, disparaissent si le
principe en est dérivé de la *constitution particulière de
la nature humaine* ou des circonstances contingentes
dans lesquelles elle est placée. Cependant le principe du
bonheur personnel est le plus condamnable, non pas seulement parce qu'il est faux et que l'expérience contredit
la supposition que le bien-être se règle toujours sur le
bien-faire ; non pas même seulement parce qu'il ne
contribue pas le moins du monde à fonder la moralité,
car c'est tout autre chose de rendre un homme heureux
que de le rendre bon, de le rendre prudent et perspicace
pour son intérêt que de le rendre vertueux ; mais parce
qu'il suppose sous la moralité des mobiles qui plutôt la
minent et en ruinent toute la grandeur ; ils comprennent
en effet dans une même classe les motifs qui poussent à
la vertu et ceux qui poussent au vice ; ils enseignent
seulement à mieux calculer ; mais ils effacent absolument la différence spécifique qu'il y a entre les deux [178].
Quant au sentiment moral, ce prétendu sens particulier *
(si superficiel qu'il soit de recourir à lui, attendu que ce

---

  * Je range le principe du sentiment moral dans celui du bonheur, parce que tout intérêt empirique promet, par l'agrément
qu'une chose procure, que cela ait lieu immédiatement et sans
considération d'avantages, ou que ce soit dans des vues intéressées, de contribuer au bien-être. Pareillement il faut, avec

sont ceux qui sont incapables de *penser* qui croient se
tirer d'affaire avec le *sentiment*, même dans ce qui se
rapporte uniquement à des lois universelles, et bien que
des sentiments qui par nature se distinguent les uns des
autres par une infinité de degrés ne fournissent guère une
mesure égale du bien et du mal, sans compter que celui
qui juge par son sentiment ne peut point du tout juger
valablement pour les autres [180]), il se rapproche cependant davantage de la moralité et de la dignité qui lui est
propre, parce qu'il fait à la vertu l'honneur de lui attribuer *immédiatement* la satisfaction qu'elle donne et le
respect que nous avons pour elle, et qu'il ne lui dit pas
pour ainsi dire en face que ce n'est pas sa beauté, mais
seulement l'intérêt qui nous attache à elle [181].

Parmi les principes *rationnels* de la moralité, le
concept ontologique de la *perfection* (si vide, si indéterminé qu'il soit, et par là si impropre à employer pour
découvrir dans le champ immense de la réalité possible
le maximum de ce qui nous convient, et bien que, pour
distinguer spécifiquement de toute autre la réalité dont il
s'agit ici, il soit immanquablement entraîné à tourner
dans un cercle, et qu'il ne puisse éviter de supposer tacitement la moralité qu'il doit expliquer [182]), ce concept
vaut néanmoins mieux encore que le concept théologique qui déduit la moralité d'une volonté divine absolument parfaite, non seulement parce que nous n'avons
pas malgré tout l'intuition de la perfection de Dieu, et
que nous ne pouvons la dériver que de nos concepts,
dont le principal est celui de la moralité, mais parce que,
si nous ne procédons pas de la sorte (pour ne pas nous
exposer au grossier cercle vicieux qui se produirait en
effet dans l'explication [183]), le seul concept qui nous
reste de la divine volonté, tiré des attributs de l'amour

_____

Hutcheson [179], ranger le principe de la sympathie pour le bonheur
d'autrui dans ce même principe du sens moral, admis par lui.

de la gloire et de la domination, lié aux représentations redoutables de la puissance et de la colère, poserait nécessairement les fondements d'un système de morale qui serait juste le contraire de la moralité.

Or, si j'avais à opter entre le concept du sens moral et celui de la perfection en général (qui du moins tous les deux ne portent pas atteinte à la moralité [184], quoiqu'ils soient tout à fait impuissants à la soutenir comme fondements), je me résoudrais en faveur du dernier, parce qu'au moins en enlevant à la sensibilité, pour le remettre au tribunal de la raison, le soin de décider la question, bien qu'il ne décide rien ici, il réserve cependant sans la fausser pour une détermination plus précise l'idée indéterminée (d'une volonté bonne en soi).

Au reste, je crois pouvoir me dispenser d'une réfutation étendue de tous ces systèmes. Cette réfutation est si aisée, elle est même probablement si bien aperçue de ceux-là mêmes dont la profession exige qu'ils se déclarent pour une de ces théories (car des auditeurs ne souffrent pas volontiers la suspension du jugement), que ce serait uniquement du temps perdu que d'y insister. Mais ce qui nous intéresse ici davantage, c'est de savoir que ces principes ne donnent jamais d'autre premier fondement à la moralité que l'hétéronomie de la volonté, et que c'est précisément pour cela qu'ils doivent nécessairement manquer leur but.

Toutes les fois qu'on songe à prendre pour base un objet de la volonté afin de prescrire à la volonté la règle qui la détermine, la règle n'est qu'hétéronomie ; l'impératif est conditionné, dans les termes suivants : *si* ou *parce que* l'on veut cet objet, on doit agir de telle ou telle façon ; par suite, cet impératif ne peut jamais commander moralement, c'est-à-dire catégoriquement. Que l'objet détermine la volonté au moyen de l'inclination, comme dans le principe du bonheur personnel, ou au moyen de la raison appliquée aux objets possibles, de notre vouloir en général, comme dans le principe de la

perfection, la volonté ne se détermine jamais immédiatement elle-même par la représentation de l'action, mais
seulement par le mobile résultant de l'influence que l'effet présumé de l'action exerce sur elle : *je dois faire telle*
chose parce que je veux telle autre chose ; et ici il faut
encore, dans le sujet que je suis, supposer une autre loi,
selon laquelle je veux nécessairement cette autre chose,
laquelle loi à son tour a besoin d'un impératif qui impose
à cette maxime un sens défini. Car, comme l'impulsion
que la représentation d'un objet réalisable par nos forces
doit imprimer à la volonté du sujet selon ses facultés
naturelles, fait partie de la nature du sujet, soit de la
sensibilité (de l'inclination et du goût), soit de l'entendement et de la raison, qui, selon la constitution particulière de leur nature, s'appliquent à un objet avec
satisfaction, ce serait donc proprement la nature qui don-
nerait la loi ; et alors non seulement cette loi, comme
telle, devant être connue et démontrée uniquement par
l'expérience, est contingente en soi et impropre par là à
établir une règle pratique apodictique telle que doit être
la règle morale ; mais elle *n'est jamais qu'une hétérono-*
mie de la volonté ; la volonté ne se donne pas à elle-
même sa loi ; c'est une impulsion étrangère qui la lui
donne, à la faveur d'une constitution spéciale du sujet
qui le dispose à la recevoir.

La volonté absolument bonne, dont le principe doit
être un impératif catégorique, sera donc indéterminée à
l'égard de tous les objets ; elle ne contiendra que la
forme du vouloir en général, et cela comme autonomie ;
c'est-à-dire que l'aptitude de la maxime de toute bonne
volonté à s'ériger en loi universelle est même l'unique
loi que s'impose à elle-même la volonté de tout être
raisonnable, sans faire intervenir par-dessous comme
principe un mobile ou un intérêt quelconque.

Comment une telle proposition pratique synthétique a
priori est possible et pourquoi elle est nécessaire, c'est
là un problème dont la solution ne peut plus se trouver

dans les limites de la Métaphysique des mœurs. Nous n'avons même pas affirmé ici la vérité de cette proposition : encore moins avons-nous prétendu en avoir une preuve entre les mains. Nous avons seulement montré, par le développement du concept universellement reçu de la moralité, qu'une autonomie de la volonté y est inévitablement liée, ou plutôt en est le fondement. Celui donc qui tient la moralité pour quelque chose de réel, et non pour une idée chimérique sans vérité, doit aussi accepter le principe que nous lui avons assigné. Cette section a donc été comme la première purement analytique. Quant à prouver maintenant que la moralité n'est pas une chimère, assertion qui est une conséquence bien fondée, si l'impératif catégorique est vrai, et avec lui l'autonomie de la volonté, et s'il est absolument nécessaire comme un principe *a priori*, cela exige la *possibilité* d'un *usage synthétique de la raison pure pratique*, mais que nous ne pouvons pas tenter, sans instituer auparavant une *Critique* de cette faculté même de la raison ; dans la dernière section nous en tracerons les traits principaux, ceux qui suffisent à notre but [185].

TROISIÈME SECTION

Passage de la métaphysique des mœurs à la critique de la raison pure pratique

Le concept de la liberté est la clef de l'explication de l'autonomie de la volonté

La *volonté* est une sorte de causalité des êtres vivants, en tant qu'ils sont raisonnables, et la *liberté* serait la propriété qu'aurait cette causalité de pouvoir agir indépendamment de causes étrangères qui la *déterminent* ; de même que la *nécessité naturelle* est la propriété qu'a la causalité de tous les êtres dépourvus de raison d'être déterminée à agir par l'influence de causes étrangères.

La définition qui vient d'être donnée de la liberté est *négative*, et par conséquent, pour en saisir l'essence, inféconde ; mais il en découle un concept *positif* de la liberté, qui est d'autant plus riche et plus fécond. Comme le concept d'une causalité implique en lui celui de *lois*, d'après lesquelles quelque chose que nous nommons effet doit être posé par quelque autre chose qui est la cause, la liberté, bien qu'elle ne soit pas une propriété de la volonté se conformant à des lois de la nature, n'est pas cependant pour cela en dehors de toute loi ; au contraire, elle doit être une causalité agissant selon des lois immuables, mais des lois d'une espèce particulière, car autrement une volonté libre serait un pur rien [186]. La nécessité naturelle est, elle, une hétéronomie des causes efficientes ; car tout effet n'est alors possible que suivant cette loi, que quelque chose d'autre détermine la cause efficiente à la causalité. En quoi donc peut bien consister la liberté de la volonté, sinon dans une autonomie, c'est-à-dire dans la propriété qu'elle a d'être à elle-même sa loi [187] ? Or cette proposition : la volonté dans toutes les actions est à elle-même sa loi, n'est qu'une autre formule de ce principe : il ne faut agir que d'après une maxime qui puisse aussi se prendre elle-même pour objet à titre de loi universelle. Mais c'est précisément la formule de l'impératif catégorique et le principe de la moralité ; une volonté libre et une volonté soumise à des lois morales sont par conséquent une seule et même chose [188].

Si donc la liberté de la volonté est supposée, il suffit d'en analyser le concept pour en déduire la moralité avec son principe. Ce principe cependant est toujours une proposition synthétique, qui peut s'énoncer ainsi : une volonté absolument bonne est celle dont la maxime peut toujours enfermer en elle-même la loi universelle qu'elle est capable d'être ; car, par l'analyse du concept d'une volonté absolument bonne, on ne peut découvrir cette propriété de la maxime. Mais des propositions synthétiques de ce genre ne sont possibles qu'à la condition que deux notions soient liées l'une à l'autre grâce à leur union avec une troisième où elles doivent de part et d'autre se rencontrer [189]. Le concept *positif* de la liberté fournit ce troisième terme, qui ne peut être, comme pour les causes physiques, la nature du monde sensible [190] (dont le concept comprend le concept de quelque chose, considéré comme cause, et le concept de *quelque autre chose* à quoi la cause se rapporte, et qui est considéré comme effet). Mais quel est ce troisième terme auquel nous renvoie la liberté et dont nous avons *a priori* une idée, il est encore trop tôt pour pouvoir l'indiquer ici [191], ainsi que pour faire comprendre comment le concept de la liberté se déduit de la raison pure pratique et comment par là également est possible un impératif catégorique : tout cela exige encore quelque préparation.

La liberté doit être supposée comme propriété de la volonté de tous les êtres raisonnables

Ce n'est pas assez d'attribuer, pour quelque raison que ce soit, la liberté à notre volonté, si nous n'avons pas une raison suffisante de l'attribuer aussi telle quelle à tous les êtres raisonnables. Car, puisque la moralité ne nous sert de loi qu'autant que nous sommes des *êtres raisonnables*, c'est pour tous les êtres raisonnables qu'elle doit également valoir ; et comme elle doit être dérivée uniquement de la propriété de la liberté, il faut aussi prouver la liberté comme propriété de la volonté de tous les êtres raisonnables ; et il ne suffit pas de la prouver par certaines prétendues expériences de la nature humaine (ce qui d'ailleurs est absolument impossible ; il n'y a de possible qu'une preuve *a priori* [192]) ; mais il faut la démontrer comme appartenant en général à l'activité d'êtres raisonnables et doués de volonté. Je dis donc : tout être qui ne peut agir autrement que *sous l'idée de la liberté* est par cela même, au point de vue pratique, réellement libre ; c'est-à-dire que toutes les lois qui sont inséparablement liées à la liberté valent pour lui exactement de la même façon que si sa volonté eût été aussi reconnue libre en elle-même et par des raisons valables au regard de la philosophie théorique * [193]. Et je soutiens qu'à tout être raisonnable, qui a une volonté, nous devons attribuer nécessairement aussi l'idée de la liberté, et qu'il n'y a que sous cette idée qu'il puisse agir. Car dans un tel être nous concevons une raison qui est pratique, c'est-à-dire qui est douée de causalité par rapport à ses objets. Or il est impossible de concevoir une raison qui en pleine conscience recevrait pour ses jugements une direction du dehors ; car alors le sujet attribuerait, non pas à sa raison, mais à une impulsion, la détermination de sa faculté de juger [194]. Il faut que la raison se considère elle-même comme l'auteur de ses principes, à l'exclusion de toute influence étrangère ; par suite, comme raison pratique ou comme volonté d'un être raisonnable, elle doit se regarder elle-même comme libre ; c'est-à-dire que la volonté d'un être raisonnable ne peut être une volonté lui appartenant en propre que sous l'idée de la liberté, et qu'ainsi une telle volonté doit être, au point de vue pratique, attribuée à tous les êtres raisonnables [195].

De l'intérêt qui s'attache aux idées de la moralité

Nous avons en fin de compte ramené le concept déterminé de la moralité à l'idée de la liberté ; mais il ne nous

---

* Cette méthode, qui consiste à n'admettre la liberté que sous la forme de l'*idée* que les êtres raisonnables donnent pour fondement à leurs actions, suffit à notre dessein, et je l'adopte afin de pouvoir m'épargner l'obligation de démontrer aussi la liberté au point de vue théorique. Car alors même que la démonstration théorique de la liberté resterait en suspens, les mêmes lois qui obligeraient un être réellement libre n'en vaudraient pas moins pour un être qui ne peut agir que sous l'idée de sa propre liberté. Nous pouvons donc ici nous délivrer du fardeau qui pèse sur la théorie.

était pas possible de démontrer celle-ci comme quelque chose de réel [196], pas même en nous et dans la nature humaine ; nous nous sommes bornés à voir qu'il nous faut la supposer [197], si nous voulons concevoir un être comme raisonnable, comme doué de la conscience de sa causalité par rapport aux actions, c'est-à-dire comme doué de volonté, et ainsi nous trouvons que, précisément pour le même motif, nous devons attribuer à tout être doué de raison et de volonté cette propriété, de se déterminer à agir sous l'idée de la liberté.

Or nous avons vu que de la supposition de ces idées découle aussi la conscience d'une loi de l'action ; d'après cette loi, les principes subjectifs des actions, c'est-à-dire les maximes, doivent toujours être adoptés tels qu'ils puissent valoir aussi objectivement, c'est-à-dire universellement comme principes, et servir par là une législation qui, tout en étant émanée de nous-mêmes, soit une législation universelle. Mais pourquoi dois-je me soumettre à ce principe, et cela en ma qualité d'être raisonnable en général ? Et pourquoi aussi par là même tous les autres êtres doués de raison ? J'accorde volontiers qu'aucun intérêt ne m'y *pousse*, car il n'y aurait plus alors d'impératif catégorique ; mais il faut bien pourtant que j'y *prenne* nécessairement un intérêt et que je voie comment cela se fait [198]. Car ce « je dois » est proprement un « je veux » qui vaut pour tout être raisonnable, à la condition que chez lui la raison soit pratique sans empêchement ; pour les êtres qui, comme nous, sont affectés d'une sensibilité, c'est-à-dire de mobiles d'une autre espèce, chez qui ne se produit pas toujours ce que la raison ferait à elle seule et par soi, cette nécessité de l'action s'exprime seulement par le verbe « devoir », et la nécessité subjective se distingue de la nécessité objective [199].

Il semble donc que nous nous soyons contenté de supposer proprement la loi morale, c'est-à-dire le principe même de l'autonomie de la volonté, dans l'idée de la liberté, sans pouvoir démontrer la réalité et la nécessité objective de ce principe en lui-même ; ainsi sans doute nous aurions encore toujours gagné quelque chose de tout à fait considérable en déterminant au moins le vrai principe avec plus d'exactitude qu'on ne l'avait fait jusque-là ; mais en ce qui concerne sa validité et la nécessité pratique de s'y soumettre, nous ne serions pas plus avancés. Car, si l'on nous demandait pourquoi donc l'universelle validité de notre maxime, érigée en loi, doit être la condition restrictive de nos actions, sur quoi nous fondons la valeur que nous conférons à cette façon d'agir, valeur qui doit être si grande qu'il ne peut y avoir nulle part de plus haut intérêt, comment il se fait que l'homme ne croie avoir que par là le sentiment de sa valeur personnelle, au prix de laquelle l'importance d'un état agréable ou désagréable ne doit être compté pour rien : à ces questions nous n'aurions aucune réponse satisfaisante à fournir.

Nous trouvons bien, il est vrai, que nous pouvons prendre un intérêt à une qualité personnelle, dont l'intérêt de notre situation ne dépend pas, mais qui du moins nous rendrait capables de participer à une condition heureuse au cas où celle-ci serait dispensée par la raison, c'est-à-dire que le simple fait d'être digne du bonheur, même sans être mû par le désir d'y participer, peut intéresser en soi ; mais ce jugement n'est en réalité que l'effet de l'importance que nous avons déjà supposée aux lois morales (lorsque par l'idée de la liberté nous nous détachons de tout intérêt empirique [200]). Mais que nous devions nous en détacher, c'est-à-dire nous considérer comme libres dans l'action, et cependant nous tenir pour soumis à certaines lois, afin de trouver dans notre seule personne une valeur qui puisse nous dédommager de la perte de tout ce qui donne un prix à notre condition, comment cela est possible, et par conséquent *d'où vient que la loi morale oblige*, c'est ce que nous ne pouvons encore voir par là.

Il y a ici, on doit l'avouer franchement, une espèce de cercle vicieux manifeste, dont, à ce qu'il semble, il n'y a pas moyen de sortir. Nous nous supposons libres dans l'ordre des causes efficientes afin de nous concevoir dans l'ordre des fins comme soumis à des lois morales, et nous nous concevons ensuite comme soumis à ces lois parce que nous nous sommes attribué la liberté de la volonté ; en effet, la liberté et la législation propre de la volonté sont toutes deux de l'autonomie ; ce sont par suite des concepts réciproques ; mais c'est pour cela précisément qu'on ne peut se servir de l'un pour expliquer l'autre et en rendre raison [201]. Tout ce qu'on peut faire ainsi, c'est, au point de vue logique, de ramener des représentations en apparence différentes d'un seul et même objet à un concept unique (comme on réduit diverses fractions de même valeur à leur plus simple expression).

Mais il nous reste encore une ressource, c'est de rechercher si, lorsque nous nous concevons par la liberté comme des causes efficientes *a priori*, nous ne nous plaçons pas à un autre point de vue que lorsque nous nous représentons nous-mêmes d'après nos actions comme des effets que nous avons visibles devant nos yeux [202].

Il est une remarque qui, pour être présentée, n'exige pas précisément de subtile réflexion, mais dont on peut bien supposer que l'intelligence la plus commune est capable de la faire, à sa manière, il est vrai, par un discernement obscur de la faculté de juger, qu'elle nomme sentiment : c'est que toutes les représentations qui nous viennent autrement qu'à notre gré (telles sont les représentations des sens [203]) ne nous font connaître les objets que comme ils nous affectent, de telle sorte que ce qu'ils peuvent être en soi nous reste inconnu ; c'est que, par conséquent, au moyen de cette espèce de représentations, en dépit des plus grands efforts d'attention et de toute la clarté que peut y ajouter l'entendement, nous ne pouvons arriver qu'à la connaissance des *phénomènes*,

jamais à celle des *choses en soi* [204]. Cette distinction une
fois faite (et il suffit pour cela de la différence déjà
observée entre les représentations qui nous viennent du
dehors, dans lesquelles nous sommes passifs, et celles
que nous produisons uniquement de nous-mêmes, dans
lesquelles nous manifestons notre activité), il en résulte
naturellement qu'il faut reconnaître et supposer derrière
les phénomènes quelque chose d'autre encore qui n'est
pas phénomène, à savoir, les choses en soi [205], quoique
nous concédions volontiers que, puisqu'elles ne peuvent
jamais nous être connues si ce n'est seulement par la
manière dont elles nous affectent, nous ne pouvons
jamais approcher d'elles davantage et savoir ce qu'elles
sont en elles-mêmes. De là nécessairement une distinction, établie en gros il est vrai [206], entre un *monde sensible* et un *monde intelligible*, le premier pouvant
beaucoup varier selon la différence de la sensibilité chez
les divers spectateurs, tandis que le second, qui sert de
fondement au premier, reste toujours le même. Même
l'homme, d'après la connaissance qu'il a de lui par le
sens intime, ne peut se flatter de se connaître lui-même
tel qu'il est en soi. Car, comme il ne se produit pas en
quelque sorte lui-même et qu'il acquiert le concept qu'il
a de lui non pas *a priori*, mais empiriquement, il est
naturel qu'il ne puisse également prendre connaissance
de lui-même que par le sens intime, en conséquence de
l'apparence phénoménale de sa nature et par la façon
dont sa conscience est affectée [207]. Mais en même temps
il doit admettre nécessairement au-dessus de cette modalité de son propre sujet composée de purs phénomènes
quelque chose d'autre encore qui lui sert de fondement,
à savoir son Moi, quelle qu'en puisse être d'ailleurs la
nature en elle-même ; et ainsi pour ce qui a rapport à la
simple perception et à la capacité de recevoir les sensations, il doit se regarder comme faisant partie du *monde
sensible*, tandis que pour ce qui en lui peut être activité
pure (c'est-à-dire ce qui arrive à la conscience non point

par une affection des sens, mais immédiatement), il doit se considérer comme faisant partie du *monde intelligible*, dont néanmoins il ne sait rien de plus [208].

C'est là la conclusion que l'homme qui réfléchit doit porter sur toutes les choses qui peuvent s'offrir à lui ; il est probable qu'on la trouverait aussi dans l'intelligence la plus commune, qui, comme on sait, incline fort à toujours attendre derrière les objets des sens quelque réalité invisible agissant par soi, mais qui en revanche corrompt cette tendance en se représentant immédiatement cet invisible sous une forme encore sensible, c'est-à-dire en voulant en faire un objet d'intuition, et qui ainsi n'en est pas plus avancée.

Or l'homme trouve réellement en lui une faculté par laquelle il se distingue de toutes les autres choses, même de lui-même, en tant qu'il est affecté par des objets, et cette faculté est la *raison* [209]. Comme spontanéité pure, la raison est encore supérieure à l'*entendement*, et voici précisément en quoi : bien que l'entendement soit aussi une spontanéité, qu'il ne contienne pas seulement, comme la sensibilité, des représentations qui ne naissent que lorsqu'on est affecté par des choses (et par suite lorsqu'on est passif), cependant il ne peut produire par son activité d'autres concepts que ceux qui servent simplement à *soumettre les représentations sensibles à des règles* [210] et à les unir par là dans une conscience [211] ; sans cet usage qu'il fait de la sensibilité, il ne penserait absolument rien [212] ; au contraire la raison manifeste dans ce que l'on appelle les Idées une spontanéité si pure, qu'elle s'élève par là bien au-dessus de ce que la sensibilité peut lui fournir et qu'elle manifeste sa principale fonction en distinguant l'un de l'autre le monde sensible et le monde intelligible, et en assignant par là à l'entendement même ses limites [213].

Voilà pourquoi un être raisonnable doit, *en tant qu'intelligence* (et non pas par conséquent du côté de ses facultés inférieures), se regarder lui-même comme appartenant, non au monde sensible, mais au monde intelligible ; il a donc deux points de vue d'où il peut se considérer lui-même et connaître les lois de l'exercice de ses facultés, par suite de toutes ses actions ; *d'un côté*, en tant qu'il appartient au monde sensible, il est soumis à des lois de la nature (hétéronomie) ; *de l'autre côté*, en tant qu'il appartient au monde intelligible, il est soumis à des lois qui sont indépendantes de la nature, qui ne sont pas empiriques, mais fondées uniquement dans la raison.

Comme être raisonnable, faisant par conséquent partie du monde intelligible, l'homme ne peut concevoir la causalité de sa volonté propre que sous l'idée de la liberté ; car l'indépendance à l'égard des causes déterminantes du monde sensible (telle que la raison doit toujours se l'attribuer), c'est la liberté. Or à l'idée de la liberté est indissolublement lié le concept de l'*autonomie*, à celui-ci le principe universel de la moralité, qui idéalement sert de fondement à toutes les actions des êtres *raisonnables*, de la même façon que la loi de la nature à tous les phénomènes [214].

Ainsi est écarté le soupçon que nous élevions tout à l'heure, selon lequel il y aurait un cercle vicieux secrètement contenu dans notre façon de conclure de la liberté à l'autonomie, et de celle-ci à la loi morale : il pouvait sembler, en effet, que nous ne prenions pour principe l'idée de la liberté qu'en vue de la loi morale, afin de conclure ensuite, en retour, celle-ci de la liberté, que par conséquent de cette loi nous ne pouvions donner absolument aucune raison, que c'était là seulement comme une demande d'adhésion à un principe que des âmes bien pensantes nous accorderaient volontiers, mais que nous serions à jamais incapables d'établir comme une proposition démontrable. A présent nous voyons bien que lorsque nous nous concevons comme libres, nous nous transportons dans le monde intelligible comme membres de ce monde et que nous reconnaissons l'autonomie de la volonté avec sa conséquence, la moralité ; mais si nous nous concevons comme soumis au devoir, nous nous considérons comme faisant partie du monde sensible et en même temps du monde intelligible [215].

Comment un impératif catégorique est-il possible ?

L'être raisonnable se marque sa place, comme intelligence, dans le monde intelligible, et ce n'est que comme cause efficiente appartenant à ce monde qu'il nomme sa causalité une *volonté*. D'un autre côté, il a pourtant aussi conscience de lui-même comme d'une partie du monde sensible, où ses actions se trouvent comme de simples manifestations phénoménales de cette causalité ; cependant la possibilité de ces actions ne peut être saisie au moyen de cette causalité que nous ne connaissons pas ; mais, au lieu d'être ainsi expliquées, elles doivent être comprises, en tant que faisant partie du monde sensible, comme déterminées par d'autres phénomènes, à savoir, des désirs et des inclinations [216]. Si donc j'étais membre uniquement du monde intelligible, mes actions seraient parfaitement conformes au principe de l'autonomie de la volonté pure ; si j'étais seulement une partie du monde sensible, elles devraient être supposées entièrement conformes à la loi naturelle des désirs et des inclinations, par suite à l'hétéronomie de la nature. (Dans le premier cas, elles reposeraient sur le principe suprême de la moralité ; dans le second cas, sur celui du bonheur [217].) Mais puisque *le monde intelligible contient le fondement du monde sensible, et par suite aussi de ses lois* [218], et qu'ainsi au regard de ma volonté (qui appartient entièrement au monde intelligible [219]) il est un principe immédiat de législation, et puisque aussi c'est de cette manière qu'il doit être conçu, quoique par un autre côté je sois un être appartenant au monde sensible, je n'en devrai pas moins, comme intelligence, me reconnaître soumis à la loi du premier, c'est-à-dire à la raison qui contient cette loi dans l'idée de la liberté, et par là à l'autonomie de la volonté ; je devrai conséquemment considérer les lois du monde intelligible comme des impératifs pour moi, et les actions conformes à ce principe comme des devoirs.

Et ainsi des impératifs catégoriques sont possibles pour cette raison que l'idée de la liberté me fait membre d'un monde intelligible. Il en résulte que si je n'étais que cela, toutes mes actions *seraient* toujours conformes à l'autonomie de la volonté ; mais, comme je me vois en même temps membre du monde sensible, il faut dire qu'elles *doivent* l'être. Ce « devoir » *catégorique* représente une proposition synthétique *a priori*, en ce qu'à une volonté affectée par des désirs sensibles s'ajoute encore l'idée de cette même volonté, mais en tant qu'elle appartient au monde intelligible, c'est-à-dire pure et pratique par elle-même, contenant la condition suprême de la première selon la raison [220] ; à peu près comme aux intuitions du monde sensible s'ajoutent les concepts de l'entendement, qui par eux-mêmes ne signifient rien que la forme d'une loi en général et par là rendent possibles des propositions synthétiques *a priori* sur lesquelles repose toute connaissance d'une nature [221].

L'usage pratique que le commun des hommes fait de la raison confirme la justesse de cette déduction. Il n'est personne, même le pire scélérat, pourvu qu'il soit habitué à user par ailleurs de la raison, qui, lorsqu'on lui met sous les yeux des exemples de loyauté dans les desseins, de persévérance dans l'observation de bonnes maximes, de sympathie et d'universelle bienveillance (cela même lié encore à de grands sacrifices d'avantages et de bien-être), ne souhaite de pouvoir, lui aussi, être animé des mêmes sentiments. Il ne peut pas sans doute, uniquement à cause de ses inclinations et de ses penchants, réaliser cet idéal en sa personne ; mais avec cela il n'en souhaite pas moins en même temps d'être affranchi de ces inclinations qui lui pèsent à lui-même. Il témoigne donc par là qu'il se transporte en pensée, avec une volonté qui est libre des impulsions de la sensibilité, dans un ordre de choses bien différent de celui que constituent ses désirs dans le champ de la sensibilité ; car de ce souhait il ne peut attendre aucune satisfaction de ses désirs, par suite aucun état de contentement pour quelqu'une de ses inclinations réelles ou imaginables (par là, en effet, l'idée même qui lui arrache ce souhait perdrait sa prééminence) ; il n'en peut attendre qu'une plus grande valeur intrinsèque de sa personne. Or il croit être cette personne meilleure, lorsqu'il se reporte au point de vue d'un membre du monde intelligible, ce à quoi l'astreint malgré lui l'idée de la liberté, c'est-à-dire de l'indépendance à l'égard des causes *déterminantes* du monde sensible ; à ce point de vue, il a conscience d'une bonne volonté qui de son propre aveu constitue la loi pour la volonté mauvaise qu'il a en tant que membre du monde sensible [222] : loi dont il reconnaît l'autorité tout en la violant. Ce qu'il doit moralement, c'est donc ce qu'il veut proprement de toute nécessité comme membre d'un monde intelligible, et cela même n'est conçu par lui comme devoir qu'en tant qu'il se considère en même temps comme membre du monde sensible.

De la limite extrême de toute philosophie pratique

Tous les hommes se conçoivent libres dans leur volonté. De là viennent tous les jugements sur les actions telles qu'elles auraient *dû être*, bien qu'elles *n'aient pas été* telles. Cependant cette liberté n'est pas un concept de l'expérience, et elle ne peut même pas l'être, puisque ce concept subsiste toujours, bien que l'expérience montre le contraire de ce qui, dans la supposition de la liberté, en est nécessairement représenté comme la conséquence [223]. D'un autre côté, il est également nécessaire que tout ce qui arrive soit immanquablement déterminé selon des lois de la nature [224], et cette nécessité naturelle n'est pas non plus un concept de l'expérience, précisément pour cette raison que c'est un concept qui implique en soi celui de nécessité, par suite celui d'une connaissance *a priori* [225]. Mais ce concept d'une nature [226] est confirmé par l'expérience et doit même être inévitablement supposé, si l'expérience, c'est-à-dire une connaissance cohérente des objets des sens d'après des lois universelles, est possible [227]. Voilà pourquoi la liberté est seulement une *idée* de la raison ; dont la réalité objective est en soi douteuse [228], tandis que la nature est un *concept de l'entendement* qui prouve et doit nécessairement prouver sa réalité par des exemples qu'offre l'expérience.

Or c'est là sans doute l'origine d'une dialectique de la raison [229], car, en ce qui concerne la volonté, la liberté qu'on lui attribue paraît être en opposition avec la nécessité de la nature ; toutefois, quoique *au point de vue spéculatif*, placée entre ces deux directions, la raison trouve le chemin de la nécessité naturelle mieux frayé et plus praticable que celui de la liberté, pourtant *au point de vue pratique,* le sentier de la liberté est le seul où il soit possible d'user de sa raison dans la conduite de la vie [230] ; voilà pourquoi il est tout aussi impossible à la philosophie la plus subtile qu'à la raison humaine la plus commune de mettre en doute la liberté par des arguties. La raison doit donc bien supposer qu'on ne saurait trouver de véritable contradiction entre la liberté et la nécessité naturelle des mêmes actions humaines ; car elle ne peut pas plus renoncer au concept de la nature qu'à celui de la liberté.

Cependant il faut tout au moins supprimer d'une façon convaincante cette apparente contradiction, alors même qu'on ne pourrait jamais comprendre comment la liberté est possible [231]. Car, si la conception de la liberté est à ce point contradictoire avec elle-même ou avec la nature, qui est également nécessaire, elle devrait être résolument sacrifiée au profit de la nécessité naturelle.

Or il serait impossible d'échapper à cette contradiction, si le sujet qui se croit libre se concevait, quand il se dit libre, dans *le même sens* ou *juste sous le même rapport* que lorsqu'il se suppose, à l'égard de la même action, soumis à la loi de la nature [232]. Aussi est-ce une tâche à laquelle la philosophie spéculative ne peut se soustraire, que de montrer du moins que ce qui fait que la contradiction qu'elle croit voir est illusoire, c'est que nous concevons l'homme, quand nous le qualifions de libre, en un autre sens et sous un autre rapport que lorsque nous le considérons comme soumis, en tant que fragment de la nature, aux lois de cette nature même ; c'est que non seulement les deux choses *peuvent* fort bien aller ensemble mais encore qu'elles doivent être conçues *comme nécessairement unies* dans le même sujet [233] ; car, sans cela, on ne pourrait expliquer pourquoi nous devrions charger la raison d'une idée qui, bien qu'elle se laisse unir *sans contradiction* à une autre idée suffisamment justifiée, nous jette dans un embarras qui gêne singulièrement la raison dans son usage théorique. Mais ce devoir incombe uniquement à la philosophie spéculative, qui doit ouvrir par là un libre chemin à la philosophie pratique [234]. Ce n'est donc pas du bon plaisir du philosophe qu'il dépend de lever ou de laisser sans l'aborder, selon sa volonté, cette apparente contradiction ; car, dans ce dernier cas, la théorie est à cet égard un *bonum vacans*, dont le fataliste peut de plein droit prendre possession et dont il peut chasser toute morale comme d'une prétendue propriété qu'elle possède sans titre [235].

Cependant on ne peut pas dire encore ici que commencent les frontières de la philosophie pratique [236]. Car, pour vider le débat, elle n'a nullement qualité ; ce qu'elle demande seulement à la raison spéculative, c'est de mettre fin au désaccord où l'engage l'embarras de questions théoriques, afin que la raison pratique ait repos et sécurité à l'égard des entreprises extérieures qui pourraient lui disputer le terrain sur lequel elle veut s'établir.

Mais la prétention légitime qu'a la raison humaine, même la plus commune, à la liberté de la volonté, se fonde sur la conscience et sur la supposition admise de l'indépendance de la raison à l'égard des causes de détermination purement subjectives, dont l'ensemble constitue ce qui appartient seulement à la sensation, par conséquent ce qui a reçu le nom général de sensibilité. L'homme qui se considère de la sorte comme intelligence va s'établir par là dans un autre ordre de choses et dans un rapport à des principes déterminants d'une tout autre espèce, quand il se conçoit comme une intelligence douée de volonté et par suite de causalité, que quand il se perçoit comme un phénomène dans le monde sensible (ce qu'il est aussi en effet) et qu'il subordonne sa causalité, selon une détermination extérieure, aux lois de la nature. Or il s'aperçoit bientôt que les deux peuvent et même doivent aller ensemble. Car qu'une *chose dans l'ordre des phénomènes* (appartenant au monde sensible) soit soumise à certaines lois, dont elle est indépendante *à titre de chose* ou d'être *en soi*, cela n'implique pas la moindre contradiction [237] ; que l'homme doive se représenter et se concevoir lui-même de cette double façon, c'est ce qui se fonde, d'un côté, sur la conscience qu'il a de lui-même comme d'un objet affecté par le sens, de l'autre sur la conscience qu'il a de lui-même comme intelligence, c'est-à-dire comme être indépendant, dans l'usage de la raison, des impressions sensibles (par suite comme faisant partie du monde intelligible).

De là vient que l'homme s'attribue une volonté qui ne laisse mettre à son compte rien de ce qui appartient simplement à ses désirs et à ses inclinations, et qui au contraire conçoit comme possibles par elle, bien mieux, comme nécessaires, des actions qui ne peuvent être accomplies qu'avec un renoncement à tous les désirs et à toutes les sollicitations sensibles. La causalité de telles actions réside en lui comme intelligence et dans les lois des effets et des actions qui sont conformes aux principes d'un monde intelligible [238] ; de ce monde il ne sait rien de plus à la vérité, sinon que c'est seulement la raison, je veux dire la raison pure, indépendante de la sensibilité, qui y donne la loi. Et comme aussi c'est là seulement, en tant qu'intelligence, qu'il est le moi véritable (tandis que comme homme il n'est que le phénomène de lui-même), ces lois s'adressent à lui immédiatement et catégoriquement ; de telle sorte que ce à quoi poussent inclinations et penchants (par suite toute la nature du monde sensible), ne peut porter atteinte aux lois de sa volonté considérée comme intelligence ; bien plus, il ne prend pas la responsabilité de ces inclinations et de ces penchants, il ne les impute pas à son véritable moi, c'est-à-dire à sa volonté ; il ne s'attribue que la complaisance qu'il pourrait avoir à leur endroit, s'il leur accordait une influence sur ses maximes au préjudice des lois rationnelles de la volonté [239].

En s'introduisant ainsi par la *pensée* dans un monde intelligible, la raison pratique ne dépasse en rien ses limites [240] ; elle ne les dépasserait que si elle voulait, en *entrant* dans ce monde, s'y *apercevoir*, s'y *sentir*. Ce n'est là qu'une conception négative par rapport au monde sensible, lequel ne donne pas de lois à la raison dans la détermination de la volonté, et elle n'est positive qu'en ce point, que cette liberté, comme détermination négative, est liée en même temps à une faculté (positive) et précisément à une causalité de la raison que nous nommons une volonté, c'est-à-dire à la faculté d'agir de telle sorte que le principe des actions soit conforme au caractère essentiel d'une cause rationnelle, en d'autres termes, à la condition que la maxime érigée en loi soit universellement valable. Mais si la raison voulait encore tirer du monde intelligible un *objet de la volonté*, c'est-à-dire un mobile, elle dépasserait ses limites et elle se flatterait de connaître quelque chose dont elle ne sait rien [241]. Le concept d'un monde intelligible n'est donc qu'un *point de vue*, que la raison se voit obligée d'adopter en dehors des phénomènes, *afin de se concevoir elle-même comme pratique* [242], ce qui ne serait pas possible si les influences de la sensibilité étaient déterminantes pour l'homme, ce qui pourtant est nécessaire si l'on ne doit pas lui dénier la conscience de lui-même comme intelligence, par conséquent comme cause rationnelle, et agissant par raison, c'est-à-dire libre dans son opération. Assurément cette conception entraîne l'idée d'un autre ordre et d'une autre législation que l'ordre et la législation du mécanisme naturel qui concerne le monde sensible, et elle rend nécessaire le concept d'un monde intelligible (c'est-à-dire le système total des êtres raisonnables comme choses en soi), mais cela sans la moindre prétention à dépasser ici la pensée de ce qui en est simplement la condition *formelle*, je veux dire l'universalité de la maxime de la volonté comme loi, par conséquent l'autonomie de cette faculté qui peut seule être compatible avec sa liberté ; tandis qu'au contraire toutes les lois qui sont déterminées par leur rapport à un objet donnent une hétéronomie qui ne peut se rencontrer que dans des lois de la nature et qui ne peut concerner que le monde sensible.

Mais où la raison franchirait toutes ses limites, ce serait si elle entreprenait de *s'expliquer comment* une raison pure peut être pratique, ce qui reviendrait absolument au même que de se proposer d'expliquer *comment la liberté est possible* [243].

Car nous ne pouvons expliquer que ce que nous pouvons ramener à des lois dont l'objet peut être donné dans quelque expérience possible. Or la liberté est une simple idée, dont la réalité objective ne peut en aucune façon être mise en évidence d'après des lois de la nature, par suite dans aucune expérience possible, qui, en conséquence, par cela même qu'on ne peut jamais mettre sous elle un exemple, selon quelque analogie, ne peut jamais être comprise ni même seulement aperçue. Elle ne vaut que comme une supposition nécessaire de la raison dans un être qui croit avoir conscience d'une volonté, c'est-à-dire d'une faculté bien différente de la simple faculté de désirer (je veux dire une faculté de se déterminer à agir comme intelligence, par suite selon des lois de la raison, indépendamment des instincts naturels). Or, là où cesse une détermination selon des lois de la nature, là cesse également toute *explication*, et il ne reste plus qu'à se tenir sur la *défensive*, c'est-à-dire qu'à repousser les objections de ceux qui prétendent avoir vu plus profondément dans l'essence des choses et qui, à cause de cela, déclarent hardiment la liberté impossible [244]. On peut leur montrer seulement que la contradiction qu'ils croient avoir découverte là ne consiste qu'en ceci : pour rendre la loi de la nature valable en ce qui concerne les actions humaines, ils devaient considérer nécessairement l'homme comme phénomène ; lorsque maintenant on exige d'eux qu'ils aient à le concevoir, en tant qu'intelligence, comme une chose en soi, ils n'en continuent pas moins à le considérer encore comme phénomène [245] ; alors à coup sûr le fait de soustraire la causalité de l'homme (c'est-à-dire sa volonté) aux lois naturelles du monde sensible dans un seul et même sujet constituerait une contradiction ; cette contradiction s'évanouirait cependant, s'ils voulaient bien réfléchir et, comme de juste, reconnaître que derrière les phénomènes il doit y avoir pourtant pour les fonder (quoique cachées) les choses en soi, et qu'on ne peut pas exiger que les lois de leur opération soient identiques à celles auxquelles sont soumises leurs manifestations phénoménales.

L'impossibilité subjective d'*expliquer* la liberté de la volonté est la même que l'impossibilité de découvrir et de faire comprendre que l'homme puisse prendre un *intérêt** à des lois morales ; et cependant c'est un fait que l'homme y prend réellement un intérêt, dont le principe est en nous ce que nous appelons le sentiment moral, sentiment que quelques-uns font passer à tort pour la mesure de notre jugement moral [246], alors qu'il doit être plutôt regardé comme l'effet *subjectif* que la loi produit sur la volonté, et dont la raison seule fournit les principes objectifs.

Pour qu'un être, qui est à la fois raisonnable et affecté d'une sensibilité, veuille ce que la raison seule prescrit comme devant se faire, il faut sans doute que la raison ait une faculté de lui *inspirer* un *sentiment de plaisir* ou de satisfaction, lié à l'accomplissement du devoir ; il faut qu'elle ait par conséquent une causalité par laquelle elle détermine la sensibilité conformément à ses principes. Mais il est tout à fait impossible de comprendre, c'est-à-dire d'expliquer *a priori*, comment une simple idée, qui ne contient même en elle rien de sensible, produit un sentiment de plaisir ou de peine [247] ; car c'est là

------

* Un intérêt est ce par quoi la raison devient pratique, c'est-à-dire devient une cause déterminant la volonté. Voilà pourquoi on dit seulement d'un être raisonnable qu'il prend intérêt à quelque chose ; les créatures privées de raison ne font qu'éprouver des impulsions sensibles. La raison ne prend un intérêt immédiat à l'action que lorsque la validité universelle de la maxime de cette action est un principe suffisant de détermination pour la volonté. Il n'y a qu'un intérêt de ce genre qui soit pur. Mais quand la raison ne peut déterminer la volonté qu'au moyen d'un autre objet du désir ou qu'en supposant un sentiment particulier du sujet, alors elle ne prend à l'action qu'un intérêt médiat ; et comme elle ne peut découvrir par elle seule, sans expérience, ni des objets de la volonté, ni un sentiment particulier qui serve à celle-ci de fondement, ce dernier intérêt ne saurait être qu'un intérêt empirique, nullement un intérêt rationnel. L'intérêt logique de la raison (qui est de développer ses connaissances) n'est jamais immédiat, mais il suppose des fins auxquelles se rapporte l'usage de cette faculté.

une espèce particulière de causalité, dont nous ne pouvons, comme de toute causalité, rien absolument déterminer *a priori*, mais au sujet de laquelle nous ne devons consulter que l'expérience. Or, comme cette dernière ne peut offrir de rapport de cause à effet qu'entre deux objets d'expérience, et comme ici la raison pure doit être par de simples idées (qui ne fournissent point d'objets pour l'expérience) la cause d'un effet qui assurément se trouve dans l'expérience, il nous est, à nous autres hommes, tout à fait impossible d'expliquer comment et pourquoi l'*universalité de la maxime comme loi*, par suite la moralité, nous intéresse. La seule chose certaine, c'est que la moralité ne vaut pas pour nous *parce qu'elle présente un intérêt* (car c'est là une hétéronomie et une dépendance de la raison pratique à l'égard de la sensibilité, c'est-à-dire à l'égard d'un sentiment qui jouerait le rôle de principe, auquel cas elle ne pourrait jamais établir de législation morale), mais c'est que la moralité présente un intérêt parce qu'elle vaut pour nous en tant qu'hommes, car c'est de notre volonté, conçue comme intelligence, par suite de notre véritable moi, qu'elle est née ; *or ce qui appartient au simple phénomène est nécessairement subordonné par la raison à la nature de la chose en soi.*

Donc à la question : comment un impératif catégorique est-il possible ? on peut assurément répondre dans cette mesure, que l'on peut indiquer la seule supposition dont dépend sa possibilité, à savoir l'idée de la liberté, et que l'on peut encore apercevoir la nécessité de cette supposition, ce qui pour l'*usage pratique* de la raison, c'est-à-dire pour la conviction de la *validité de cet impératif*, et par suite aussi de la loi morale, est suffisant ; mais comment cette supposition même est possible, c'est ce qui ne se laissera jamais apercevoir d'aucune raison humaine. Supposé que la volonté d'une intelligence est libre, il en résulte alors nécessairement son autonomie, comme la condition formelle qui est la seule sous laquelle elle peut être déterminée. Il n'est pas seulement fort *possible* (comme peut le montrer la philosophie spéculative) de supposer la liberté de la volonté (sans tomber en contradiction avec le principe de la nécessité naturelle dans la liaison des phénomènes du monde sensible), mais encore il est *nécessaire*, sans autre condition, à un être qui a conscience de sa causalité par la raison, par conséquent d'une volonté (distincte des désirs) de l'admettre pratiquement, c'est-à-dire en idée, sous toutes ses actions volontaires, à titre de condition. Or *comment* une raison pure, sans autres mobiles d'où qu'ils soient tirés, peut par elle-même être pratique, c'est-à-dire comment le simple *principe de la validité universelle de toutes ses maximes comme lois* (lequel serait assurément la forme d'une raison pure pratique), sans aucune matière (objet) de la volonté à quoi on puisse prendre d'avance quelque intérêt, peut par lui-même fournir un mobile et produire un intérêt qui peut être dit purement *moral* ; ou, en d'autres termes, *comment une raison pure peut être pratique*, expliquer cela, c'est ce dont est absolument incapable toute raison humaine, et toute peine, tout travail pour en chercher l'explication, est en pure perte.

C'est absolument comme si je m'appliquais à découvrir comment la liberté même est possible comme causalité d'une volonté. Car ici j'abandonne le principe d'explication philosophique, et je n'en ai pas d'autre. Assurément je pourrais aller courir des aventures dans le monde intelligible, qui me reste encore, dans le monde des intelligences ; mais quoique j'en aie une *idée*, et bien fondée, je n'en ai pas toutefois la moindre *connaissance*, et il est également impossible que jamais j'en obtienne aucune par tout l'effort de ma raison naturelle. Cette idée ne signifie qu'un quelque chose qui subsiste, lorsque j'ai exclu des principes de détermination de ma volonté tout ce qui appartient au monde sensible, de façon simplement à restreindre le principe des mobiles tirés du champ de la sensibilité, en limitant ce champ et en montrant qu'il ne comprend pas en lui le tout du tout, et qu'en dehors de lui il y a plus d'une chose encore ; mais ce plus, je n'en sais pas davantage. De la raison pure qui conçoit cet idéal, il ne me reste, quand j'ai fait abstraction de toute matière, c'est-à-dire de toute connaissance des objets, que la forme, c'est-à-dire la loi pratique de la validité universelle des maximes, et, en conformité avec elle, la conception de la raison, considérée, par rapport à un monde intelligible pur, comme une cause efficiente possible, c'est-à-dire une cause déterminant la volonté [248] ; ici le mobile doit faire entièrement défaut ; à moins que cette idée d'un monde intelligible ne soit elle-même le mobile, ou ce à quoi la raison prend originairement un intérêt ; mais expliquer cela, c'est précisément le problème que nous ne pouvons résoudre.

Ici donc est la limite extrême de toute investigation morale. Or la déterminer, c'est déjà même de grande importance, afin que d'une part la raison n'aille pas dans le monde sensible, au préjudice de la moralité, errer à la recherche du motif suprême de la détermination et d'un intérêt compréhensible sans doute, mais empirique, et que d'autre part, elle n'aille pas battre vainement des ailes, sans changer de place, dans cet espace de concepts transcendants, vide pour elle, qui s'appelle le monde intelligible, et qu'elle ne se perde pas parmi des chimères [249]. D'ailleurs l'idée d'un monde intelligible pur, conçu comme un tout formé de toutes les intelligences, dont nous faisons partie nous-mêmes comme êtres raisonnables (quoique d'autre part nous soyons membres aussi du monde sensible), reste toujours une idée d'un usage possible et licite en vue d'une croyance rationnelle [250], quoique tout savoir se termine à la frontière de ce monde ; par le magnifique idéal d'un règne universel des *fins en soi* (des êtres raisonnables), dont nous ne pouvons faire partie comme membres qu'en ayant soin de nous conduire d'après les maximes de la liberté comme si elles étaient des lois de la nature, elle est destinée à produire en nous un vif intérêt pour la loi morale.

Remarque finale

L'usage spéculatif de la raison, *par rapport à la nature*, conduit à l'absolue nécessité de quelque cause suprême *du monde* ; l'usage pratique de la raison, *à l'égard de la liberté*, conduit aussi à une absolue nécessité, mais qui est seulement la nécessité *des lois des actions* d'un être raisonnable, comme tel [251]. Or c'est un *principe* essentiel de tout usage de notre raison, que de pousser la connaissance qu'elle nous donne jusqu'à la conscience de sa *nécessité* (car sans cela ce ne serait pas une connaissance de la raison). Mais la même raison est soumise également à une *restriction* tout aussi essentielle, qui consiste en ce qu'elle ne peut apercevoir la nécessité ni de ce qui est ou de ce qui arrive, ni de ce qui doit arriver, sans poser comme principe une *condition* sous laquelle cela est, ou arrive, ou doit arriver. Mais de la sorte, par la perpétuelle poursuite de la condition, la raison ne peut que voir sa satisfaction toujours ajournée. Aussi cherche-t-elle sans relâche le nécessaire inconditionné, et se voit-elle forcée de l'admettre, sans aucun moyen de se le rendre compréhensible, trop heureuse si elle peut seulement découvrir le concept qui s'accorde avec cette supposition. Il n'y a donc pas de reproche à faire à notre déduction du principe suprême de la moralité, c'est plutôt à la raison humaine en général qu'il faudrait s'en prendre, si nous ne réussissons pas à expliquer une loi pratique inconditionnée (telle que doit être l'impératif catégorique) dans sa nécessité absolue. On ne saurait, en effet, nous blâmer de ne pas vouloir le faire au moyen d'une condition, c'est-à-dire de quelque intérêt posé comme principe, car ce ne serait plus alors une loi morale, c'est-à-dire une loi suprême de la liberté. Et ainsi nous ne comprenons pas sans doute la nécessité pratique inconditionnée de l'impératif moral, mais nous comprenons du moins son *incompréhensibilité*, et c'est tout ce qu'on peut exiger raisonnablement d'une philosophie qui s'efforce d'atteindre dans les principes aux limites de la raison humaine [252].

La Morale de Kant

par

Victor Delbos

Les conceptions morales de Kant
dans la période antécritique [1]

Kant commença par adhérer aux idées essentielles de la morale de Leibniz, telles que Wolff les exposait. Le principe de cette morale était le principe de la perfection, auquel le concept d'obligation était subordonné. Le devoir consiste pour nous à nous perfectionner et à

---

1. Nous ne pouvons indiquer ici qu'à grands traits comment s'est formée la morale kantienne. Nous nous permettons de renvoyer, pour plus de détails, à notre livre *la Philosophie pratique de Kant* (Paris, 1905, F. Alcan, éditeur).

concourir au perfectionnement de nos semblables ; or le perfectionnement de l'être humain se ramène au développement régulier et harmonieux de sa nature ; en suivant donc notre nature, nous nous dirigeons vers notre bien, et du même coup vers notre bonheur véritable. L'intelligence intervient pour nous éclairer sur ce que notre nature réclame, pour déterminer par des notions claires et distinctes notre tendance indéfectible à rechercher notre bien. Kant défendit tout d'abord le déterminisme et l'optimisme qui se rattachaient à cette conception. Dans sa dissertation *Principiorum primorum cognitionis metaphysicae nova dilucidatio* (1755), il estimait que la liberté est pleinement sauvegardée quand elle est comprise comme la puissance d'agir déterminée par la représentation claire du meilleur possible ; il refusait catégoriquement de soustraire la volonté à l'empire du principe de raison suffisante, et même d'établir entre diverses espèccs de nécessités une distinction susceptible en apparence de rendre cet empire moins absolu ; il affirmait, au surplus, que le déterminisme fonde, loin de la détruire, notre responsabilité. Dans ses *Considérations sur l'optimisme* (1759), il soutenait la pure thèse leibnizienne, d'après laquelle Dieu, en vertu de sa perfection, a dû créer le meilleur des mondes possibles, et il s'appliquait en particulier à justifier, contre les arguments qui la prétendaient sans objet, l'idée du meilleur des mondes.

Cependant, après 1760, des tendances toutes nouvelles, et même contraires, se firent jour dans son esprit ; elles se manifestèrent par la revision critique des concepts moraux de la philosophie wolffienne ; elles prirent forme et vigueur par l'influence des moralistes anglais, et surtout aussi par celle de J.-J. Rousseau. Au début même de cette période, lorsque dans son livre sur l'*Unique fondement possible d'une démonstration de l'existence de Dieu* (1763), Kant tentait de faire voir comment il faut reformer la preuve ontologique en fondant le possible sur l'être au lieu de fonder l'être sur le possible, il proclamait que la croyance en Dieu et à la Providence ne saurait dépendre du succès plus ou moins décisif d'un effort de démonstration métaphysique. C'était déjà ébranler la thèse qui faisait dépendre d'un savoir rationnel la légitimité de convictions morales et religieuses. Au reste, la raison, telle que l'invoque l'école de Wolff, c'est-à-dire la raison dont le fond et le mode d'opération sont exclusivement logiques, est radicalement incapable de tirer d'elle-même des vérités exactement déterminées. On peut le voir en particulier par l'examen de ces concepts d'obligation et de perfection qui sont pour les wolffiens les concepts essentiels de la morale. Dans son *Étude sur l'évidence des principes de la théologie naturelle et de la morale* (1764), Kant s'applique à montrer que ces concepts ne peuvent fournir aucun principe défini pour la conduite de la vie ; le concept de perfection ne fait pas connaître ce qui doit être recherché comme parfait et reste aussi impuissant à fournir par lui seul un objet pour la pratique que l'est le principe d'identité à fournir par lui seul un objet pour le savoir. Quant au concept d'obligation, on est loin d'avoir rigoureusement spécifié la nécessité qu'il enveloppe ; on n'a pas distingué, comme il l'eût fallu, entre la nécessité qui ne prescrit une chose que comme moyen pour atteindre une fin, la nécessité *problématique*, et la nécessité qui prescrit immédiatement et inconditionnellement une chose, la nécessité *légale*, on n'a pas, en conséquence, relevé que cela seul est proprement devoir, qui s'impose avec le second genre de nécessité. — Voilà déjà établie par Kant la distinction qui deviendra plus tard celle des impératifs hypothétiques et de l'impératif catégorique.

Qu'est-ce donc qui nous apportera la révélation positive de nos devoirs ? La lecture de Shaftesbury, de Hutcheson et de Hume incline alors Kant à admettre que la faculté d'avoir conscience du bien ne saurait être identique à la faculté de se représenter le vrai ni être comprise en elle, que c'est par suite le sentiment, non l'intelligence, qui fournit à notre action morale des objets certains en même temps que des mobiles efficaces. Dans son *Programme des leçons pour le semestre d'hiver* 1756-1766, Kant vantait cette découverte des philosophes anglais ainsi que leur méthode d'observation intérieure, et en attendait pour le renouvellement de la philosophie pratique les plus grands avantages. De fait, ses *Observations sur le sentiment du beau et du sublime*, parues un peu auparavant (1764), avaient été écrites dans l'esprit et un peu selon la manière des moralistes anglais ; elles offraient moins des théories rigoureuses que des vues ingénieuses et de libres aperçus sur la diversité des caractères que présente l'humanité selon l'âge, le sexe, la nation ; elles mettaient au jour l'étroite parenté du bien avec le beau et le sublime ; elles ramenaient la moralité en ce qu'elle a de plus pur au sentiment de la beauté et de la dignité de la nature humaine. La valeur propre de ce sentiment, ajoutait Kant, vient de ce qu'il n'est pas lié à un objet particulier, de ce qu'il est capable de devenir un motif universel d'action.

De même que les philosophes anglais, Rousseau portait Kant à mettre dans le sentiment la source de la moralité. Mais l'influence de Rousseau ne concourait pas seulement à un changement d'explication ; elle allait infiniment plus loin. Elle découvrait à Kant, qui d'ailleurs par son caractère et son éducation religieuse était bien fait pour la reconnaître, la nécessité de reconstituer la hiérarchie des valeurs morales selon des principes contraires à ceux qui avaient été généralement admis par les philosophes ; elle l'excitait vigoureusement à réagir contre cet intellectualisme, commun aux philosophies les plus diverses, selon lequel la vertu dépend de la science ou du degré de culture de l'intelligence et apparaît ainsi comme le privilège de ceux qui savent ou de ceux qui pensent. Les réflexions manuscrites jetées par Kant sur son exemplaire des *Observations sur le sentiment du*

beau et du sublime témoignent à quel point l'action exercée sur lui par Rousseau fut profonde. Pendant un temps,
déclare-t-il, il avait estimé la science comme le grand
titre de gloire et comme la fin suprême de l'humanité,
au point de mépriser le peuple ignorant : c'est Rousseau
qui lui a dessillé les yeux. Rousseau est le Newton du
monde moral. Comme Newton a trouvé le principe qui
relie entre elles les lois de la nature matérielle, Rousseau
a découvert la vérité simple qui éclaire dans toutes ses
profondeurs la nature humaine. Avec Rousseau maintenant Kant aperçoit et proclame la supériorité de l'état
de nature sur la civilisation ; il vante les bienfaits de
l'éducation négative, qui se borne à assurer la liberté des
tendances naturelles et qui rejette la contrainte des
façons d'agir artificielles ; il estime que la culture intellectuelle, telle qu'on la pratique, que l'institution sociale,
telle qu'on la subit, ont faussé le sens normal des
facultés humaines et imposé à l'homme un conflit dou-
loureux entre la conscience de sa destinée véritable et
l'assujettissement à la destinée qui lui est faite. Le retour
à l'état de nature, ce n'est pas, du reste, la régression
vers la vie sauvage, c'est la restauration de la moralité
pure, reconquise sur la fausse moralité des écoles et des
conventions sociales.

La condamnation prononcée pour ces motifs contre
les prétentions du savoir spéculatif à gouverner la vie
s'accorde avec les résultats de la critique que Kant avait
par ailleurs dirigée contre la Métaphysique. La Métaphysique, loin de pouvoir étendre légitimement notre
science au delà de l'expérience, doit être plutôt la
science des limites de la raison humaine. Ainsi entendue,
elle ne peut manquer de faire voir que ce qui échappe à
notre connaissance est aussi ce qui est inutile pour régler
notre conduite, que les affirmations jugées indispensables à la moralité, comme l'affirmation de Dieu et de la
vie future, d'abord s'appuient sur elle au lieu de la soutenir, ensuite sont l'objet d'une foi morale, non d'une

démonstration en règle. Ces thèses de Kant sont notamment exprimées dans un ouvrage dont le titre indique déjà l'intention ironique et critique : *Rêves d'un visionnaire éclaircis par les rêves de la Métaphysique* (1766). Le métaphysicien qui dogmatise sur le monde des esprits n'est pas si loin d'un illuminé comme Swedenborg, qui prétend entrer par privilège spécial en communication directe avec ce monde ; cependant, observe Kant, la conception d'un tel monde n'est pas en elle-même illégitime, et elle pourrait prendre une valeur positive s'il y avait des faits attestant une unité ou une communauté spirituelle des êtres raisonnables. Or le sentiment moral, avec l'obligation qu'il implique, avec le lien qu'il suppose entre toutes les consciences, pourrait bien être l'un de ces faits ; il pourrait être interprété comme la révélation et la détermination d'un monde intelligible dans lequel les volontés particulières seraient soumises par leurs réciproques relations à des lois propres ou à une sorte de volonté universelle. — N'est-ce pas là déjà l'indication nette, et plus affirmative au fond que l'auteur ne consent à l'avouer, de ce qui sera plus tard appelé par lui le *règne des fins* ?

Si donc, pendant cette période de tâtonnements et de rénovation, Kant est amené à rechercher les principes de la moralité hors des facultés et des notions invoquées par la métaphysique traditionnelle, s'il s'attache à mettre en relief le caractère original des mobiles moraux et à faire dépendre d'une foi immédiate, non plus de la spéculation, les vérités d'ordre suprasensible que ces mobiles portent invinciblement à affirmer, il n'en laisse pas moins à la fin agir en lui et même apparaître une tendance à reconstituer la Métaphysique par une autre méthode, par le rapprochement intime de certains de ses concepts essentiels avec les prescriptions et les exigences de la vie morale.

La morale de Kant dans la période de la philosophie critique

*La préparation de la morale
par la critique de la raison spéculative*

A partir de 1770, Kant est dans la voie qui le conduira directement à son système. Ce système s'établira sous la juridiction d'une discipline préalable qui est la *Critique* de la raison, et il s'appuiera sur deux doctrines fondamentales, au dire même de Kant : la doctrine de l'idéalité de l'espace et du temps et la doctrine de la liberté.

La doctrine de l'idéalité de l'espace et du temps, malgré sa signification purement théorique, devait préparer et favoriser l'établissement de la philosophie pratique de Kant. Telle qu'elle était exposée déjà dans la dissertation *Sur la forme et les principes du monde sensible et du monde intelligible* (1770), elle énonçait que l'espace et le temps ne sont ni des substances, ni des accidents, ni de simples rapports, que ce sont des intuitions pures provenant de l'esprit même et constituant les conditions nécessaires à l'exercice de la perfection sensible. Il résultait de là que si la sensibilité était justifiée, comme faculté de connaître, par la présence et l'action de ces formes *a priori*, elle était aussi rigoureusement astreinte à n'atteindre que ce qui peut tomber sous ces formes, à ne saisir les données sensibles que comme des représentations, c'est-à-dire comme des phénomènes. Ainsi était tracée entre la sensibilité et l'entendement une ligne de démarcation inflexible, qui, tout en expliquant d'une part la connaissance *a priori* du monde sensible par la science mathématique, autorisait d'autre part la conception et même, pour Kant à cette époque, la connaissance *a priori*, par des concepts, du monde des choses telles qu'elles sont en soi, — monde pleinement affranchi désormais de tous les attributs venus de la sensibilité, monde intelligible par conséquent. Et Kant, du même coup, soutenait que c'est sur l'existence et les déterminations de ce monde intelligible que la moralité doit reposer ; il rejetait maintenant en termes décidés et sommaires la doctrine de Shaftesbury sur le sentiment moral, comme entachée d'épicurisme.

Une partie de ces thèses fut reprise et fixée, une autre partie profondément modifiée par la *Critique de la raison pure* (1781). Dans l'*Esthétique transcendantale* (science des principes de la connaissance sensible *a priori*), Kant professe, comme dans la dissertation de 1770, que tout objet de la sensibilité doit se conformer à l'espace et au temps, *intuitions pures* qui sont notre manière nécessaire de percevoir la diversité du donné, qui sont la *forme* de notre sensibilité même. Les *choses en soi*, qui sont le fondement de l'apparition des données sensibles, restent donc inaccessibles à la faculté de connaître par les sens. Mais elles sont également inaccessibles — et c'est là une des thèses nouvelles par lesquelles la *Critique* diffère de la dissertation de 1770 — à la faculté de connaître par concepts purs, ou entendement. L'*Analytique transcendantale* (science des éléments intellectuels *a priori* par lesquels les objets sont pensés) établit que les concepts purs de l'entendement, ou *catégories*, expriment une action de l'esprit sans laquelle rien ne saurait être compris, mais qu'ils sont incapables par eux-mêmes de se créer des objets, qu'ils ne peuvent se déterminer qu'en s'appliquant à la seule *matière* dont nous disposons, c'est-à-dire aux intuitions sensibles, que s'ils sont en effet les conditions *a priori* de l'expérience comme science, ils ne peuvent légitimement constituer une science de choses situées hors de l'expérience, de *choses en soi*. Cependant, par-delà l'entendement, qui n'explique le conditionné que par des conditions conditionnées elles-mêmes, il y a la raison qui tend à l'inconditionné ou à la synthèse totale des conditions, et qui manifeste cette tendance par la production des *idées*. Les objets de ces idées, puisqu'ils sont conçus hors de l'expérience, ne pourraient être que des choses en soi. Mais la raison est incapable de passer à bon droit de la production de ses idées à l'appréhension des existences qui en seraient les objets, et c'est la tâche de la *Dialectique transcendantale* que de découvrir à sa source l'illusion naturelle et inévitable qui la pousse à se servir des idées pour parvenir à la connaissance de réalités objectives correspondantes. Comme l'inconditionné peut se représenter soit par rapport à nous, soit par rapport aux choses hors de nous, soit par rapport à toute existence possible, il y a trois idées essentielles de la raison : l'idée de l'*âme*, l'idée du *monde*, l'idée de *Dieu*. — La *Psychologie rationnelle*, en prétendant connaître l'âme, conclut illégitimement de l'unité formelle du sujet pensant à une unité substantielle, et commet, pour rendre cette conclusion spécieuse, toute une série de *paralogismes*. — La *Cosmologie rationnelle*, en prétendant expliquer ce qu'est le monde en lui-même, se suscite d'insolubles *antinomies :* elle possède des arguments d'égale valeur pour prouver que le monde est limité et qu'il est infini dans l'espace et le temps, qu'il est composé d'éléments simples et qu'il est divisé à l'infini, qu'il y a une causalité libre et que toute causalité est soumise aux lois naturelles, qu'il existe un Etre nécessaire et qu'il n'y a que des êtres contingents. Les thèses, qui sont les premières propositions des quatre couples successifs, paraissent plus favorables aux intérêts de la morale et de la religion, les antithèses plus favorables aux intérêts de la science. Cependant ces antinomies ne peuvent prendre fin que par la conscience de l'illusion dont elles sont issues, et qui est la prétention de la raison à connaître les choses en soi ; dans les deux premières antinomies, les thèses et les antithèses sont également fausses, parce qu'en dépit de telle forme qu'elles peuvent affecter elles supposent inévitablement au fond cette connaissance ; mais dans la troisième et la quatrième antinomie, les thèses et les antithèses peuvent être également admises comme vraies, du moment que l'on a recours à la distinction, justifiée par la critique, des phénomènes et des choses en soi et que, limitant la science proprement dite aux phénomènes, on ne prétend pas faire de l'affirmation des choses en soi une science. Dans le monde des choses en soi, que l'on peut spéciale-ment appeler ici le monde des *noumènes*, l'existence d'une cause libre et celle d'un Etre nécessaire sont par-faitement possibles, et elles restent pleinement concilia-bles avec la nécessité des lois naturelles et la contingence des êtres, vraies elles aussi, mais unique-ment dans le monde des phénomènes. — La *Théologie rationnelle* emploie, pour prouver l'existence de Dieu, des arguments qui ne sont pas concluants : l'argument *ontologique*, soutien plus ou moins caché de tous les autres, prend à tort l'existence pour un simple prédicat, que l'on aurait le droit de tirer analytiquement du sujet conçu par la pensée : l'existence, étant précisément la position d'une chose hors de la pensée, échappe aux pri-ses de toute démonstration procédant par une analyse de concepts. L'argument *cosmologique* ajoute à ce défaut celui de faire un usage illégitime du principe de causa-lité : le principe de causalité nous permet de remonter la série des phénomènes donnés dans l'expérience ; il ne nous autorise point à nous arrêter dans la prétendue connaissance d'une cause inconditionnée qui par sa nature même dépasserait le monde sensible. Enfin, l'ar-gument *physico-théologique* ou des causes finales, s'il garde l'avantage d'être le plus ancien, le plus clair et le mieux approprié à la raison commune, s'il mérite à ces divers titres d'être toujours rappelé avec respect, n'en a pas moins le tort de se fonder sur une inexacte assimila-tion de la nature aux œuvres de l'art humain et de ne pouvoir passer en outre d'un Etre ordonnateur du monde à un Etre souverainement réel et parfait que par un emploi déguisé de l'argument ontologique et de l'argument cosmologique.

Malgré tout, la *Dialectique transcendantale* est fort loin d'aboutir à des résultats simplement négatifs. Les idées de la raison ne peuvent sans doute servir à constituer une connaissance propre ; elles servent du moins de principes excitateurs et régulateurs pour faire tendre l'entendement à la perfection de la connaissance qui lui appartient, et en même temps pour l'empêcher de croire qu'il l'ait jamais complètement atteinte. De plus, elles sont susceptibles, à des degrés divers, de recevoir une signification pratique, que pourrait seule compromettre une science émanée d'elles, que respecte au contraire forcément une science limitée par elles.

De ces idées, celle qui possède au plus haut degré cette capacité de signification pratique est l'idée de liberté. Dès la *Critique de la raison pure* on pressent que cette idée deviendra le fondement de la doctrine morale de Kant ; elle y est pourtant posée dès l'abord, ainsi que nous l'avons indiqué, comme une idée cosmologique, comme une idée destinée à achever l'explication des événements de ce monde par leurs causes. Elle est définie à cet égard la faculté de commencer spontanément un état, sans que la causalité qui détermine cet état relève de l'action d'une autre cause antérieure dans le temps. Elle est donc *transcendantale*, c'est-à-dire qu'elle ne contient rien qui soit emprunté à l'expérience ; et elle sert de fondement à la liberté pratique, qui, elle, d'après ce que Kant professe encore à ce moment, se démontre dans l'expérience et n'est autre chose que l'indépendance de notre volonté vis-à-vis de la contrainte des mobiles sensibles. Kant considère donc que la liberté pratique, immédiatement certaine par elle-même, laisse à la Critique de la raison spéculative le soin de résoudre les difficultés soulevées par le concept d'une spontanéité inconditionnée. Or ces difficultés ne peuvent être résolues qu'à partir du moment où l'on tient les réalités données, tant externes qu'internes, non pour des choses en soi, mais pour de simples représentations liées selon des lois, c'est-à-dire pour des phénomènes ; car on est alors forcé d'admettre que les phénomènes, étant tels, reposent sur l'existence des choses en soi, et l'on est autorisé à supposer, sans donner à cette supposition la forme d'une connaissance, que ces choses en soi ont, avec la propriété de se manifester à nos sens par les phénomènes, une causalité qui en elle-même n'est pas sensible. Mais toute cause agissante doit avoir un *caractère*, c'est-à-dire une loi de sa causalité sans laquelle elle ne serait nullement cause. Dès lors le même sujet peut être conçu, d'une part avec un *caractère empirique*, par lequel tous ses actes, comme phénomènes, sont liés à l'ensemble des autres phénomènes selon le cours de la nature, et d'autre part avec un *caractère intelligible*, par lequel il est cause de ses actes, mais sans que cette sorte de causalité, absolument indépendante du temps, rentre dans la série des conditions qui rendent nécessaires les événements du monde donné. En d'autres termes, le caractère empirique, déterminé dans tous ses états, objet par là même de connaissance et de prévision, est la manifestation du caractère intelligible, dont nous ne pouvons rien savoir, au sens strict, qui échappe à la nécessité par la raison même qui le soustrait à notre science, qui par conséquent est libre. La conception de ces deux caractères se justifie dans l'interprétation des actes humains. Nous disons que nous devons accomplir tel acte, que nous n'aurions pas dû accomplir tel autre acte. Or il est clair que le terme *devoir* n'a pas ici la même signification que lorsque nous disons qu'un événement de la nature doit arriver, c'est-à-dire ne peut pas ne pas se produire en vertu de l'enchaînement causal de tous les phénomènes. Ce n'est donc pas du point de vue de notre existence phénoménale que nous prononçons que nous devons accomplir tel acte, mais du point de vue de notre existence comme êtres en soi. Ainsi nous affirmons par rapport à nos actes une autre causalité que celle qui a lieu dans le temps ; nous affirmons, avec notre caractère intelligible, une causalité inconditionnée. Qu'un homme commette un mensonge : on peut sans doute expliquer par la connaissance de son caractère empirique, par ses antécédents, son éducation, ses fréquentations, les circonstances extérieures et intérieures de sa vie, etc., ce qui lui a fait commettre ce mensonge à tel moment ; mais cette explication, fût-elle complète, n'en laisserait pas moins subsister dans toute sa force le jugement de réprobation que nous portons sur son acte ; et cela implique que sa raison possède un pouvoir d'agir indépendant de toutes les conditions empiriques données, qu'elle aurait pu en conséquence se déterminer autrement qu'elle n'a fait.

La *Dialectique transcendantale* ne prouve pas que la liberté soit réelle, mais elle établit que l'idée transcendantale de la liberté, comme causalité inconditionnée, peut légitimement subsister sans porter préjudice au mécanisme de la nature et sans en recevoir d'atteinte, dès que l'on ne prétend pas faire correspondre à cette idée la connaissance d'un objet. Reste donc que cette idée se vérifie ou se réalise autrement, et il n'est pas douteux que dans la pensée de Kant ce ne soit la loi morale qui doive lui fournir sa garantie d'objectivité ; mais la *Critique de la raison pure* n'explique qu'imparfaitement les rapports de la liberté et de la loi : le dualisme qu'elle maintient entre la liberté transcendantale, qui est posée par la raison pure, et la liberté pratique, qui est démontrable par l'expérience, l'influence qu'elle accorde dans la *Méthodologie transcendantale* à la foi en l'immortalité et en Dieu sur la détermination de notre conduite et presque sur la définition du devoir, témoignent bien que Kant n'est pas encore en pleine possession de l'idée par laquelle la liberté transcendantale et la loi pratique manifesteront leur union interne ou même leur identité, — l'idée de l'autonomie de la volonté.

*La préparation de la morale
par la philosophie de l'histoire*

C'est d'un autre ordre de réflexions qu'a pu résulter dans l'esprit de Kant l'achèvement de cette idée d'autonomie, ainsi que la conscience du rôle qu'elle devait remplir dans la morale ; c'est des réflexions qu'il exprima d'abord dans ses leçons d'anthropologie et qu'il exposa ensuite dans son *Idée d'une histoire universelle au point de vue cosmopolitique* (1784). Il s'était demandé dans quel sens se poursuit le développement historique de l'humanité et quelle en est la fin. A ne considérer les volontés humaines que dans leurs desseins et leurs actes individuels, il semble qu'elles se dirigent chacune à son gré et sans aucun souci de collaborer à un ordre régulier ; mais si l'on prend garde que les fins effectivement réalisées par elles ne répondent pas toujours exactement aux fins projetées, qu'il se peut en outre que l'espèce humaine accomplisse son œuvre propre et par ce qu'elle retient et aussi par ce qu'elle élimine des œuvres des individus, il devient légitime de concevoir, sous l'apparent désordre des événements, une marche réellement ordonnée de l'histoire. L'homme, étant doué de raison, ne tient plus, comme l'animal, de l'instinct naturel les moyens d'accomplir sa destinée ; c'est seulement par une longue suite de tâtonnements et d'efforts qu'il peut développer ses facultés, et sa vie est beaucoup trop brève pour que ce développement arrive jamais à son terme : il n'y a donc que l'espèce qui puisse recueillir, perpétuer et accroître le fruit de son labeur ; la civilisation, dans sa continuité indéfinie, est comme la propriété de l'espèce. La condition du progrès, c'est donc l'existence de la société. Seulement dans la société l'homme apporte, avec le réel besoin de s'unir à ses semblables, le penchant contraire à faire valoir sans réserve ses désirs individuels. La vie proprement humaine a pour ressort cette « insociable sociabilité » qui pousse les individus à se rapprocher pour entrer en concurrence, qui les empêche de s'endormir dans le calme d'une existence bornée, qui les excite par la lutte à une expansion toujours nouvelle de leurs forces ; mais cet antagonisme qui se déploie au sein même de la société doit, sous peine de la détruire, finir par se soumettre à une discipline, condition du reste indispensable du meilleur et du plus complet usage des énergies humaines. Comme du déchaînement des appétits et des ambitions sont sorties des œuvres dont l'humanité profite, de même de leur opposition réciproque sort le besoin d'une règle qui en limite la puissance d'empiétement sur les personnes. Ainsi l'histoire va dans le sens de l'établissement d'un ordre juridique qui substitue à la liberté sauvage la liberté gouvernée en même temps que garantie par la loi, qui fixe et consacre les droits des volontés particulières par la volonté générale. Cet ordre juridique, qui dès aujourd'hui définit les rapports des individus dans les divers Etats, définira à la longue les rapports des Etats entre eux de façon à les faire vivre sous le régime de la paix perpétuelle : non qu'il faille considérer ce dernier idéal comme très prochain, ni en regarder comme aisée la mise à exécution, ni en rabaisser le sens aux proportions de nos désirs d'existence facile et de tranquillité heureuse ; mais, outre que ce doit être dans tous les cas la maxime de notre action, il est sûr que les misères sans nombre accumulées par la guerre se tournent contre la guerre elle-même, qu'elles inclinent de plus en plus les nations à sauvegarder leur existence et leur légitime développement, non par la violence, mais par des conditions de paix librement acceptées de toutes et par suite conformes au droit.

Voilà comment le progrès de l'histoire a pour fin une constitution juridique universelle par laquelle se réalise la liberté. Kant confère ainsi à la liberté la valeur, non seulement d'une cause efficace, mais encore d'une fin objective, et cette fin objective, loin d'être extérieure à la volonté, est au contraire la volonté même se manifestant sous son aspect d'universalité et dans son identité essentielle avec la loi. La « volonté générale » de Rousseau peut parfaitement s'intérioriser, se transporter de l'ordre social à l'ordre de la moralité, fournir par là un contenu au concept de causalité inconditionnée, et par ce contenu rattacher l'une à l'autre la liberté pure et la loi pratique. Montrer comment le principe moral se résout dans l'idée d'autonomie, et comment celle-ci apporte la définition positive de la liberté, va être en conséquence le dessein capital de Kant dans ses *Fondements de la métaphysique des mœurs*.

La morale de Kant d'après les fondements de la métaphysique des mœurs

Les *Fondements de la métaphysique des mœurs*, qui nous exposent la morale de Kant définitivement constituée, sont aussi le premier ouvrage que Kant ait directement et exclusivement consacré à la morale. Ils parurent en 1785. Ils comprennent, outre une préface, trois sections ou chapitres.

Préface. — Dans la préface Kant s'applique à marquer la place que la Morale, telle qu'il entend la fonder, doit occuper dans la philosophie. Se rapportant à l'antique division de la philosophie en Logique, Physique et Ethique, il fait observer que la Logique est une science *formelle*, qui s'occupe des règles universelles de la pensée en général sans considération d'objets, tandis que la Physique et l'Ethique sont des sciences *matérielles*, autrement dit, qui se rapportent à des objets. Ces dernières, différentes de la Logique encore en cela, ont une

partie empirique, mais elles ont aussi une partie rationnelle ou pure, reposant uniquement sur des principes *a
priori*. Or une connaissance *a priori*, par concepts purs,
d'objets est précisément ce qui se nomme *Métaphysique*.
De là donc l'idée d'une double Métaphysique : une
Métaphysique de la nature et une *Métaphysique des
mœurs*. La rigueur de la méthode et la loi de la division
du travail exigent que l'on traite séparément la partie
empirique et la partie rationnelle d'une science. La
Métaphysique de la nature doit être constituée à part de
la physique ; de même la Métaphysique des mœurs, à
laquelle il conviendrait de réserver le nom de Morale,
doit être constituée à part de l'anthropologie pratique,
qui n'a affaire à des règles d'action que dans leur rapport
avec la connaissance empirique de la nature humaine.
La Métaphysique des mœurs est indispensable à un double titre : d'abord pour satisfaire le besoin spéculatif de
l'esprit qui cherche dans la raison la source des principes
pratiques, ensuite pour préserver la moralité de toute
corruption en montrant l'absolue nécessité de ces principes, leur entière indépendance à l'égard de tous les
mobiles suggérés comme de toutes les circonstances présentées par l'expérience. Elle doit définir l'idée d'une
volonté pure possible, c'est-à-dire d'une volonté capable
de se déterminer uniquement par des règles *a priori*, et
non pas étudier, à la façon des wolffiens, les actions et
les conditions de la volonté humaine en général au
moyen de renseignements que fournit surtout la psychologie. Les *Fondements* que Kant publie ne sont qu'une
préface à cette Métaphysique. A la vérité, la seule base
sur laquelle puisse s'édifier la Métaphysique des mœurs,
c'est une Critique de la raison pure pratique, comme la
Critique de la raison pure spéculative est la base sur
laquelle doit s'élever la Métaphysique de la nature.
Mais, déclare Kant, en matière pratique la Critique est
d'une nécessité moins urgente qu'en matière spéculative,
parce qu'ici la raison commune est plus facile à contenir

dans la droite voie ; en outre, la Critique est une œuvre
ardue à exécuter, ardue à comprendre, qui viendra mieux
à son heure lorsqu'on aura, par le présent travail, pu
connaître le principe suprême de la moralité et qu'on en
aura saisi quelques-unes des plus importantes applications.

La méthode que Kant compte employer dans les deux
premières sections de cet ouvrage est la méthode analytique : elle consiste ici à remonter des jugements moraux
prononcés par la conscience commune jusqu'au principe
qui les fonde. La méthode mise en œuvre dans la dernière section sera la méthode synthétique : elle consistera à partir de la puissance pratique de la raison pure,
telle que l'exprime le concept de liberté, pour descendre
jusqu'aux déterminations que la conscience commune
prête au devoir.

Première section. — PASSAGE DE LA CONNAISSANCE
RATIONNELLE COMMUNE DE LA MORALITÉ À LA CONNAIS-
SANCE PHILOSOPHIQUE. — L'analyse de la conscience
commune indique d'abord ce qui peut seul être tenu pour
moralement bon. De tout ce qu'il est possible de concevoir en ce monde et même hors de ce monde, il n'y a
qu'une chose qui puisse être considérée comme bonne
sans restriction, c'est une *bonne volonté*. Ni les dons de
la nature, que ce soient les talents de l'esprit ou les qualités du tempérament, ni les dons de la fortune, que ce
soient la richesse, le pouvoir et toutes les satisfactions
qui rendent la vie heureuse, ne méritent d'être jugés bons
par eux-mêmes, puisqu'il est avéré qu'on peut en recevoir de fâcheuses suggestions ou en faire un mauvais
usage. Même des qualités qui semblent avoir une valeur
intrinsèque, comme la modération et l'empire sur soi, ne
comportent pas l'estime absolue que leur avaient accordée les anciens, car elles peuvent dans certains cas servir
à l'exécution des pires desseins. La bonne volonté, au
contraire, est la condition nécessaire et suffisante de la

valeur morale ; elle est bonne en effet, non par ses résultats ou ses aptitudes, mais par son seul vouloir intérieur ; et elle reste telle, même quand elle ne peut pas accomplir matériellement ses intentions, du moment qu'elle a fait dans ce sens tout l'effort qui dépendait d'elle.

Mais, bien qu'impliquée par la conscience commune, cette conception d'une volonté bonne par elle seule, et en dehors de toute utilité, a l'apparence d'un paradoxe peu sûr. C'est pourquoi Kant en présente une justification indirecte, qui s'appuie sur l'idée d'une finalité de la nature. On sait par ailleurs que cette idée, selon lui, ne peut jouer qu'un rôle régulateur et ne permet pas de constituer des connaissances objectivement démontrables, mais qu'elle n'en est pas moins un point de vue nécessaire de l'esprit et qu'elle autorise à prononcer sur les choses des jugements de valeur. Nous pouvons donc estimer si le concept de bonne volonté est ou non en accord avec les fins de la nature. Supposons que la raison nous ait été dévolue comme faculté pratique, non pour faire que notre volonté soit bonne, mais pour faire que notre tendance au bonheur réussisse à se contenter. Dans ce cas, la nature aurait disposé ses moyens à rebours ; car l'instinct est pour la recherche du bonheur un guide incomparablement plus sûr que la raison ; la raison, — et ici Kant se souvient visiblement de Rousseau, — par la rupture qu'elle consomme avec les sentiments spontanés et la vie simple, par les exigences qu'elle crée plus nombreuses et plus impérieuses à mesure qu'elle se développe davantage, empêche plutôt l'homme de se sentir ou de se rendre heureux. Si donc la raison nous a été donnée pour une fin, c'est pour une autre fin que le bonheur, c'est pour une fin plus haute et plus noble, que seule elle peut atteindre, en dépassant les inclinations, par ses ressources propres. En somme, elle n'est destinée à gouverner la volonté que pour produire de la sorte une volonté bonne par elle seule.

Qu'est-ce donc que cette bonne volonté ? Pour l'analyser telle qu'elle se trouve dans la conscience commune, il faut la ramener à l'idée du *devoir*, qui nous la
représente encore, mais en y ajoutant la notion de limites
et d'obstacles venus de notre nature subjective. La bonne
volonté est la volonté d'agir par devoir. Mais, pour
qu'elle agisse par devoir, il ne suffit pas qu'elle agisse
conformément au devoir, car des actes conformes au
devoir peuvent parfaitement être accomplis sous l'empire, soit de vues intéressées, soit d'inclinations immédiates, qui n'ont en elles-mêmes rien de moral. La
confusion est surtout facile dans ce dernier cas, lorsqu'on se trouve naturellement porté à faire ce que précisément l'on doit faire. Pour la dissiper, et pour bien
manifester l'essence pure du devoir, il convient de considérer la volonté en lutte avec les dispositions naturelles ;
cet état de lutte établit la séparation radicale entre les
mobiles exclusivement issus du devoir et les mobiles
issus des inclinations ; et parfois il semble être pour Kant
non seulement le critérium qui permet de reconnaître
l'action morale, mais encore le caractère qui la constitue.
De là le *rigorisme* qu'on lui a si souvent reproché. Mais
ce rigorisme, en dépit de l'exagération de certaines formules employées çà et là par Kant, ne signifie pas que
l'action morale ne peut point s'accompagner de satisfactions naturelles et de joie, mais que la maxime à laquelle
elle obéit ne doit pas emprunter ses mobiles déterminants à la sensibilité. C'est dans cet esprit que Kant
recommande d'entendre le passage de l'Ecriture qui
ordonne d'aimer son prochain, même son ennemi ; il
s'agit là, dit-il, non d'un amour venu des inclinations
sensibles, d'un amour *pathologique*, qui comme tel, ne
saurait être commandé, mais d'un amour qui procède de
la volonté, d'un amour *pratique*. — L'action morale est
donc l'action faite par devoir ; c'est dire encore qu'elle
tire sa valeur, non pas du but auquel elle tend ni de
l'objet qu'elle réalise, mais du principe en vertu duquel

la volonté l'accomplit ; non pas, en d'autres termes, des fins *matérielles* qui s'imposent à la volonté ou qu'elle peut poursuivre, mais uniquement des règles *formelles* qui comprennent les motifs de sa décision. — Il résulte enfin de tout cela que le devoir est la nécessité d'accomplir une action uniquement par *respect* pour la loi morale ; il faut évidemment à la volonté un mobile qui la détermine ; le respect est précisément le seul mobile qui ici convienne ; il est en effet un sentiment, mais un sentiment original ; s'il a quelque analogie avec l'inclination et avec la crainte, il s'en distingue toutefois spécifiquement comme de tous les autres sentiments par ceci, qu'il est produit en nous par une idée pure, l'idée de la loi ; son caractère constitutif est d'avoir la loi pour cause et la loi pour objet.

Ainsi la représentation de la loi, en dehors de toute pensée d'effet attendu et de résultat espéré, voilà ce qui peut uniquement, en déterminant la volonté, produire le bien moral. Mais quelle doit donc être la loi, puisqu'elle ne peut être définie par la conformité à quelque objet ? Il faut et suffit qu'elle soit définie par la conformité à l'idée même de loi, c'est-à-dire que la maxime, ou règle subjective de la volonté, soit telle que le sujet puisse vouloir qu'elle soit érigée en loi universelle. Par exemple, tenir sa promesse est une obligation. Que l'on essaye de nier l'universalité de cette maxime : l'idée de promesse se détruit elle-même dans une contradiction interne ; la promesse devient une chose absurde dès qu'il n'est plus posé en principe qu'elle doit être universellement observée. La seule question que le sujet moral ait à se poser est donc celle-ci : Peux-tu vouloir que ta maxime devienne une loi universelle ? Il n'a donc pas besoin d'une extrême puissance d'esprit ni d'une science bien étendue pour connaître son devoir ; il peut trouver en lui ce qui sert de règle à ses appréciations et à ses actions, il n'a qu'à exercer son jugement pratique ou qu'à le laisser se révéler par une méthode analogue à celle de Socrate. La conscience commune est pour les choses de la pratique autrement sûre que la raison théorique dans son domaine. Mais alors ne serait-il pas préférable de lui laisser dicter ses décisions, sans prétendre l'éclairer par une philosophie ? Certes c'est une belle chose que l'innocence : il est seulement regrettable qu'elle sache si peu se garder et qu'elle se laisse si facilement séduire. Si en l'homme la raison parle pour la direction de la conduite un langage impérieux et clair, les besoins, les inclinations, toutes les tendances qui en lui vont vers le bonheur, conspirent à chaque instant pour étouffer ou contrefaire cette voix. De là la nécessité d'instituer une philosophie pratique qui mette fin à ces sophismes plus ou moins spontanés en séparant absolument le principe moral des maximes suscitées par les besoins et les inclinations.

Seconde section. — PASSAGE DE LA PHILOSOPHIE MORALE POPULAIRE À LA MÉTAPHYSIQUE DES MŒURS. — Bien que nous ayons emprunté jusqu'à présent le concept du devoir à l'usage commun de la raison, ce n'est pas pour cela un concept empirique. Le devoir est si peu un objet d'expérience que, de l'avis des moralistes, il est fort malaisé de citer un seul exemple certain de la pure intention d'agir par le seul devoir. Nous ne pénétrons jamais, quelque effort que nous fassions, jusqu'aux mobiles secrets de nos actes, et c'est souvent le simple amour-propre qui revêt l'apparence de l'inspiration la plus généreuse et la plus sublime. Plus on avance dans la vie, plus on incline à douter qu'il se soit jamais rencontré dans le monde une vertu véritable. Fondée sur l'expérience, la moralité serait donc bien vite ruinée, tandis qu'elle demeure inébranlable dès qu'elle s'appuie non sur ce qui *est*, mais sur ce qui *doit être* absolument. Au surplus, la loi morale a un tel caractère qu'elle vaut non seulement pour l'homme, mais pour tout être raisonnable en général ; et c'est même parce qu'elle vaut essentiellement pour tout être raisonnable en général qu'elle vaut, par application, pour l'homme. Elle ne peut donc avoir son origine que dans la raison. Rien n'est plus propre à corrompre la moralité que d'en chercher le prototype dans des actions réalisées, que de vouloir la dériver d'exemples ; les exemples peuvent servir tout au plus à nous rendre sensible la possibilité d'accomplir la loi ; mais c'est uniquement par rapport à la loi, mesure souveraine, qu'ils peuvent être interprétés et appréciés. Même le Saint de l'Evangile doit être comparé à notre idéal de perfection morale avant d'être reconnu comme tel.

Si donc le principe de la moralité est en lui-même indépendant de l'expérience, il ne peut être traité que par une méthode et une science purement rationnelles. Vouloir le confirmer, comme on fait souvent, par des observations puisées à toutes sortes d'autres sources, et cela sous le prétexte de le rendre plus accessible, c'est oublier qu'il n'y a de vulgarisation légitime qu'une fois la science faite, et que la science requiert la parfaite exactitude des procédés et des définitions. Bien que le mot soit décrié, c'est une Métaphysique seule qui peut déterminer le principe moral, une Métaphysique des mœurs, complètement isolée de tout autre monde de connaissance, en particulier de l'anthropologie (psychologie).

C'est donc l'étude de la puissance pratique de la raison qu'il nous faut poursuivre. Dans la nature toute chose agit d'après des lois. Seul un être raisonnable a la faculté d'agir d'après la *représentation* des lois, c'est-à-dire selon des principes ; seul il a une volonté. La volonté n'est autre chose que la *raison pratique*. Quand la raison chez un être détermine infailliblement la volonté, les actions de cet être qui ont en elles-mêmes une nécessité objective ont aussi par cela une nécessité subjective, c'est-à-dire que la volonté de cet être ne peut choisir que ce qui est reconnu pratiquement nécessaire.

Mais si la raison dans un être ne suffit pas à déterminer la volonté, si la volonté de cet être est soumise aussi (ce qui est le cas chez l'homme) à des mobiles subjectifs venus de la sensibilité et qui ne concordent pas toujours avec les prescriptions de la raison, alors les actions qui sont objectivement nécessaires restent subjectivement contingentes, et leur nécessité apparaît à l'agent comme une contrainte. La représentation d'un principe objectif comme contraignant la volonté s'appelle un *impératif*. Tous les impératifs s'expriment par le verbe *devoir* ; ils marquent le rapport d'une loi objective de la raison à une volonté qui dans sa nature subjective n'est pas nécessairement déterminée par cette loi ; ils ne s'appliquent donc qu'à une volonté imparfaite, non à la volonté divine ou à une volonté sainte. Ils se divisent en deux grandes espèces : quand un impératif exprime la nécessité pratique d'une action uniquement comme moyen d'obtenir quelque autre chose que l'on désire ou que l'on peut désirer, il est *hypothétique* ; quand un impératif exprime la nécessité pratique d'une action comme bonne en elle-même et pour elle seule, il est *catégorique*. Les impératifs hypothétiques sont ou des règles de l'*habileté* ou des conseils de la *prudence* ; il n'y a que l'impératif catégorique qui soit la loi de la *moralité*.

La question à résoudre est la suivante : comment tous ces impératifs sont-ils possibles ? L'explication des impératifs hypothétiques ne souffre aucune difficulté. Qu'il s'agisse, en effet, de fins simplement possibles, comme celles auxquelles nous tâchons de nous rendre habiles par la culture, ou qu'il s'agisse de fins poursuivies effectivement par tous les hommes, comme celles auxquelles nous tendons sous le nom de bonheur, dans les deux cas la contrainte exercée par l'impératif sur notre volonté n'est qu'une application du principe *qui veut la fin veut les moyens*, principe exclusivement *analytique* ; tout ce qu'on peut remarquer seulement, c'est qu'une fin comme le bonheur, encore qu'elle soit recherchée par tous, est représentée par un concept indéterminé qui enveloppe la totalité des satisfactions possibles sans bien nous instruire des moyens qui nous les assureront. Au contraire, la possibilité de l'impératif catégorique est véritablement un problème, parce que la nécessité propre à cet impératif, quand on la maintient, comme il faut, dans toute sa rigueur, ne dépend d'aucune condition antécédente ni d'aucune fin consécutive ; elle rattache inconditionnellement la volonté à la loi, sans subordonner, même indirectement, la position de la loi à l'influence préalable d'un objet poursuivi par la volonté ; elle consiste donc en une liaison *synthétique a priori*, et par là l'on voit l'examen du problème moral obligé de se soumettre à la juridiction et aux recherches laborieuses de la *Critique*, dont l'objet général, ainsi qu'on le sait, est d'expliquer comment les jugements synthétiques *a priori* sont possibles.

Mais cette dernière tâche, qui consiste en somme à démontrer que le concept de l'impératif catégorique est bien fondé, ne sera exécutée que dans la dernière section de cet ouvrage. Pour pouvoir mieux en aborder les difficultés, il importe de savoir ce que l'impératif catégorique signifie plus précisément et de quelle façon il est applicable. Or, tandis que les impératifs hypothétiques ne peuvent être conçus qu'avec la connaissance d'abord donnée des conditions auxquelles sont relatifs leurs commandements, l'impératif catégorique détermine immédiatement ce qu'il ordonne, parce qu'il n'a à énoncer que l'idée d'une loi universelle en général, avec la nécessité qui s'impose à la volonté de conformer sa maxime à cette idée. De là la formule : *Agis uniquement d'après la maxime qui fait que tu peux vouloir en même temps qu'elle devienne une loi universelle*.

De cette formule originelle Kant déduit trois autres formules destinées surtout à présenter l'impératif catégorique sous une forme plus proche de l'intuition et de l'application. Une loi est l'objet d'une représentation plus concrète quand elle est mise directement en rapport avec une nature, c'est-à-dire avec le système des êtres qu'elle régit. Or la nature pouvant, d'autre part, être définie par son élément formel, c'est-à-dire par la détermination que les lois imposent à l'existence des choses, il est permis d'exprimer ainsi le commandement du devoir : *Agis comme si la maxime de son action devait être érigée par ta volonté en loi universelle de la nature.* Kant illustre cette nouvelle formule par quatre exemples empruntés à divers ordres de devoirs : il montre comment se suicider dans une situation difficile, faire une fausse promesse pour avoir de l'argent, laisser ses talents sans culture, enfin se montrer indifférent aux maux d'autrui, relèvent de maximes qui, universalisées, détruisent logiquement, pour ce qui est des deux premières, et, pour ce qui est des deux dernières, sont incapables de constituer réellement d'elles-mêmes une nature gouvernée par des lois. Voilà donc comment l'impératif catégorique manifeste sa signification sans avoir encore démontré son objectivité, — ce qui ne viendra que plus tard, et ce qui ne pourra réussir que si l'on procède par la seule raison, non par l'emploi de données psychologiques, que si l'on ne cherche pas à rendre compte du principe moral par la constitution spéciale de la nature humaine.

Nous avons envisagé dans la volonté la faculté de se déterminer par des lois ; nous devons envisager en elle aussi la faculté de se déterminer pour des fins. Mais les fins, quand elles se rapportent à nos inclinations, ne peuvent être que relatives et ne donner lieu qu'à des impératifs hypothétiques. Pour concorder avec l'impératif catégorique, il faudrait des fins échappant à cette relation, des *fins en soi*. Or il est une chose dont l'existence a par elle-même une valeur absolue et qui par conséquent est fin en soi ; c'est l'être raisonnable, et, d'une façon particulière, l'homme. Les objets de nos besoins et de nos désirs, et parmi eux il faut comprendre les êtres vivants dépourvus de raison, n'ont qu'une valeur conditionnelle : ce sont des *choses*. Les êtres raisonnables, eux, sont des *personnes*, qui par suite ne doivent pas être considérées simplement comme des moyens, qui doivent être considérées aussi comme des fins en soi. D'où cette autre formule : *Agis de telle sorte que tu traites l'humanité, aussi bien dans ta personne que dans la personne de tout autre, toujours en même temps comme une fin, et jamais simplement comme un moyen.* En réintroduisant les exemples précédents, on voit comment cette formule les explique aussi bien.

Les deux formules ainsi établies, en se rapprochant, en déterminent une troisième. Du moment que l'être raisonnable doit être considéré comme fin en soi, il ne peut être simplement soumis à la législation universelle, car il ne serait alors par rapport à elle qu'instrument et que moyen ; il doit aussi en être l'auteur. Il doit agir avec l'idée, que la volonté de l'être raisonnable qu'il est est une *volonté législatrice universelle.* C'est là le principe de l'*autonomie de la volonté.* Ce principe fait valoir pour le monde moral la conception que Rousseau avait soutenue pour l'ordre social, et selon laquelle l'homme doit se prescrire la loi à laquelle il obéit. Ce principe permet, au dire de Kant, de résoudre enfin une difficulté devant laquelle les autres doctrines ont échoué. On n'avait pas vu jusqu'à présent que l'être raisonnable, n'étant soumis qu'à *sa* propre législation, peut s'y soumettre par cela même sans autre mobile qu'elle, que l'acte de poser de soi-même une législation universelle suffit pour intéresser la volonté et la rendre capable d'y obéir. Voilà pourquoi on faisait appel à toutes sortes d'influences étrangères pour produire ou expliquer la contrainte du devoir. Mais il apparaît maintenant que la loi morale, émanant avec son universalité même de la volonté de l'être raisonnable, est indépendante de toutes les conditions dont la sensibilité fournirait la matière, qu'elle a été justement comprise comme un impératif catégorique. L'autonomie de la volonté est donc le principe suprême de la moralité. Et à ce principe se rattache une idée très féconde, l'idée d'un *règne des fins*, c'est-à-dire d'une union systématique des êtres raisonnables sous des lois communes : union qui comprend avec les êtres raisonnables fins en soi, les fins objectives qu'ils doivent se proposer, et même les fins propres que chacun d'eux a le droit de poursuivre. Cette idée d'un règne des fins, ainsi exposée par Kant, rappelle la conception augustinienne de la *Cité de Dieu*, mais telle que Leibniz l'avait philosophiquement représentée par la notion d'un *règne de la grâce* distinct du *règne de la nature*, tout en étant en harmonie avec lui, et elle en détermine en outre le contenu par une interprétation morale des pensées de Rousseau sur les rapports de la volonté et de la loi, sur la participation de chacun à l'établissement de la « république ». Un être raisonnable fait partie du règne des fins comme *membre*, lorsque à la fois il y donne des lois universelles et qu'il y est soumis à ces lois ; il en fait partie comme *chef*, lorsque, n'ayant pas sa raison limitée par une sensibilité, il y donne des lois sans en recevoir la contrainte : c'est qu'alors sa volonté est une volonté parfaite ou sainte. Dans le règne des fins tout a un *prix* ou une *dignité :* les choses qui se rapportent à nos besoins et à nos goûts ont un prix, mais un prix seulement, c'est-à-dire qu'elles peuvent être échangées contre des choses équivalentes ; les choses qui valent par elles-mêmes, qui sont des fins en soi ou des attributs d'êtres fins en soi, comme l'humanité et la moralité, ont une dignité, c'est-à-dire qu'elles sont au-dessus de toute espèce de prix et inaliénables.

Ainsi la formule primitive de l'impératif catégorique s'est spécifiée en trois autres formules, identiques de sens, mais dont la première concerne plutôt la forme des maximes (loi universelle de la nature), dont la seconde en concerne plutôt la manière (êtres raisonnables fins en soi), et dont la troisième en exprime la détermination complète (législation autonome dans un règne des fins).

Ces trois formules, présentant l'impératif catégorique sous une forme plus voisine de l'intuition, lui ménagent dans nos âmes un accès plus facile. Cependant, quand il faut juger moralement, le plus sûr est toujours de partir de la formule initiale et génératrice : *Agis comme si ta maxime devait servir de loi universelle pour tous les êtres raisonnables*. S'il est indispensable de chercher à fonder en raison le principe ainsi énoncé, il est inutile et faux de la subordonner à l'autorité de quelque Etre supérieur. Car, encore que nous puissions légitimement supposer que, par sa relation avec le monde moral, la nature est, elle aussi, un règne, et que le règne de la nature et le règne des fins doivent s'accorder sous un Maître suprême, il reste que le législateur unique et souverain doit toujours être représenté comme jugeant de la valeur des êtres raisonnables et comme établissant l'unité de tout le système des fins d'après les strictes exigences de la seule moralité.

Comme l'*autonomie* de la volonté est le vrai principe moral, l'admission de l'*hétéronomie* de la volonté a été l'origine des fausses doctrines morales. Kant essaye une classification de ces doctrines, qui ont pour commun caractère de chercher dans quelque objet de la volonté le fondement de la loi sur laquelle la volonté doit se régler. Les principes reconnus par ces doctrines sont, ou bien *empiriques* et constitués par l'idée de *bonheur*, ou bien *rationnels* et constitués par l'idée de *perfection*. Les principes empiriques ne peuvent expliquer l'absolue universalité et la nécessité inconditionnée de la loi ; surtout quand ils ne font appel qu'à la sensibilité *physique* et qu'ils assignent pour objet à la conduite le *bonheur personnel*, ils ne peuvent faire du bien qu'un calcul, et ils abolissent toute distinction spécifique entre les mobiles de la vertu et ceux du vice ; même quand ils invoquent un *sens moral*, s'ils font de la moralité une cause originale et immédiate de satisfaction, ils ne peuvent pourtant la rapporter à une mesure fixe et ne l'estiment en fin de compte que par l'agrément qu'elle procure. Quant aux principes rationnels qui développent le concept de perfection, ils sont indéterminés ou arbitraires : indéterminés, quand interprétant ce concept dans un sens *ontologique*, ils sont incapables de discerner dans la réalité ce qui est pratiquement le plus parfait sans faire intervenir, au moins tacitement, quelque autre règle d'appréciation morale ; arbitraires en outre, quand, interprétant ce concept dans un sens *théologique*, ils se réfèrent à la volonté de Dieu, sans relever que si cette volonté n'a pas été préalablement définie par des attributs moraux, elle peut être conçue comme la cause de prescriptions et d'actions sans rapport avec la moralité ou même en opposition avec elle. On peut dire cependant en faveur des morales de la perfection qu'elles ont sur les autres l'avantage de réclamer la raison comme juge du problème moral.

Donc la volonté bonne, indéterminée à l'égard de tous les objets, n'est déterminée essentiellement que par la forme du vouloir en général ; et c'est en cela que consiste l'autonomie. En d'autres termes, la volonté bonne est celle dont les maximes sont capables de constituer une législation universelle : on a ainsi un jugement synthétique *a priori*, dont on ne pourra justifier la possibilité que dans la dernière section, en esquissant une Critique de la raison pure pratique.

La seconde section de l'ouvrage a préparé cette Critique, en même temps qu'elle exposait à grands traits comment pouvait se constituer une Métaphysique des mœurs. Cette dualité de desseins, qui n'est pas toujours extérieurement visible, n'est point sans avoir embarrassé quelque peu les démarches de Kant et sans avoir produit sur le sens de sa pensée plus d'un malentendu. D'un côté, on peut considérer comme un acheminement direct vers la Critique tout le travail d'analyse régressive, qui, parti de la conscience commune, va, par une série de concepts impliqués les uns dans les autres, concept de la bonne volonté, concept du devoir, concept de l'impératif catégorique, concept de la législation universelle, concept de l'être raisonnable fin en soi, jusqu'au concept de l'autonomie de la volonté : ce dernier concept, en fournissant à l'idée de liberté une détermination positive, permettra d'expliquer en dernier lieu l'objectivité de la loi morale et ce qui fait qu'elle nous oblige réellement. D'un autre côté, on peut considérer comme tourné vers la constitution d'une Métaphysique des mœurs tout le procédé de déduction qui envisage dans les formules successives de l'impératif catégorique les principes d'une application de cet impératif à la nature humaine. Si, d'une façon générale, Critique et Métaphysique ont un commun objet, à savoir la législation de la raison pure dans les domaines où elle doit faire autorité ; si en outre elles ont l'une et l'autre à traiter cette législation par une méthode exclusivement rationnelle qui n'en compromette pas le caractère, il y a cependant divergence dans leurs tâches respectives en ce que la Critique rapporte cette législation à la puissance dont elle dérive, s'efforce de montrer ce qui constitue cette puissance, quelle en est la portée et quelles en sont les limites, tandis que la Métaphysique proprement dite doit rechercher comment la législation de la raison s'impose et s'applique à des objets d'expérience. On comprend dès lors que Kant ait pu, par exemple, dans cette seconde section introduire le concept de l'*humanité* fin en soi, au lieu d'introduire uniquement le concept de l'*être raisonnable* fin en soi : cette façon de procéder, évidemment sujette à des objections graves, si elle eût consisté à faire intervenir la notion *matérielle* de l'humanité dans l'analyse de purs concepts qui doit conduire aux conditions suprêmes du jugement moral, apparaît, au contraire, comme très légitime, si à ce moment elle consiste à montrer dans la nature humaine une spécification concrète de l'être raisonnable et un objet *donné* pour l'application du devoir.

Troisième section. — PASSAGE DE LA MÉTAPHYSIQUE DES
MŒURS À LA CRITIQUE DE LA RAISON PURE PRATIQUE. Kant
maintenant s'empare du concept de liberté qui doit lui
fournir l'explication suprême et la justification objective
de l'impératif catégorique. La liberté est la propriété
qu'a la causalité des êtres raisonnables de pouvoir agir
indépendamment de toute cause déterminante étrangère
à elle. Cette définition est négative et paraît ne rien nous
apprendre sur l'essence de la liberté ; mais elle conduit
à une définition positive, riche de sens. Toute causalité
implique, en effet, une loi en vertu de laquelle quelque
chose que nous nommons effet doit être posé par quelque autre chose que nous nommons cause ; par suite, la
liberté, si elle est indépendante des lois naturelles, ne
peut point cependant être en dehors de toute loi. Mais
une loi de la liberté ne peut être établie que par la liberté
même. Entendue positivement, la liberté, c'est donc la
faculté de se donner à soi-même la loi : c'est l'autonomie. Or l'autonomie, c'est l'expression même de la loi
morale : si bien qu'une volonté libre et une volonté soumise à la loi morale ne font qu'un. — Cette thèse de
Kant, malgré les apparences, ne restaure pas un déterminisme de la raison, analogue à celui que professaient les
leibniziens ; car si d'une part la loi morale s'impose à la
volonté par son caractère rationnel, d'autre part elle n'est
que la maxime, absolument universalisée, d'une volonté
qui a choisi d'être bonne, et qui était douée de cette
faculté de choix parce que notre raison, essentiellement
distincte de notre sensibilité, ne communique pas *naturellement* avec elle soit pour s'en inspirer, soit pour lui
commander.

Donc, si l'on suppose la liberté en sa définition essentielle, la moralité s'en déduit ; mais la moralité, nous le
savons, s'exprime en une proposition synthétique *a
priori* qui énonce qu'une volonté absolument bonne est
celle dont la maxime peut s'ériger en loi universelle. Or

la Critique a établi que dans tout jugement synthétique il faut un troisième terme pour unir les deux termes entre lesquels s'opère la synthèse ; pour la connaissance théorique, ce terme intermédiaire est la nature du monde sensible telle qu'elle s'offre à l'intuition ; dans l'ordre pratique, c'est la liberté qui doit fournir le terme intermédiaire ; mais quel il est et comment il s'introduit, c'est ce que nous verrons plus tard.

Commençons par rechercher si nous pouvons affirmer la liberté. La liberté ne peut être prouvée par l'expérience ; de par son concept, elle ne comporte qu'une preuve *a priori*. Il faut démontrer qu'elle est le propre des êtres raisonnables en général : les êtres raisonnables ne peuvent agir que sous l'idée de la liberté, puisque cette idée exprime la causalité de la raison ; ils sont donc, au point de vue pratique, réellement libres, les conditions et les caractères de leur activité n'étant spécifiquement définis que par la raison. Reste cependant la question, momentanément réservée, de savoir si, du point de vue théorique, rien ne contredit cette affirmation de la liberté.

Dès à présent nous avons à observer que nous n'avons pas fait un bien grand pas dans la solution de notre problème essentiel, que le fait de rapporter l'une à l'autre la liberté et la loi morale n'explique positivement rien, puisqu'il ne nous dit pas pourquoi la loi morale nous oblige et nous intéresse, qu'il crée même une apparence de cercle vicieux en semblant démontrer la loi morale par la liberté, et la liberté par la loi morale. Mais nous accomplirons une démarche sans doute décisive, en même temps que nous échapperons à la difficulté soulevée, si nous parvenons à établir que, pour affirmer notre libre causalité et notre autonomie d'êtres raisonnables, nous nous plaçons à un tout autre point de vue que lorsque nous nous représentons notre moi d'après la suite de ses états empiriques. Or il est une distinction qui peut être justifiée par la philosophie la plus savante, mais que la raison la plus commune est en état de faire : c'est la distinction des phénomènes et des choses en soi. Les représentations des sens ne nous font connaître les objets que comme ils nous affectent : d'où la tendance naturelle et légitime à concevoir des choses en soi, encore qu'elles nous restent inconnaissables, comme fondement de l'apparition des phénomènes. Cette distinction d'un monde sensible et d'un monde intelligible, l'homme la vérifie par lui-même. En tant qu'il se connaît uniquement par le sens intime, l'homme n'a qu'une existence phénoménale ; mais l'homme possède plus que la sensibilité, il possède même plus qu'un entendement, c'est-à-dire plus qu'une faculté qui, tout en étant active, doit se borner à lier selon les règles les représentations sensibles ; il possède une raison dont la pure spontanéité produit des idées qui, en dépassant l'expérience, lui assignent des limites. L'homme peut donc se considérer à deux points de vue : comme être appartenant au monde sensible, il est soumis aux lois de la nature, et sa volonté, quand elle s'y renferme, ne peut être qu'une volonté hétéronome ; comme être appartenant au monde intelligible, il relève des lois purement rationnelles, et sa volonté, qui, loin de les subir, les promulgue par ses maximes, est une volonté autonome. Il n'y a donc pas lieu de croire que la loi morale serve à prouver la liberté pour être ensuite prouvée par elle ; mais liberté et loi morale sont également rattachées à l'affirmation d'un monde intelligible. Et nous voyons aussi par là comment l'impératif catégorique est possible : si nous n'appartenions qu'au monde intelligible, nos actions seraient toujours en accord avec le principe de l'autonomie pure ; si nous n'appartenions qu'au monde sensible, elles seraient inévitablement soumises à l'hétéronomie des événements naturels ; mais nous appartenons aux deux mondes, et comme le monde intelligible est le fondement du monde sensible, la nécessité idéale pratique du monde intelligible s'impose à nous comme un devoir. Ainsi le concept du monde intelligible est ce qui opère la synthèse entre la volonté affectée par les inclinations et la volonté législatrice universelle, comme dans l'ordre de la connaissance l'intuition du monde sensible rend possible la liaison du sujet et du prédicat dans les jugements synthétiques *a priori*.

C'est à ce concept que nous a renvoyés la liberté. Mais la liberté se trouve en conflit apparent avec la nécessité naturelle, qui, affirmée par l'entendement, est confirmée en outre par l'expérience. La charge de résoudre ce conflit incombe à la philosophie spéculative, laquelle montre qu'un être peut parfaitement, en tant qu'il appartient au monde des phénomènes, être gouverné par des lois dont il est, comme être en soi, radicalement indépendant, que si par suite la liberté et la nécessité valent pour un même sujet, ce n'est pas pour un même sujet envisagé de même façon. Or l'homme, ainsi que nous l'avons dit, a le droit de se concevoir de double manière, de rapporter ses inclinations au monde sensible, sa volonté à un monde intelligible. Mais ce monde intelligible où il s'introduit justement ne saurait être, à aucun degré, objet de connaissance ou d'intuition ; ce n'est qu'un point de vue, auquel la raison est forcée de s'élever par-delà les phénomènes pour se concevoir elle-même comme pratique. De ce monde l'homme ne sait qu'une chose : c'est qu'il y est l'auteur d'une législation toute formelle, toute pure, par laquelle il est en retour obligé.

Aussi est-ce abusivement qu'il prétendrait expliquer comment la liberté est possible : prétention également en désaccord avec la portée réelle de nos facultés — puisque aucune connaissance ne peut se constituer hors des lois de la nature — et avec l'essence de la liberté — puisqu'un pouvoir d'agir qui serait ramené à des conditions ne saurait posséder une causalité inconditionnée. Il suffit que la raison soit en état — et elle l'est — d'écarter comme entachées de dogmatisme toutes les doctrines qui veulent traiter l'être raisonnable comme une chose de la nature. Mais comment la liberté est-elle possible, ou, ce qui revient au même, comment la raison pure peut-elle être pratique, ou encore pourquoi prenons-nous intérêt à une loi qui nous commande uniquement par l'universalité de sa forme ? C'est ce qui nous demeure incompréhensible. Du moins nous comprenons cette incompréhensibilité, et nous sommes dûment avertis qu'elle tient non point à une défaillance de la pensée philosophique dans l'accomplissement de sa tâche, mais aux limites mêmes de l'esprit humain.

Telle apparaît la morale de Kant dans les *Fondements de la métaphysique des mœurs* ; on peut distinguer en elle l'idée qu'elle introduit de la moralité et la doctrine qu'elle organise pour rendre compte de cette idée. Sous l'influence de son éducation chrétienne, Kant fait ressortir, comme caractère essentiel de la vie morale, l'absolue pureté de cœur et d'intention ; cette influence se combinant avec celle de Rousseau, il soutient que la plus haute vertu doit être accessible aux plus ignorants aussi bien qu'aux plus savants, et que, lorsqu'elle est poursuivie, elle tend à constituer, par l'accord des volontés, un règne des fins, une république des personnes, dont la valeur est incomparablement supérieure à la plus grande perfection naturelle des individus les mieux favorisés ; cette égale condition de tous les hommes devant la loi morale et cette égale aptitude chez tous à la mettre en pratique sont liées au droit qu'a chacun d'être traité selon sa dignité de personne, à la faculté souveraine qu'a chacun d'établir dans l'ordre moral autant et mieux que dans l'ordre social la législation à laquelle il obéit : la bonne volonté, c'est la réalisation de la volonté autonome.

Mais la volonté autonome, c'est essentiellement la volonté raisonnable ; et Kant trouve dans la notion de la raison pure, telle que la Critique l'avait à la fois justifiée et limitée, le principe capable d'organiser philosophiquement sa conception de la moralité. La raison pure, chez les êtres finis que nous sommes, est dépourvue de l'intuition intellectuelle, faute de laquelle la Métaphysique, entendue comme connaissance des êtres en soi, est impossible ; elle existe toutefois et elle se manifeste comme une puissance de poser des lois, dont il se peut que les objets d'application, quand il s'agit de savoir théorique, soient enfermés dans l'expérience, mais dont la signification intrinsèque est indépendante de toute manière donnée. Dès lors les bornes et les obstacles que la raison, pour devenir une faculté pratique, eût pu trouver dans la nature des choses, se trouvent supprimés, et il apparaît d'autre part que cette raison formelle, législatrice par idées pures, est merveilleusement appropriée à comprendre le caractère d'une volonté qui se qualifie par ses seules maximes et sa capacité de l'universel, qui agit indépendamment de tout intérêt empirique, qui voit dans la liberté la fin aussi bien que le principe de son action. Le *formalisme* de la raison pure recouvre et justifie le *formalisme* de la bonne volonté ; mais ce formalisme ne signifie point que notre action ne doive pas se diriger vers le monde sensible ; il signifie qu'elle ne doit point partir de ce monde, que, pour être morale, elle doit procéder essentiellement de l'idée pure, pleinement déterminée, d'une législation universelle, valable pour toutes les volontés.

La morale de Kant dans les ouvrages postérieurs
aux « Fondements de la métaphysique des mœurs »

La morale de Kant proprement dite est dès à présent tout à fait fixée, et l'on ne peut pas dire que dans les ouvrages postérieurs aux *Fondements de la métaphysique des mœurs* elle intègre en elle quelque élément nouveau essentiel. Mais elle avait à s'incorporer à l'ensemble de la philosophie kantienne, à développer méthodiquement son contenu et ses conséquences, à rendre visibles les attaches qu'elle avait avec les problèmes voisins ou solidaires du problème qu'elle avait résolu.

Selon l'engagement qu'il avait pris, Kant, en 1788, publia la *Critique de la raison pratique*. Là il employait exclusivement la méthode synthétique, qu'il n'avait mise en œuvre que dans la dernière section des *Fondements*, et il l'employait, si l'on peut dire, d'une façon absolue, et non pas seulement pour conférer l'objectivité à des concepts déjà exposés analytiquement. Il partait de l'idée d'une raison pure pratique ; mais, au lieu de chercher pour cette idée un objet que seul pourrait saisir une faculté d'intuition que nous ne possédons point, il établissait la corrélation qu'il y a entre les deux éléments qui la constituent : la liberté et la loi. Supposé que la simple forme législative des maximes soit le seul principe de détermination pour la volonté, comme ce principe de détermination est radicalement distinct de tous ceux qui proviennent du monde des phénomènes, c'est que la volonté est libre. Supposé qu'une volonté soit libre, comme elle doit se déterminer indépendamment de toutes les conditions empiriques et matérielles, c'est que la loi en vertu de laquelle elle se détermine est essentiellement formelle. Tous les principes matériels qui empruntent leur sens et leur force à quelque objet de la volonté sont nécessairement empiriques et ne sauraient constituer une puissance pratique propre au sujet raisonnable. L'œuvre de la nouvelle *Critique*, c'est de dévoiler la prétention transcendante, par suite mal fondée, qu'il y aurait à poser comme condition déterminante de la volonté un objet, quel qu'il soit, qui ne pourrait être défini que par un concept vide ou par des éléments sensibles ; c'est de vérifier en outre la raison pratique par son accord avec la raison théorique. De la loi morale, en effet, se déduit la liberté, et par là se détermine pour un usage immanent pratique une idée dont la *Critique de la raison pure*, dans l'examen des idées cosmologiques, n'avait pu admettre que la simple possibilité. Ainsi la raison pure est pratique par elle-même, et elle donne à l'homme une loi universelle qu'on appelle la loi morale. La conscience que nous avons de cette loi est le fruit de l'action de la raison en nous ; elle est, dit Kant, un *fait de la raison :* fait original qui ne doit pas se laisser confondre avec les faits empiriques, et qui se retrouve au fond de tous les jugements de la conscience commune. Dès que la loi inconditionnée est posée en premier lieu, on peut par elle déterminer le bien, tandis que la marche inverse, ordinairement suivie, qui consiste à chercher dans le bien le fondement du devoir, est condamnée inévitablement à s'appuyer soit sur des données empiriques, soit sur des attributs du devoir subrepticement introduits dans le bien. Le bien résulte donc de la loi ; il peut et doit s'accomplir dans le monde sensible où nous vivons, tout en dérivant d'une forme intelligible pure : c'est que le monde sensible, s'il s'oppose, par un certain côté, par ses déterminations matérielles, à la loi morale formelle, s'en rapproche par un autre aspect, par le caractère d'universalité inhérent à ses lois ; le bien consistera donc dans l'effort pour réaliser, au sein du monde sensible, des formes d'universalité qui soient comme des lois de la nature voulues par nous. De même que la loi pratique détermine le concept du bien, objet de la volonté morale, elle peut seule déterminer aussi le respect, c'est la loi elle-même s'imposant comme mobile par une influence aussi réelle qu'incompréhensible.

Jusqu'ici la *Critique de la raison pratique* n'a guère fait que reprendre, avec une procédure différente, les idées exposées dans les *Fondements de la métaphysique des mœurs* ; maintenant elle introduit un problème que les *Fondements* n'avaient pas abordé et n'avaient mentionné que par allusion : le problème du souverain bien. La raison qui commande d'obéir au devoir exige, avec la possibilité de consommer la vertu, le juste accord de la vertu et du bonheur : cet objet de la volonté morale,

qui est le souverain bien, ne serait en contradiction avec
la loi morale, telle qu'elle a été définie, que s'il préten-
dait se la subordonner, au lieu d'être requis et garanti
par elle. Dans la *Méthodologie transcendantale* de la
Critique de la raison pure, Kant n'était pas sans avoir
laissé quelque peu le concept du souverain bien condi-
tionner celui du devoir, et la réponse à la question : *que
dois-je espérer ?* altérer la réponse à la question : *que
dois-je faire ?* Ici, sa doctrine morale étant plus rigoureusement fixée, la loi apparaît davantage comme l'inviolable et indépendante condition sous laquelle peut
être envisagée la réalisation du souverain bien. Pour
concevoir la possibilité de cette réalisation, nous sommes conduits à affirmer des propositions qui, par leur
nature, sont des propositions théoriques, mais qui,
comme telles, sont indémontrables et qui ne sont pour
nous des vérités qu'en raison de leur liaison nécessaire
avec la loi pratique inconditionnée. Parmi ces propositions, Kant tantôt range, tantôt néglige de faire entrer
l'affirmation de la liberté, la liberté étant du reste conçue
ici comme la faculté de triompher de nos inclinations en
ce qu'elles ont de contraire à la loi. Les autres propositions, invariablement énoncées, sont : d'abord l'immortalité de l'âme, nécessaire pour que se réalise, grâce à
un progrès indéfini, le parfait accord de la volonté et de
la loi morale, limité et entravé par notre vie sensible ;
ensuite l'existence de Dieu, nécessaire pour qu'ad-
vienne, par la toute-puissance d'une Cause morale
suprême, le parfait accord de la vertu et du bonheur,
impossible à produire par la seule force de notre volonté
et le seul mécanisme des lois naturelles. Ces propositions, Kant les appelle des *postulats* ; par là il veut faire
entendre que si, au regard de la raison théorique, dont
par leur signification elles relèveraient, elles restent simplement des hypothèses, elles sont, de par la raison pratique, des hypothèses nécessaires ; elles ont un caractère

à la fois rationnel et subjectif, c'est-à-dire que, ne pouvant pas être démontrées proprement, elles sont l'objet d'une *foi* de la raison. Car, quoi qu'en disent les philosophes qui ne voient dans la croyance qu'un substitut imparfait et momentané de la connaissance, quoi qu'en disent aussi ceux qui ne voient dans la croyance qu'un produit du sentiment aveugle, la raison est fondée, selon la différence de ses domaines, non seulement à savoir, mais à croire : c'est, au reste, d'elle-même qu'elle tire alors les motifs de sa croyance. Lors donc que par la morale elle est intimement liée à des vérités suprasensibles, si elle est autorisée à les affirmer, c'est par un acte de foi émané d'elle. C'est en ce sens que Kant, dans la *Préface* de la seconde édition de la *Critique de la raison pure*, avait marqué la direction de son système par la parole fameuse : « Il me fallut supprimer le *savoir* afin de trouver place pour la *foi*. »

La raison théorique et la raison pratique apparaissent donc à la fois essentiellement distinctes et en accord. La raison théorique, par les limites qu'elle est forcée de se reconnaître et par les idées qu'elle conçoit au delà du mécanisme de la nature, laisse le champ libre et ouvre la voie à la puissance propre de la raison pratique, seule capable de fournir un objet réel à ces idées. D'autre part, si la raison pratique possède une suprématie sur la raison spéculative, parce que l'intérêt auquel elle satisfait est un intérêt inconditionné, elle ne saurait pourtant se permettre des ingérences dans l'œuvre de la raison spéculative, ni tenter d'en réduire plus ou moins indirectement la fonction à la sienne. C'est à cette condition seulement que l'unité fondamentale de la raison peut se manifester par une harmonie entre ses deux usages, théorique et pratique, comme tels irréductiblement distincts. Cependant n'est-il pas des concepts spéciaux qui puissent servir à concevoir plus précisément cette harmonie ?

Dans la *Critique de la faculté de juger* (1790), Kant, s'étant occupé d'expliquer ce que sont la beauté et la finalité, signale en elles des intermédiaires entre la nature, que régit le mécanisme, et la moralité, dont le principe est la liberté. Le beau exprime un accord entre nos facultés sensibles et nos facultés intellectuelles, lequel, au lieu d'être déterminé, comme dans la science, par des règles objectives, est simplement subjectif et accompagné d'un sentiment de plaisir ; l'universalité à laquelle prétend le jugement du goût vient de ce qu'il y a un rapport nécessaire entre la représentation de l'objet et le sentiment ; mais elle ne saurait devenir l'origine d'une doctrine démonstrative, parce que c'est un sentiment, non un concept, qui est lié à la représentation de l'objet ; le jeu concordant de l'imagination et de l'entendement dans la contemplation et la production de la beauté, en même temps que l'impossibilité de ramener ces deux puissances l'une à l'autre, ne peuvent s'expliquer que par la supposition d'un monde suprasensible, inconnaissable pour nous, cause de l'accord de toutes nos facultés. Et comme ce monde suprasensible est déterminé pratiquement pour nous par la loi morale, on conçoit que le beau, et plus encore que le beau, le sublime, qui est un effort tendu sans fin pour traduire les idées de la raison sous les formes de l'imagination, soient des symboles de la moralité. C'est vers le bien moral que nous dirige plus ou moins obscurément la représentation du beau, et c'est dans le sentiment moral que le jugement sur le sublime a sa condition d'existence. Mais, outre cette finalité formelle sensible qui est le beau et qui se définit par l'accord de nos facultés subjectives de représentation, il y a une finalité matérielle intellectuelle, qui exprime la conformité de certaines productions de la nature, inexplicables pour nous par le mécanisme, aux besoins d'unité propres à notre intelligence ; chez les êtres vivants, les parties nous apparaissent conditionnées par le tout qui doit en résulter ; il y a là une causalité d'un genre nouveau, une causalité par concepts, que nous sommes obligés de supposer pour ne pas laisser sans explication le consensus des phénomènes vitaux. Sans doute cette supposition ne saurait restreindre le droit du mécanisme à pousser dans son domaine ses explications aussi loin que possible ; mais elle n'en est pas moins une supposition nécessaire, qui en nous conduisant à nous représenter la nature comme un système de fins dominé par une fin dernière inconditionnée, la suspend à l'idée de la loi morale et de la personne. De la sorte, la faculté de juger, à laquelle se rapportent le jugement de goût et le jugement de finalité, joue un rôle médiateur entre l'entendement proprement dit et la raison pratique ; elle nous autorise à concevoir sous la forme d'un progrès vers l'accomplissement du souverain bien cette harmonie universelle dont seul un entendement intuitif pourrait saisir le fond absolu.

Comme la *Critique de la raison pratique*, la *Critique de la faculté de juger* attribue donc à la moralité la valeur suprême, et elle admet pareillement que seule peut se garantir et se suffire à elle-même une théologie morale. La Religion consiste à regarder les lois morales comme si elles étaient des commandements divins ; par ses affirmations essentielles, elle doit prétendre à accroître, non pas notre connaissance soit de Dieu, soit des choses, mais uniquement l'efficacité du devoir comme mobile : elle est enfermée dans les postulats de la raison pure pratique. Mais les religions positives mêlent dans leur dogmes à ces postulats des éléments traditionnels et statutaires : c'est à estimer la valeur de ces éléments qu'est consacrée *la religion dans les limites de la simple raison* (1793). Il est un problème que toute Religion digne de ce nom doit poser dans son intégrité et auquel le Christianisme, qui est la Religion par excellence, a apporté effectivement une solution : c'est le problème du mal. On ne saurait faire du mal une simple privation ou un simple effet de notre imperfection, ni de la victoire sur le mal le résultat d'un simple jeu des puissances naturelles. Qu'est donc le mal ? Un renversement opéré par notre libre arbitre dans l'ordre des rapports normaux de la sensibilité et de la raison, d'où résulte une subordination du pur mobile moral aux mobiles sensibles. Comme l'action de notre libre arbitre est indépendante du temps et qu'elle consiste dans le choix d'une maxime pour notre conduite, on peut dire que le mal en nous est radical et qu'il apparaît en conséquence dans notre vie sensible comme un penchant inné. L'existence d'un mal radical voulu par nous, voilà ce qu'il y a d'essentiellement vrai dans le dogme du péché originel, qui nous représente sous la forme d'une faute accomplie à l'origine des temps et héréditairement transmise, une faute qui est notre œuvre propre et qui s'accomplit en dehors du temps. Pour nous libérer du mal radical, il faut une conversion radicale, c'est-à-dire non pas une simple réforme de nos mœurs, mais une rénovation entière de la maxime de notre conduite. Il suffit que cette rénovation soit obligatoire pour qu'elle soit possible, même si elle nous reste incompréhensible. Toute l'interprétation du Christianisme doit tendre à ne reconnaître comme essentiel en lui que ce qui est condition de notre régénération, surtout en respectant la loi qui exige que, pour tout ce qui est de nous, cette régénération soit notre œuvre. Quand même on admettrait qu'une coopération surnaturelle est indispensable pour l'amener, soit par un simple amoindrissement des obstacles, soit par une assistance plus positive, on devrait affirmer au préalable que nous devons nous rendre dignes de la grâce et nous y prêter par notre volonté ; l'important, du reste, n'est pas de chercher à connaître ce que Dieu fait pour notre salut, mais de savoir ce que nous devons faire, nous, pour mériter son aide. Ce que représente à cet égard le Christ, c'est essentiellement la personne humaine conçue dans la plénitude de sa perfection morale ; croire que le Christ nous rachète, c'est dans le fond admettre qu'en nous l'homme nouveau, converti au bien, expie, par la

souffrance que lui cause dans sa conversion le détachement des attraits sensibles, les fautes du vieil homme et
de la sorte nous justifie. Le moyen de lutter efficacement
contre le mal, c'est la constitution d'une Eglise, c'est-à-
dire d'une république réglée par les seules lois de la
vertu, et qui élève l'homme de bonne volonté au-dessus
de la faiblesse de son isolement moral et de la contagion
des vices d'autrui. Dans sa pureté, l'Eglise est une ;
mais, devant s'accommoder aux imperfections de notre
nature sensible, elle s'est morcelée en Eglises diverses,
souvent oublieuses de la foi rationnelle commune et
s'opposant entre elles par leurs dogmes particuliers et
leurs institutions particulières ; ainsi la lettre tend à
étouffer l'esprit, la pratique extérieure la croyance
intime. Le progrès, selon Kant, doit être dans le triomphe
croissant de l'Eglise universelle invisible sur les Eglises
particulières visibles, c'est-à-dire de la croyance morale
rationnelle sur les croyances liées à des représentations
historiques. C'est la prévalence de l'élément statutaire
qui vicie le culte, en attribuant à des formalités et à des
rites la vertu qui n'appartient qu'à l'intention morale.
Toutes les expressions et pratiques sensibles dont se servent les Eglises pour rendre la religion plus accessible
ne doivent être que des moyens de manifester la pure
inspiration qui est leur raison d'être ; érigées en fins,
elles sont mortelles à l'esprit religieux.

Voilà comment Kant travaillait à faire entrer dans les
limites du système de la raison pratique le contenu de
toute religion, spécialement du Christianisme ; il
excluait certes la négation dogmatique de la possibilité
de la révélation ; mais il ne voulait retenir de cette révélation que ce qu'elle met au service de la religion rationnelle. Cette restriction de la religion aux exigences de
la moralité rationnellement définie n'était pas sans en
méconnaître des caractères spécifiques essentiels. Le
moralisme de Kant absorbe ou ramène impérieusement
à sa mesure toutes les formes de représentation et de

croyance qui peuvent être en rapport avec notre activité pratique ; et, oublieux du procédé d'abstraction qui momentanément le légitime en isolant la moralité de tous les éléments adventices et étrangers, il néglige de rechercher s'il n'y aurait pas, au fond de la vie religieuse, un principe rebelle à cette méthode d'isolement et aux concepts nécessairement limités sur lesquels elle opère.

C'était bien là, dans toute l'extension rigide du mot, le « primat » de la raison pratique. Restait pourtant à constituer dans le détail cette Métaphysique des mœurs dont Kant s'était borné à poser les *Fondements* ou à justifier par la *Critique* les conditions essentielles et dont l'objet propre devait être de subsumer sous les lois de la raison l'activité pratique de la nature humaine donnée. Mais lorsque Kant en entreprit l'exécution, sa pensée, alanguie par la vieillesse, avait déjà trop fixé en formules la solution générale de ces problèmes pour être capable de renouveler profondément la matière. Les deux grandes parties dont se compose la *Métaphysique des mœurs* (1797), la *Doctrine du droit* et la *Doctrine de la vertu*, tirent leur distinction de ceci : que l'une ne considère que l'accord de l'action avec la loi, c'est-à-dire la légalité, tandis que l'autre considère surtout l'accord du mobile avec la loi, c'est-à-dire la moralité. Le droit ne concerne que le rapport extérieur et pratique des personnes entre elles ; il est l'ensemble des conditions sous lesquelles la libre faculté d'agir de chacun peut s'accorder avec la libre faculté d'agir des autres, selon une loi universelle de la liberté ; il a pour fondement la nature suprasensible de l'homme en tant qu'elle se manifeste dans le temps, c'est-à-dire la dignité de la personne ; il a pour garantie la contrainte légale, indispensable pour supprimer les obstacles qu'une volonté peut arbitrairement opposer au développement des autres. La doctrine du droit se divise en doctrine du droit privé et en doctrine du droit public. Dans la doctrine du droit privé,

Kant fait reposer la propriété sur la possession en commun de tout par tous, considérée d'ailleurs, non comme
une réalité historique, mais comme une idée rationnelle,
qui comporte du reste l'individualisation actuelle de la
propriété, légitime à ses yeux, étant admis qu'elle résulte
d'un renoncement des autres à toute prétention sur la
chose possédée par un seul. Dans la doctrine du droit
public, Kant fait dériver l'Etat, comme Rousseau, d'un
contrat, qui est conçu, lui aussi, non comme une réalité
historique, mais comme une idée de la raison ; si, pour
l'accomplissement de leurs tâches respectives, le législateur et le citoyen doivent se laisser diriger par cette idée,
ils ne doivent pas cependant en user pour discuter l'origine du pouvoir et pour prétendre justifier des révolu-
tions : le pouvoir établi est inviolable. En principe, toute
constitution doit être républicaine, c'est-à-dire qu'elle
doit comporter un systèmc représentatif et exprimer la
volonté collective ; mais Kant ne veut pas que l'on
confonde le système représentatif avec le régime parle-
mentaire, ni l'expression de la volonté collective avec la
puissance aveugle ou non organisée de la démocratie ;
il s'accommode fort bien d'un genre de gouvernement
comme celui de Frédéric II, dans lequel le prince
conforme de lui-même son autorité aux idées de droit et
de tolérance ; il défend toutefois avec Montesquieu le
principe de la séparation des pouvoirs. Somme toute, il
est plus précis et plus ferme dans sa conception générale
d'un Etat de droit, fondé sur la justice, que dans l'indication des moyens par lesquels cet Etat peut s'organiser.
Pour ce qui est des rapports des Etats entre eux, il soutient encore, après l'avoir récemment reprise à nouveau
dans son *Traité de la paix éternelle*, l'idée que ces rapports doivent être des rapports juridiques, excluant la
guerre ; et tout en avouant que cette idée, dans sa plénitude absolue, est irréalisable dans l'expérience, il recommande l'institution d'un congrès permanent des Etats,
qui serait l'arbitre régulier des différends entre nations.

Tel est l'esprit général de la doctrine du droit chez Kant. La doctrine de la vertu a pour objet de déterminer, non plus seulement les fins que nous pouvons librement poursuivre, sous condition de respecter la liberté des autres, mais essentiellement les fins que nous devons accomplir absolument pour obéir à la loi morale intérieure. Les fins qui sont aussi en même temps des devoirs se divisent en deux principales : la perfection propre et le bonheur d'autrui. Le soin de notre propre bonheur est affaire d'inclination plus ou moins éclairée, non de devoir, et la recherche de la perfection d'autrui serait en opposition avec la règle qui exige que toute perfection soit l'œuvre propre du sujet. Tout le détail des devoirs est commandé par le respect de la dignité humaine en soi et dans les autres, auquel s'ajoute, cette dignité étant toujours sauvegardée, l'obligation d'aimer le prochain : ce qu'il faut repousser, ce sont les exceptions, les latitudes, les indulgences, par lesquelles on fait plier aux circonstances certains devoirs, en particulier le devoir de ne jamais mentir. En ce sens Kant énonce des préceptes comme ceux-ci : Ne soyez pas esclaves des hommes. — Ne souffrez pas que vos droits soient impunément foulés aux pieds. — Ne contractez point de dettes pour lesquelles vous ne puissiez offrir une caution suffisante. — Le mensonge, soit intérieur, soit surtout extérieur, est un suicide moral. — Ne recevez point de bienfaits dont vous puissiez vous passer. — Considérez comme indignes de vous les plaintes, les gémissements, même un simple cri qui vous est arraché par une douleur corporelle, surtout si vous avez conscience d'avoir mérité cette peine. — Ne vous humiliez pas devant les grands de ce monde : celui qui se fait ver de terre peut-il se plaindre d'être écrasé ? — La violation du devoir d'amour est infiniment moins grave que la violation du devoir de respect, car elle n'enferme aucune offense. — La discipline que l'homme s'impose à lui-même ne doit pas être subie comme une corvée, mais s'accompagner de vaillance et de joie.

Telle qu'elle vient de s'offrir à nous, la morale kantienne porte à coup sûr, profondément gravée en elle, la marque d'une époque et d'une personnalité ; mais, pas plus que bien d'autres grandes doctrines philosophiques, elle ne saurait être radicalement infirmée par là. Elle a approfondi et tâché d'unifier les deux tendances spirituelles les plus fortes qui avaient été à l'origine de son développement ; d'une part, la tendance chrétienne, avec les traits spéciaux dont le piétisme l'avait affectée, et d'où devaient résulter l'affirmation du prix incomparable de la bonne volonté intérieure, la foi dans un idéal de sainteté ; d'autre part, la tendance rationaliste de l'*Aufklärung*, mais épurée de ses éléments eudémonistes, et d'où devait résulter l'affirmation du progrès de l'humanité vers une véritable société des personnes, la foi dans un idéal de justice. Il se peut que, tout en réagissant l'une sur l'autre dans le système, ces deux tendances y restent la cause de conceptions quelque peu discordantes, du moins en apparence ; mais il n'en est pas moins intéressant qu'au lieu de s'exclure l'une l'autre sous la poussée d'une logique abstraite, elles aient tenté de s'unir et de se comprendre sous le principe commun de la liberté. — De même l'austérité méthodique du caractère et de l'esprit de Kant n'a pas été sans contribuer dans une très large mesure à la valeur intrinsèque de la doctrine. Cette doctrine a dégagé avec une remarquable vigueur le sens de certaines idées — idées de bonne intention, de devoir, de personnalité, de justice, etc., — qui jusqu'alors avaient été plus ou moins asservies à d'autres notions de portée morale ambiguë ou plus indirecte ; et elle a travaillé à leur assurer, avec les définitions spécifiques qui leur convenaient, toute leur force d'expansion. Elle a retiré la liberté de la nature pour la concevoir plus efficace. Elle a posé la loi morale hors de toutes les déterminations matérielles, afin de se la représenter absolument pure. Si elle a paru, plus que ce n'était la vérité, rompre le lien qui rattache notre vie morale à notre vie sensible et à l'ensemble des choses, c'est pour avoir voulu affranchir désormais de toute équivoque et de tout compromis les concepts dont elle avait mis au jour l'incomparable signification. Par là elle fait partie des doctrines qui se sont montrées capables de redresser l'idéal de l'existence humaine, et ne se sont point bornées à expliquer le sens des formules déjà fixées. Quant à l'organisation de tous les concepts moraux sous l'idée de la raison pratique, et par des procédés en rapport avec la nature de cette raison, elle apparaît sans doute aujourd'hui en opposition avec les tentatives faites pour ramener à la méthode et aux conditions de la science positive tout le contenu de la réalité morale ; mais elle exprime assez vigoureusement pour qu'on en tienne compte encore, le droit réclamé par la raison de n'être pas absorbée par la science, d'être au contraire la mesure de la science qui par tout le système de ses conditions formelles provient d'elle, le droit, par conséquent, d'être une source directe de règles et de maximes pour l'action, d'anticiper efficacement par ses concepts sur la future moralité des hommes.

Repères biographiques
(1724-1804)

1724 — Le 22 avril à Königsberg, naissance d'Emmanuel Kant, quatrième enfant de la famille. Son
père est maître-sellier.

1732 — Scolarité brillante en dépit de problèmes de
santé, au *Collegium Fridericianum.* Apprend
notamment le latin et la théologie. Il restera
dans l'établissement jusqu'en 1740.

1737 — Décès de sa mère.

1740 — Il entame des études de philosophie, théologie,
mathématiques et physique, à l'Université de
Königsberg. Sa formation durera sept ans.

1746 — Décès de son père. La même année, il présente
sa première dissertation : *Pensées sur la vérita-*
ble évolution des forces vives. Il s'agit, pour
lui, d'arbitrer le conflit qui a opposé Descartes
et Leibniz. Parallèlement à ses études, il exerce
le métier de précepteur.

1754 — Kant publie deux articles : *Cosmogonie, ou essai de déduction de l'origine de l'univers, de la formation des corps célestes et des causes du mouvement à partir des lois du mouvement universel de la matière et de la théorie de Newton ;* et *Peut-on savoir si la terre vieillit du point de vue physique ?*

1755 — Nouveaux travaux écrits. Dont un mémoire en latin : *Esquisse de quelques médiations sur le feu,* qui lui permet d'obtenir le grade de magister. En septembre de la même année, il publie une seconde thèse, *Nouvelle explication des premiers principes de la connaissance métaphysique.* Grâce à elle, cette fois il obtient l'« habilitation », c'est-à-dire le droit de professer à l'université comme privat-docent (professeur payé par ses étudiants).

1756 / 1761 — Tente à plusieurs reprises, mais en vain, d'accéder à une chaire de l'université de Königsberg. Malgré les contraintes de son enseignement (plus de vingt heures de cours par semaine), il publie divers textes, dont l'*Essai de quelques considérations sur l'optimisme,* texte dont il interdira ensuite la réimpression.

1762 — *De la fausse subtilité des quatre figures du syllogisme.* L'événement de l'année, pour Kant, sera la découverte de l'ouvrage publié par Rousseau, l'*Emile.*

1763 — Publication de plusieurs textes qui marquent, chez Kant, une prise de distance avec la métaphysique allemande.

1764 — Succès des *Observations sur les sentiments du beau et du sublime.* Kant devient un auteur à la mode. Et on lui offre enfin une chaire (poétique et rhétorique), mais il la refuse, car en fait il convoite celle de métaphysique et de logique.

1765 — Nommé sous-bibliothécaire à la bibliothèque royale du château de Königsberg. Il conserve cependant son enseignement à l'université.

1770 — Kant soutient une nouvelle thèse, la *Dissertation de 1770 : De la forme et des principes du monde intelligible,* ce qui lui permet, à quarante-six ans, d'occuper la chaire, tant désirée, de métaphysique et de logique.

1775 — *Des différentes races humaines.*

1777 — Rencontre avec Mendelssohn qui lui transmet un message du ministre de l'éducation de Prusse : on lui propose d'occuper la chaire de philosophie de Halle, avec des appointements qui sont quatre fois plus élevés que ceux qu'il perçoit. Refus.

1781 — Publication de la *Critique de la raison pure.* Un pesant silence salue l'événement.

1783 — *Prolégomènes à toute métaphysique future :* à la fois résumé et tentative de vulgarisation des grandes thèses de la *Critique de la raison pure.*

1784 — *Idée d'une histoire universelle du point de vue cosmopolite.*

1785 — *Fondements de la métaphysique des mœurs.* Il s'agit du premier grand texte de Kant en matière de morale.

1786 — *Premiers principes métaphysiques de la science de la nature.*

1787 — Seconde édition, profondément remaniée, de la *Critique de la raison pure.*

1788 — *Critique de la raison pratique.*

1790 — *Critique de la faculté de juger.*

1791 — *Sur l'insuccès de toutes les tentatives des philosophes en matière de théodicée.* Au cours de l'année, rencontre avec Fichte qui est venu le voir à Königsberg. Un texte de Kant est récusé par la censure et ne sera publié que deux ans plus tard, à Iéna : *La Religion dans les limites de la simple raison.*

1794 — *De l'influence de la lune sur le temps. La fin de toutes choses.* Au mois de juillet, Kant est élu à l'Académie des sciences de Russie. A l'automne, il reçoit un rescrit royal qui remet en question sa manière d'aborder et de considérer les dogmes religieux.

1796 — *Sur un ton supérieur nouvellement pris en philosophie.* Il prononce son dernier cours.

1797 — *Métaphysique des mœurs.*

1798 — *Le Conflit des facultés. Anthropologie du point de vue pragmatique.*

1800 — *Logique.*

1802 — *Géographie physique.*

1803 — *Propos de pédagogie.*

1804 — Kant s'éteint le 12 février.

ORIENTATIONS BIBLIOGRAPHIQUES

L'environnement intellectuel

CASSIRER, E. : *La Philosophie des Lumières*, Paris, Fayard, 1966.

COPLESTON, F. : *A History of Philosophy*, Volume VI, « *Wolff to Kant* », London, Burns and Oates, 1960.

HAZARD, P. : *La Crise de la Conscience européenne*, Paris, Boivin, 1935.

HEINZ, H. : *La Religion et la Philosophie en Allemagne*, Paris, in *La Revue des Deux Mondes, 1834.*

L'homme et l'œuvre

CASSIRER, E., *Kants Leben und Lehre*, Berlin, 1918.

COMBES, J., *L'Idée critique chez Kant*, Paris, P.U.F., 1971.

GOULYGA, A., *Emmanuel Kant, Une vie*, Paris, Aubier, 1985.

HÖFFE, O., *Immanuel Kant*, München, Beck, 1983.

JASPERS, K., *Kant*, Paris, Plon, 1967.

KEMP, J., *The Philosophy of Kant*, Oxford University Press, 1968.

KÖRNER, S., *Kant*, Penguin Books, 1955.

LACROIX, J., *Kant et le kantisme*, Paris, P.U.F., 1966.

PHILONENKO, A., *L'Œuvre de Kant*, Paris, Vrin, Tome I 1969, Tome II 1972.

RIVELAYGUE, J., *Leçons de métaphysique allemande :* Tome 2 : *Kant, Heidegger, Habermas*, Paris, Grasset, 1992.

WEIL, E., *Problèmes kantiens*, Paris, Vrin, 1963.

Genèse du système

KANT, E., *Manuscrit de Duisbourg*, choix de Réflexions (1772-1777), traduction, présentation et notes de F.X. Chenet, Vrin, 1988.

FERRARI, J., *Les Sources françaises de la philosophie de Kant*, Klincksieck, 1979.

PUECH, M., *Kant et le problème de la causalité*, Vrin, 1990.

VLEESCHAUWER, H. J. de, *La Déduction transcendantale dans l'œuvre de Kant*, Champion, 1934.

VLEESCHAUWER, H. J. de, *L'Evolution de la pensée de Kant*, Félix Alcan, 1939.

Métaphysique et philosophie critique

ALQUIÉ, F., *La Critique kantienne de la métaphysique*, P.U.F., 1968.

LACHIÈZE-REY, P., *L'Idéalisme kantien*, Alcan, 1933

BOUTROUX, E., *La Philosophie de Kant*, Vrin, 1965.

DAVAL, R., *La Métaphysique de Kant*, P.U.F., 1951.

DELEUZE, G., *La Philosophie critique de Kant*, P.U.F., 1987.

LACHIÈZE-REY, P., *L'Idéalisme kantien*, Alcan, 1933

LEBRUN, G., *Kant et la fin de la métaphysique*, A. Colin, 1970.

MALHERBE, M., *Kant ou Hume*, Vrin, 1980.

MARTY, F., *La Naissance de la métaphysique chez Kant*, Beauchesne, 1980.

PHILONENKO, A., *L'Œuvre de Kant*, Vrin, 1980 et 1983.

Philosophie pratique

BRUCH, J.-L., *La Philosophie religieuse de Kant*, Aubier, 1968.

CARNOIS, B., *La Cohérence de la doctrine kantienne de la liberté*, Le Seuil, 1973.

CASTILLO, M., *Kant et l'avenir de la culture*, P.U.F., 1990.

COHEN, H., *Kant's Begründung der Ethik*, Berlin, 1910.

DELBOS, V., *La Philosophie pratique de Kant*, P.U.F., 1969.

FERRY, L., *Philosophie politique*, tome 2, PUF, 1984.

KRÜGER, G., *Critique et morale chez Kant*, Beauchesne, 1961.

ROUSSET, B., *La Doctrine kantienne de l'objectivité*, Vrin, 1967.

NOTES

1. Cette division, familière aux philosophes de la période postaristotélicienne, surtout aux philosophes stoïciens, a été plus ou moins explicitement attribuée à Platon (V. Cicéron. *Acad.*, 1, 5, 19). Elle n'est pas énoncée expressément dans ses œuvres, et rien ne prouve qu'elle l'ait été dans son enseignement oral. Elle ne s'adapte qu'imparfaitement au contenu de la philosophie platonicienne. Cependant, comme elle est supposée par Aristote *(Topb.*, 1, 14, 105 *b*, 19), qu'elle a été employée par le platonicien Xénocrate, on peut dire, selon la formule de Sextus Empiricus *(Adv. Math.*, VII, 16), que Platon au moins en a été en puissance l'inventeur.

2. La Logique entendue en ce sens, ou Logique générale, traite des lois nécessaires sans lesquelles l'entendement ne saurait penser avec justesse et avec rigueur, en dehors même de son application à tels ou tels objets. La Logique générale n'a pas à considérer l'origine des idées sur lesquelles l'entendement opère ; elle reste toujours une science *a priori* à laquelle il revient de déterminer ce que doivent être selon la raison les modes d'enchaînement entre ces idées. — Il y a pour Kant une autre Logique que cette Logique générale : c'est la Logique transcendantale, qui fait partie de la Critique de la raison pure ; elle établit qu'il y a des concepts qui peuvent non seulement se lier entre eux *a priori*, mais essentiellement se rapporter *a priori* à des objets, et elle s'applique à déterminer l'origine, l'étendue et la valeur objective de la connaissance ainsi produite (V. dans la *Critique de la raison pure* l'*Introduction* de la *Deuxième partie : Idée d'une Logique transcendantale).* La constitution de cette Logique transcendantale est une des principales nouveautés, sinon la nouveauté la plus importante de la philosophie de Kant. — Dès qu'il peut y avoir des lois *a priori,* non seulement de la connexion des concepts entre eux, mais encore du rapport des concepts à des objets, on comprend qu'il y ait une autre philosophie formelle que celle qui paraît identifiée ici avec la Logique générale ; et de fait, à l'intérieur de la connaissance matérielle, Kant réintroduit la distinction de la matière et de la forme, la matière désignant alors le donné, le divers, l'élément empirique, contingent et déterminable tandis que la forme signifie l'élément *a priori,* nécessaire et déterminant, l'action unifiante de la raison. — La philosophie de Kant s'est proposé de montrer la présence et le rôle de la forme, en ce dernier sens, dans toute connaissance matérielle certaine.

3. Pour Kant, la législation de la raison se rapporte à deux espèces d'objets : d'une part, à ce qui est donné dans l'expérience ; d'autre

part, à ce qui doit se réaliser par la liberté ; elle fonde donc, d'un côté, la science, de l'autre, la moralité. Mais elle est incapable de se rapporter légitimement à d'autres objets que ceux-là, à des objets que l'on prétendrait connaître comme choses en soi.

4. C'est Épicure qui a introduit le terme de « canon » pour désigner les règles de la connaissance. Kant a repris le mot en songeant au caractère restreint qu'avait la canonique épicurienne, comparée à l'« organon » d'Aristote. Il entend par canon l'ensemble des principes *a priori* qui règlent l'usage légitime de nos facultés de connaître, mais surtout, semble-t-il, en tant que l'exercice de ces facultés est envisagé du côté du sujet connaissant ; voilà pourquoi il distingue en maint endroit le canon de l'organon, lequel représente ou suppose le système des principes qui rendent possible la constitution et l'extension d'une connaissance *a priori* des objets. La Logique générale, s'occupant des règles de la pensée en général, abstraction faite de tout contenu, ne peut être qu'un canon ; elle témoigne de prétentions abusives quand elle veut s'ériger en organon, affirmer et décider sur des objets. (V. *Critique de la raison pure : Logique transcendantale, introduction,* ainsi que *Méthodologie transcendantale,* ch. II ; V. aussi *Logique, introduction,* I.)

5. Est pur ce qui en soi est indépendant de l'expérience, tout en étant d'ailleurs susceptible de s'appliquer à des objets d'expérience. Kant d'ordinaire emploie comme équivalents les termes « pur » et « a priori », et même souvent les emploie tous les deux ensemble, l'un à la suite de l'autre.

6. Kant, par sa doctrine, achève de fixer un sens nouveau des termes *a priori* et *a posteriori.* Ces termes, dans leur signification première, se rattachent à l'idée d'Aristote, selon laquelle antériorité et postériorité (πρότερον χαι ὕστερον) s'appliquent, entre autres rapports, aux rapports de principe à conséquence ou de cause à effet. Connaître *a priori,* ce fut donc pour les scolastiques connaître par la cause ; connaître *a posteriori,* connaître par l'effet. C'est en ce sens que saint Thomas soutenait qu'on ne peut connaître Dieu *a priori,* c'est-à-dire par sa cause. Cette signification scolastique des deux termes s'est perpétuée dans la philosophie moderne, et on la trouve, non seulement chez Descartes et Spinoza, mais encore chez Leibniz ; ce dernier pourtant tend à désigner par *a priori* et *a posteriori* l'opposition de la connaissance par pure raison et de la connaissance expérimentale. Pour Wolff, connaître une vérité *a priori,* c'est la tirer de vérités déjà reconnues au moyen du seul raisonnement ; la connaître *a posteriori,* c'est l'établir au moyen des sens. Ce qui paraît bien appartenir à Kant, si l'on en juge par l'accueil que plusieurs de ses contemporains firent à cette nouveauté, c'est l'usage du terme *a priori* pour montrer dans la raison l'*origine* ou la *source* des principes et des connaissances qui ne dérivent pas de l'expérience. Remarquons cependant que Lambert, le contemporain et le correspondant de Kant, s'était, dans son *Neues*

Organon, déjà rapproché de ce sens plus spécial d'*a priori.* Kant, en consacrant ce dernier sens, n'en a pas moins fait d'autres emplois du terme, plus conformes aux précédents ; il l'applique encore à désigner simplement la dérivation de connaissances opérée par la seule pensée, quand il dit, par exemple, que tous les jugements analytiques sont *a priori,* même si leurs concepts sont empiriques.

7. Pour Kant, l'idée de la Métaphysique, c'est avant tout l'idée d'une science se produisant *a priori* par concepts purs, et il faut maintenir cette idée en toute rigueur contre la tendance de certains philosophes, en particulier des Wolffiens, à la résoudre en des caractères qui ne permettent plus de distinguer radicalement la Métaphysique d'une connaissance empirique. L'idée d'une telle science exprime un besoin essentiel de la raison : mais constamment ce besoin a cherché à se satisfaire par des moyens illégitimes et illusoires. C'est ainsi que la Métaphysique dogmatique a vainement prétendu atteindre à la connaissance des choses en soi, et c'est précisément le résultat de la Critique que de montrer qu'il n'y a pour nous de connaissance théorique proprement dite que dans les limites de l'expérience. En retour, il y a une espèce de Métaphysique à la fois indispensable et légitime, qui provient d'un usage, non plus transcendant, mais immanent, de la raison, c'est-à-dire qui peut et doit déterminer par des concepts purs, non pas des objets situés au delà de toute expérience, mais des objets saisissables dans l'intuition sensible, ou bien réalisables par la liberté. Pour cette espèce de Métaphysique, il y a donc deux sortes d'objets distincts : d'une part, la nature corporelle (non la nature pensante, car les phénomènes du sens intime ne se prêtent pas aux déterminations qui les rendraient capables d'être scientifiquement compris) ; d'autre part, la volonté des êtres raisonnables. — Il arrive à Kant d'étendre l'emploi du terme « Métaphysique » à tout ordre d'études qui se constitue *a priori,* par suite à la discipline propédeutique qui fixe les conditions et les limites de la connaissance rationnelle pure, c'est-à-dire à la Critique ; la Critique, dit-il à l'occasion, c'est la Métaphysique de la Métaphysique. — Cependant, l'on ne saurait jamais appliquer le nom de Métaphysique à la Mathématique, bien que la Mathématique offre l'exemple d'une science qui se forme et s'étend sans l'intervention de l'expérience et que la Métaphysique ait été constamment tentée par cet exemple. La différence irréductible entre la Métaphysique et la Mathématique, c'est que la Métaphysique est une connaissance rationnelle par concepts, la Mathématique une connaissance rationnelle par construction de concepts : ce qui signifie que la Mathématique représente *a priori* dans l'intuition les objets qui correspondent à ses concepts, tandis que la Métaphysique, comme science théorique, use de concepts *a priori* uniquement pour opérer la synthèse de données empiriques, c'est-à-dire pour comprendre ses objets dans l'expérience.

8. Il semble que par la partie empirique de la science de la nature Kant entende à la fois la connaissance rationnelle appliquée à divers

ordres de faits donnés et les connaissances qui lui paraissent incapables de recevoir ou qui jusqu'à présent n'ont reçu d'autre confirmation que celle de l'observation sensible ; selon lui, toute théorie concernant la nature doit tendre à se fonder sur la Métaphysique de la nature. On comprend donc qu'en fait et en droit la partie empirique de la science de la nature, quoique radicalement distincte de la partie pure, communique avec elle. En ce sens, il arrive que certaines propositions qui ont commencé par être empiriquement reconnues méritaient par leur caractère intrinsèque d'être rationnellement établies. C'est ainsi que Newton avait accepté sur le simple témoignage de l'expérience la loi de l'action et de la réaction ; Kant déclare l'avoir démontrée rationnellement en faisant voir que l'on peut déduire d'elle l'ordre des phénomènes dans la perception, tandis que l'on ne pouvait pas rigoureusement la conclure des phénomènes. D'un autre côté, les lois de la chimie, bien que Kant ait entrevu les conditions qui permettraient d'en faire une connaissance exacte, lui paraissent devoir rester en dernière analyse empiriques et constituer un art systématique plutôt qu'une science. Quoi qu'il en soit, les généralisations empiriques de l'espèce de celles que la science de la nature peut accepter provisoirement ou provoquer utilement, ne sauraient jamais convenir dans la morale, elles y introduiraient, en représentant ce qui doit être d'après ce qui est, un vice radical. (V. les *Premiers Principes métaphysiques de la science de la nature*, Préface, et la *Métaphysique des mœurs*, Ire *partie, introduction,* II.)

9. L'Anthropologie est pour Kant la science de la nature humaine, telle qu'elle est donnée dans l'expérience et telle aussi qu'elle apparaît dans l'histoire. Elle est ou théorique ou pratique. Comme connaissance théorique, elle se confond souvent dans le langage de Kant, avec la psychologie empirique, bien qu'elle ait un objet plus étendu et qu'elle emploie, non seulement l'observation interne, mais encore l'observation externe. Comme connaissance pratique, elle étudie la nature humaine dans son rapport à ses fins principales, qui sont le bonheur, l'habileté et la sagesse. Kant fit souvent de l'Anthropologie la matière de son enseignement ; l'Anthropologie qu'il enseignait était cette espèce d'Anthropologie pratique qui envisage les facultés humaines au point de vue des ressources qu'elles présentent pour assurer le bonheur de l'homme ou pour accroître par la culture son habileté. Kant publia lui-même ses leçons sous le titre d'*Anthropologie au point de vue pragmatique.* Des rédactions de deux de ces cours d'Anthropologie furent publiées par Starke, et l'on possède encore inédites plusieurs rédactions analogues. Cette espèce d'Anthropologie ne pouvait être dite pratique qu'au sens large de ce dernier mot, lorsque « pratique » signifie tout ce qui concerne les objets de l'action de l'homme en général (voilà pourquoi Kant intitulait son ouvrage *Anthropologie au point de vue pragmatique*) ; « pratique », au sens strict, se rapporte à la détermination morale de la volonté, et c'est dans ce dernier sens

qu'il est question ici d'une Anthropologie pratique. Cette dernière sorte d'Anthropologie dont l'objet ne semble avoir été dans la pensée de Kant ni très rigoureusement ni uniformément déterminé, devait en tout cas avoir pour tâche générale d'étudier les conditions subjectives ainsi que les moyens divers qui favorisent ou entravent l'accomplissement du devoir.

10. Kant vise ici cette « philosophie populaire » qui prétendit continuer en Allemagne l'œuvre d'émancipation entreprise par Wolff, mais en la dégageant des formes didactiques et en l'appropriant à la culture superficielle d'un public plus étendu. Cette préoccupation dominante eut pour résultat de faire négliger toutes les questions d'un caractère trop spéculatif ou trop technique pour être aisément accessibles, de faire intervenir davantage la psychologie dans l'examen des problèmes moraux et religieux, de substituer à l'esprit de système un éclectisme sans rigueur qui mêlait aux conceptions de Wolff des idées venues de l'empirisme et du déisme anglais, ainsi que de la philosophie française du XVIIIe siècle. Les principaux représentants de la « philosophie populaire », dont quelques-uns d'ailleurs étaient personnellement estimés de Kant furent Mendelssohn, J.-J. Engel, Abbt, Sulzer, Garve, Feder, etc.

11. Kant soutient et, comme on le verra, répète volontiers que la loi morale vaut pour tout être raisonnable en général, et non pas seulement pour l'homme. Par là il ne tend point, ainsi qu'on le lui a reproché, à constituer une morale qui imposerait à l'homme une tâche surhumaine ou le modèle d'êtres surhumains ; il veut surtout marquer que le principe de la morale ne doit point être tiré de l'observation de la nature humaine, laquelle ne fournit comme telle que des déterminations contingentes, mais du concept même de l'être raisonnable. C'est en tant que l'homme possède avec la raison une faculté d'agir spécifiquement distincte des tendances observables dans son existence empirique, qu'il est sujet de la moralité. La morale est donc bien faite pour l'homme, encore qu'elle ne s'appuie pas sur ce qui appartient à l'homme en dehors de la raison.

12. L'expérience peut parfois donner lieu à des propositions universelles, mais dont l'universalité alors n'est que *comparative* ou *relative,* non *stricte* ou *absolue* ; on fait alors d'une règle constatée dans la plupart des cas une loi qui s'applique à tous, comme, par exemple, dans la proposition : Tous les corps sont pesants, ou comme dans cette autre-ci : Tous les hommes aspirent à être heureux, des propositions universelles de ce genre ne font qu'étendre l'emploi d'une vérité donnée dans les faits au lieu de dériver la vérité de cette faculté de connaître absolument certaine qu'est la raison.

13. La loi morale doit être absolument rationnelle, non seulement en elle-même, mais encore dans sa façon de se faire accepter du sujet qui l'accomplit ; comme nous le verrons, il ne suffit pas, pour agir moralement, d'agir conformément au devoir ; il faut agir encore en

vertu d'un mobile qui soit tiré uniquement de la représentation de la loi.

14. Kant n'indique ici que rapidement ce rôle d'une faculté de juger ayant pour objet de décider si telle ou telle action, possible pour nous dans le monde où nous vivons, est ou n'est pas un cas qui tombe sous la règle ; il en traitera plus complètement dans cette partie du chap. II du livre Ier de la *Critique de la raison pratique* qui est intitulée *Typique de la raison pure pratique*.

15. La représentation de la loi morale dans toute sa pureté est le mobile le plus efficace, mais on s'est tellement habitué à faire intervenir même en faveur du devoir des mobiles étrangers, qu'il faut aujourd'hui à l'éducateur moral une pénétration et une justesse d'esprit toutes spéciales pour révéler à l'âme l'intérêt qu'elle prend spontanément à la pure moralité et lui faire reconnaître la puissance qu'elle a de se déterminer par un mobile exclusivement moral. (V. *Critique de la raison pratique : Méthodologie.*)

16. C'est donc un motif pratique, autant qu'un motif théorique, qui milite en faveur de la constitution d'une Philosophie morale pure et d'une Métaphysique des mœurs ; la Philosophie morale qui mêle des principes empiriques aux principes purs ne peut que renforcer dans les esprits le penchant qu'ils ont à confondre le devoir avec le contentement des inclinations ou à rechercher pour l'accomplir l'assistance de mobiles sensibles.

17. Christian Wolff (1679-1754), dans une multitude d'ouvrages écrits en allemand et en latin, s'était appliqué à examiner et à résoudre méthodiquement l'ensemble des problèmes philosophiques et scientifiques en s'appropriant et en développant surtout les idées de Leibniz. — Sa *Philosophia practica universalis methodo scientifica pertractata* (2 vol.) avait paru en 1738-1739. La Philosophie pratique universelle est pour Wolff une science dont l'objet est de diriger les actions libres par les règles les plus générales ; elle s'occupe des moyens et des motifs autant que des fins des actions. (V. *Prolegomena.*) Bien qu'elle traite spécialement des actions morales, elle définit cependant et distingue les actions humaines en général d'après l'ordre de la nature. La loi morale repose sur une obligation naturelle, c'est-à-dire sur une obligation qui a sa raison suffisante dans l'essence et la nature de l'homme et des choses. « Lex dicitur regula, juxta quam actiones nostras determinare obligamur. » (§ 131, édit. de 1744, t. Ier, p. 115.) « Posita hominis rerumque essentia atque natura, ponitur etiam naturalis obligatio. » (§ 127, p. 114.)

18. Une volonté *pure*, c'est donc une volonté indépendante de toute condition empirique, une volonté qui reconnaît ou qui pose des principes exclusivement rationnels et qui est capable de se déterminer uniquement par eux. Tout être raisonnable a une volonté *pure*, même s'il a aussi une sensibilité. Mais tout être raisonnable n'a pas une volonté

sainte, c'est-à-dire une volonté incapable de maximes contraires à la loi morale. La sainteté suppose que l'être raisonnable n'a plus à compter même avec la tentation du mal, qu'il ne peut se déterminer que par la raison, qu'il n'a donc pas de nature sensible.

19. C'est en 1788 que parut la *Critique de la raison pratique* ; dans la *Préface* et dans l'*Introduction* de son ouvrage, Kant expliquait pourquoi il l'avait intitulé *Critique de la raison pratique*, et non pas *Critique de la raison pure pratique* ; c'est qu'à ses yeux, en montrant que la raison pure est pratique par elle-même, en manifestant pour cela la corrélation et même en un sens l'identité qu'il y a entre le concept de la loi morale et celui de la liberté, la Critique ne doit appliquer sa censure et ses prohibitions qu'à l'idée d'une raison qui ne serait pas pure, c'est-à-dire d'une raison qui chercherait l'origine nécessaire de sa puissance pratique dans des conditions empiriques.

20. La Critique doit à la fois justifier les prétentions légitimes et condamner les usurpations illicites de la raison : voilà comment elle peut servir de fondement à la Métaphysique, dans le sens et aux conditions qui ont été indiqués plus haut. — En 1786, Kant publia les *Premiers Principes métaphysiques de la science de la nature*, en conformité avec les thèses de la *Critique de la raison pure* et selon la table qu'elle avait présentée des catégories.

21. Contrairement à bien des philosophes rationalistes qui pensent que la vérité morale ne se trouve dans la conscience commune que déformée et obscurcie, Kant estime que la conscience commune enveloppe l'idée juste et complète de la moralité, par suite qu'elle est toujours capable de la retrouver en elle-même ; aussi, pour découvrir le principe moral, procédera-t-il à l'analyse de la façon de juger propre à cette conscience. Cela d'ailleurs n'implique point que la conscience morale commune soit capable d'expliquer ce qu'elle contient : il devra y avoir un « passage de la connaissance rationnelle commune de la moralité à la connaissance philosophique ».

22. Kant emploie le terme « dialectique » dans un sens dérivé sans doute de celui qu'Aristote assignait à ce mot quand il opposait à la *Dialectique*, qui a pour objet les raisonnements portant sur les opinions simplement probables, l'*Analytique*, qui a pour objet la démonstration, c'est-à-dire la déduction partant de prémisses vraies, Kant toutefois a soin de remarquer que la Dialectique, telle qu'il l'entend, c'est-à-dire comme logique de l'apparence, n'est en aucune façon une théorie de la vraisemblance ; car la vraisemblance n'est pour notre connaissance qu'une imperfection de degré, et peut, avec des moyens d'information plus complets, ou mieux appliqués, faire place à la certitude. La Dialectique, et, pour spécifier plus exactement, la Dialectique transcendantale, traite de l'illusion enfermée dans cette connaissance que nous paraissons acquérir pour l'usage des concepts purs hors des limites de l'expérience. Cette illusion, naturelle et inévitable, vient de ce que la raison considère comme objectives et applique à la détermination de

choses en soi des règles qui marquent uniquement la direction nécessaire de son activité subjective (V. *Critique de la raison pure : Dialectique transcendantale, Introduction*.) — Dans ce passage Kant emploie
le mot « dialectique » adjectivement, pour exprimer cette faculté d'illusion propre à la raison, dont traite la Dialectique transcendantale.

23. La *Critique de la raison pratique* s'efforcera de montrer que
raison théorique et raison pratique concordent en ce que les idées
conçues par la première, mais sans pouvoir être légitimement érigées
en connaissances (idées de la liberté, de l'immortalité, de Dieu) sont
précisément des idées dont la seconde a besoin et auxquelles, à ce titre,
se rapportent des objets. En outre, pour l'appréciation de l'intérêt que
respectivement elles présentent, la raison théorique et la raison pratique
admettent entre elles un rapport de hiérarchie selon lequel la raison
pratique a la suprématie sur la raison spéculative.

24. La *Métaphysique des mœurs*, telle que Kant l'a publiée plus
tard (1797), se réfère en effet aux principes moraux sans examiner
expressément les problèmes qu'ils soulèvent pour la Critique ; et
comme elle s'applique surtout à déduire les droits et les devoirs particuliers de l'homme, elle développe des notions bien plus aisément
accessibles.

25. « Un critique, qui voulait trouver quelque chose à dire contre
cet écrit (les *Fondements de la Métaphysique des mœurs*), a rencontré
mieux qu'il n'a sans doute pensé lui-même, en prétendant qu'on n'y
établissait aucun principe nouveau, mais seulement une *formule nouvelle* de la moralité. Car qui prétendrait apporter un nouveau principe
de la moralité, et être en quelque sorte le premier à le découvrir ?
Comme si le monde était resté avant lui dans l'ignorance ou dans
l'erreur complète sur ce qu'est le devoir !) Mais celui qui sait ce que
signifie pour le mathématicien une *formule* qui détermine très exactement avec une immanquable certitude ce qu'il faut faire pour traiter
un problème, celui-là ne regardera pas comme quelque chose d'insignifiant et d'inutile une formule qui jouerait ce rôle pour tout devoir en
général. » (*Critique de la raison pratique : Préface*.)

26. Dans les deux premières sections Kant pratique donc la méthode
analytique, et dans la dernière la méthode synthétique. La différence
des deux méthodes consiste en ce que la méthode analytique ou régressive part de faits donnés pour en dégager les conditions fondamentales
(*a principiatis ad principia*), tandis que la méthode synthétique ou
progressive part de ces conditions telles qu'elles sont dans la raison
pour en déduire les faits donnés (*a principiis ad principiata*). Dans la
Critique de la raison pure, Kant a employé la méthode synthétique ;
dans les *Prolégomènes*, la méthode analytique. (V. *Prolégomènes*,
§§ 4 et 5.) C'est-à-dire que dans les *Prolégomènes* il prend pour point
de départ le fait que la mathématique pure et la physique pure existent
comme sciences, et comme sciences certaines ; et il essaie de retrouver
par l'analyse de ces sciences données en fait les conditions qui en

expliquent la possibilité. Au contraire, dans la *Critique de la raison pure*, il part des éléments *a priori* de l'esprit, considérés comme conditions de l'exercice de la faculté de connaître, pour en déduire la possibilité de sciences telles que la mathématique pure et la physique pure. La méthode analytique est plus populaire, mais moins rigoureuse, puisqu'elle s'appuie sur un fait dont elle accepte préalablement la légitimité sans la prouver ; la méthode synthétique est plus difficile à suivre, mais plus convaincante, parce que, prenant la connaissance à sa source même, elle montre comment l'acte de penser doit nécessairement produire la science. Pour ce qui est de la morale, la méthode analytique consiste à partir de la conscience commune pour dégager les conditions suprêmes de sa façon de juger ; elle suppose donc que cette conscience enveloppe la vérité ; elle parvient à l'idée de l'impératif catégorique, à celle de l'autonomie de la volonté, finalement au concept de liberté. La méthode synthétique part de l'idée de la raison pratique et du concept dans lequel cette idée s'exprime, c'est-à-dire du concept de liberté, pour expliquer par là comment un impératif catégorique est possible et déduire de là la validité de la conscience commune.

Il faut remarquer que la méthode analytique ainsi entendue est une méthode abstraite ou métaphysique, qui consiste, non pas à émettre à part des éléments concrets, également donnés et de la même façon, mais à dégager du donné pour les isoler des éléments qui expliquent précisément qu'il soit donné pour nous, qui jouent en lui et par rapport à lui le rôle de conditions, déterminables par des concepts purs. L'analyse du mathématicien et celle du chimiste offrent des analogies avec cette analyse du métaphysicien et ont pu certainement la suggérer ; mais ce sont seulement des analogies qu'elles présentent avec elle, non une ressemblance complète (V. la *Conclusion* de la *Critique de la raison pratique*.)

27. Cette phrase est restée comme l'une des formules les plus caractéristiques de la façon dont Kant conçoit la moralité. Kant refuse toute qualification morale à ce qui ne dépend pas immédiatement et uniquement du sujet ; or le sujet, par lui seul, ne peut être l'auteur ou le maître que de la maxime d'après laquelle la volonté se détermine : ainsi il n'y a de bien, au sens strict, que dans la volonté bonne. Cette conception de la moralité est certainement dérivée, chez Kant, de ses dispositions chrétiennes, et l'on peut voir en particulier dans son livre sur la *Religion dans les limites de la simple raison*, comment elle est expressément rattachée à cet esprit du Christianisme qui réclame avant tout la pureté de cœur ou d'intention, et qui affirme l'intériorité essentielle de la vie morale.

28. Par l'intelligence, considérée comme don naturel, Kant entend l'aptitude à comprendre les concepts et les règles qui permettent d'expliquer les choses ou d'approprier sa conduite aux fins pratiques.

29. En traduisant *Witz* par « le don de saisir les ressemblances des choses », et *Urtheilskraft* par « la faculté de discerner le particulier

218 Fondements de la métaphysique des mœurs

pour en juger », on use de paraphrases, mais sans lesquelles la pensée
de Kant n'apparaîtrait pas clairement. La justification du sens donné
ici aux deux termes se trouve notamment dans les *Leçons de Kant sur
la Métaphysique*, publiées par Pölitz, p. 161-163 ; dans l'*Anthropologie au point de vue pragmatique*, § 40, § 42 ; dans les leçons d'anthropologie publiées par Starke. (V. *Kant's Anweisung zur Menschen =
und Weltkenntniss*, p. 13-15, surtout *Kant's Menschenkunde oder phi-
losophische Anthropologie*, éditée d'après des rédactions de leçons
contemporaines des *Fondements de la métaphysique des mœurs*,
p. 122-138.)

30. Par tempérament, Kant entend une disposition constante à être
affecté et à agir d'une certaine façon, disposition liée à l'état général
de l'organisme, et qui se détermine selon les proportions variables dans
lesquelles se combinent le sentiment et la faculté de désirer. Kant part
de la division générale des tempéraments en tempéraments sensitifs
et tempéraments actifs pour retrouver la classification ordinaire des
tempéraments en sanguin, mélancolique, colérique et flegmatique.
(V. *Anthropologie au point de vue pragmatique*, § 87.)

31. Tandis que le tempérament représente ce que la nature fait de
l'homme, le caractère désigne ce que l'homme fait de lui-même. Le
caractère, c'est, pour Kant, cette propriété de la volonté par laquelle le
sujet s'attache à des principes pratiques déterminés, qu'il s'est prescrits
par sa raison. Il se peut que ces principes soient faux ou mauvais ;
mais le caractère n'en tire pas moins une valeur de ceci, qu'il subordonne l'action à des maximes fermes, au lieu de l'abandonner à l'impulsion de motifs sensibles particuliers.

32. Kant a souvent défini la vertu : ce qui nous rend dignes d'être
heureux ; et cette définition, tout en s'opposant aux théories eudémonistes qui proposent pour but suprême à l'activité humaine la recherche
du bonheur même, sert à établir dans la philosophie kantienne la transi-
tion entre la doctrine du principe de la moralité et la doctrine du souverain bien.

33. L'intention, qui est l'élément caractéristique de la moralité, ne
saurait être une simple velléité sans effort et sans suite : elle doit être
tournée vers l'acte qui la traduit, comme si cet acte pouvait toujours
être réalisé. Kant n'admet point que la bonne volonté se contente de
la pureté intérieure de sa maxime.

34. Cette conception téléologique a été l'une des convictions les
plus intimes et les plus constantes de Kant ; si, selon la Critique, elle
ne sert pas à connaître la nature (la finalité ne figure pas parmi les
catégories de l'entendement ; elle est liée à l'usage purement régulateur des idées de la raison, ou, comme Kant l'établira plus tard, elle
relève d'une faculté propre intermédiaire entre l'entendement théorique et la raison pratique, la faculté de juger), elle n'en est pas moins,

comme schème idéal, tout à fait indispensable à la raison pour se représenter la nature dans sa plus grande unité possible ; et à ce titre elle
exclut toute supposition dogmatique sur les choses qui la contredirait.
(V. en particulier, dans la *Critique de la raison pure*, l'*Appendice à la
dialectique transcendantale*, et surtout la *Critique de la faculté de
juger.*)

35. Kant emploie le mot « nature » dans des sens très divers. Il
entend notamment par là l'ensemble des objets donnés ou susceptibles
d'être donnés dans l'expérience, ou encore l'ensemble des principes
auxquels ces objets doivent se soumettre pour être connus selon des
lois. Ici il prend le mot « nature » comme synonyme de Providence ;
car la nature qu'il invoque, c'est la nature, si l'on peut dire, en idée,
l'ordre des choses, non point tel qu'il est pour l'entendement, mais tel
que la raison doit le concevoir. Si, au lieu d'user du mot « Providence », Kant parle plutôt de la sagesse de la nature, c'est pour éviter
de donner au concept d'une intelligence souveraine l'apparence dogmatique d'un objet dont se déduirait le système du monde, et c'est
pour rappeler que la nature reste le champ d'application de la raison.

36. C'est l'une des thèses par lesquelles Kant se sépare de cette
philosophie dite *des lumières (Aufklärung)* dont Wolff avait été le fon-
dateur, et qui fut prépondérante en Allemagne pendant une bonne partie du XVIIIe siècle. Selon cette philosophie, l'avènement de la raison
doit avoir pour conséquence directe l'avènement du plus grand bonheur parmi les hommes. Rousseau avait soutenu, au contraire, comme
on sait, qu'en renonçant à l'état de nature pour s'engager dans les voies
de la civilisation, l'homme s'était rendu physiquement et moralement
misérable. Sous cette influence de Rousseau, qui se combine chez lui
avec l'action de tendances chrétiennes, Kant prétend que la raison n'a
pu intervenir dans l'œuvre de l'humanité qu'en allant contre les instincts naturels et contre le bonheur promis et assuré par ces instincts,
que par suite l'établissement laborieux de son empire parmi les hommes doit avoir pour fin, non pas le contentement des inclinations, mais
la réalisation du droit et de la pure moralité. (V. l'article de Kant qui
a pour titre : *Conjectures sur le commencement de l'histoire de l'humanité.*)

37. Terme platonicien (V. *Phédon*, 89 D), volontiers employé par
Kant.

38. Ainsi la raison manquerait son but si elle avait pour fonction
propre d'assurer le bonheur, et cela même prouve qu'elle doit avoir
une autre fonction, destinée à l'accomplissement d'une fin plus haute.

39. Il faut distinguer, dit Kant ailleurs, dans l'idée du souverain
bien, deux sens : *souverain* peut signifier *suprême* ou *complet*. Si la
vertu est le souverain bien, au sens de bien suprême, en ce qu'elle est
le bien moral, et, à ce titre, la condition à laquelle doit se subordonner
et par laquelle doit se laisser restreindre la recherche du bonheur, elle

n'est pas le souverain bien, au sens de bien complet, en ce qu'elle réclame, pour constituer ce bien complet, l'adjonction d'un bonheur qui soit en proportion avec elle. (V. *Critique de la raison pratique : Dialectique*, ch. II.)

40. Chez des êtres raisonnables finis, tels que sont les hommes, c'est-à-dire chez des êtres en qui la raison coexiste avec la sensibilité et n'exerce pas sur elle une influence immédiate, la volonté n'est pas bonne nécessairement ni d'emblée ; voilà pourquoi l'analyse de la bonne volonté sera plus appropriée si elle tient compte des limites et des obstacles que cette volonté rencontre dans les inclinations sensibles : l'idée du devoir comprend précisément, avec l'idée de la bonne volonté, l'idée de ces limites et de ces obstacles.

41. Pour savoir quelles sont les actions véritablement morales, Kant analyse diverses espèces d'actions accomplies selon le devoir, seulement en tenant compte, non pas de la conformité extérieure de ces actions au devoir, mais de l'accord interne entre le mobile de ces actions et le devoir ; il exclut ainsi de la moralité toutes les actions dont le mobile ne se rapporte pas directement au devoir même, et voilà pourquoi il insiste sur les actions qui à ce point de vue sont équivoques, c'est-à-dire qui peuvent être également produites par un mobile intérieurement lié et par un mobile étranger au devoir.

42. Le premier exemple est un exemple d'action conforme au devoir, à laquelle le sujet n'est point porté par une inclination immédiate, pour laquelle il se décide, dans le cas présent, par une inclination indirecte, qui est un calcul d'intérêt.

43. Le second exemple et les suivants sont des exemples d'actions extérieurement conformes au devoir, mais dont il faut se demander si elles y sont aussi intérieurement conformes : le sujet peut les accomplir aussi bien par inclination immédiate que par un motif relevant du devoir. Aussi est-il bon de prendre pour types de moralité authentique des cas dans lesquels les circonstances ont réduit à rien pour les actions l'influence de l'inclination immédiate.

44. Cet exemple met particulièrement en relief ce que l'on a appelé le *rigorisme* de Kant. On s'est souvent mépris sur la nature et la portée de ce rigorisme. D'abord Kant, malgré ce que peuvent avoir d'excessif quelques-unes de ses formules, ne veut pas dire en général que pour accomplir le devoir il faille nécessairement agir avec répugnance et comme par force. Il a déclaré nettement au contraire que ce que l'on fait sans joie, et seulement comme une corvée, n'a aucune valeur morale interne. (V. *Doctrine de la vertu*, § 53.) Il ne veut pas dire non plus que les inclinations naturelles soient par elles-mêmes une cause de mal, et que la recherche de ce qui peut le mieux les satisfaire, c'est-à-dire du bonheur, soit par le fait seul condamnable. Il professe au contraire que les inclinations naturelles sont bonnes originairement, que la tendresse à les satisfaire est inévitable, bien mieux, que le soin

de les satisfaire sous certaines conditions est un devoir. S'il est rigoriste, c'est donc essentiellement en ce sens qu'il refuse aux inclinations, et du même coup à l'idée de bonheur qui en représente l'objet porté au maximum, le droit de nous fournir ou de corroborer en nous la *règle* de notre conduite : le principe de la moralité est en soi tout à fait indépendant de notre nature sensible, et la maxime de notre conduite doit l'être. Le rigorisme ainsi compris, s'il se rattache à des dispositions manifestes du caractère de Kant, se rattache aussi à l'espèce de rationalisme qu'il avait constituée, à son dualisme méthodique du rationnel et de l'empirique, à sa conception de la Métaphysique des mœurs comme philosophie pure.

45. Est *pathologique*, pour Kant, ce qui dépend de la partie passive de notre nature, c'est-à-dire de notre sensibilité ; est *pratique* au contraire ce qui dépend de la libre activité de la raison.

46. « L'*amour* est une affaire de *sentiment*, non de volonté, et je ne peux pas aimer parce que je le *veux*, encore moins parce que je le *dois* (je ne peux être forcé à l'amour) ; par suite, un *devoir d'aimer* est un non-sens. Mais la *bienveillance (amore benevolentiae)* peut être soumise, comme manière d'agir, à une loi du devoir... Quand on dit : tu dois *aimer* ton prochain comme toi-même, cela ne veut pas dire : tu dois aimer immédiatement (en premier lieu), et au moyen de cet amour faire du bien (en second lieu), mais *fais du bien* à ton prochain, et cette bienfaisance produira en toi l'amour des hommes (comme habitude de l'inclination à la bienfaisance en général). *(Doctrine de la vertu, Introduction,* XII.*)*

47. La première proposition est celle que Kant vient de développer, à savoir que l'action, pour avoir une valeur morale, doit non seulement être conforme au devoir, mais encore être accomplie par devoir. La seconde proposition va expliquer que l'action accomplie par devoir, ne pouvant être caractérisée par ses objets, puisque la réalité de ses objets n'attesterait tout au plus qu'une conformité extérieure au devoir, doit être caractérisée uniquement par la règle en vertu de laquelle la volonté l'accomplit.

48. On peut considérer dans la volonté en général soit les fins qu'elle poursuit, soit la règle d'après laquelle elle se détermine. Si l'on suppose que la volonté agit tout d'abord par la considération des fins, comme celles-ci sont empruntées aux objets de nos inclinations, la volonté ne sera pas morale ; elle ne pourra l'être que si elle se détermine d'après une règle qui, étant en soi préalable aux objets de nos inclinations, en sera indépendante. — Les mobiles *a posteriori* sont dits ici matériels, parce qu'ils sont fournis par les objets ou la matière de la faculté de désirer ; le principe *a priori* est dit formel, parce qu'il est une règle dont l'universalité dérive, sans recours à la sensibilité, de la forme pure de la raison. — Nous verrons plus loin ce que signifie le *formalisme* de la morale kantienne.

49. Selon Kant, un être raisonnable fini, c'est-à-dire un être dont la volonté n'est pas par sa seule nature nécessairement conforme à la loi, a besoin pour agir d'un mobile. Or, puisque ici le mobile ne peut être emprunté à la considération de l'acte matériel et de ses conséquences, il ne peut résider que dans la loi même. Seulement, si nous sommes obligés d'admettre que la loi morale, c'est-à-dire un concept purement intellectuel, est capable de servir de mobile, nous ne voyons pas comment, pas plus du reste que nous ne voyons (la question est au fond la même) ce qui fait que la volonté est libre. Nous pouvons seulement déduire *a priori* le genre d'influence que la loi morale, comme mobile, peut exercer sur nous : d'une part, étant strictement rationnelle, absolument pure, elle s'oppose aux prétentions de la sensibilité et nous inflige par là une sorte d'humiliation : d'autre part, nous étant intérieure, et faisant participer de sa valeur la volonté qui la reconnaît ou qui la pose, elle nous révèle notre dignité, et par là elle rehausse l'estime que nous pouvons avoir de nous-mêmes. Le respect est précisément ce qui exprime cette double influence de la loi morale comme mobile ; il est un sentiment *sui generis*, qui peut, par certains de ses caractères, se rapprocher d'autres sentiments, mais qui, par son origine comme par son rôle, en reste spécifiquement distinct ; engendré par la loi, il a la loi même pour objet. (V. *Critique de la raison pratique*, livre Iᵉʳ, ch. III.)

50. « La *maxime* est le principe *subjectif* de l'action, que le sujet même se donne pour règle (c'est le comment il *veut agir*.) Le principe du devoir est, au contraire, ce que la raison lui prescrit absolument, par suite objectivement (c'est le comment il *doit* agir). » *(Doctrine du droit, Introduction*, IV.)

51. Si le respect est le mobile, il ne saurait être le fondement de la moralité.

52. Kant exposera plus loin, avec le concept de l'autonomie de la volonté, comment nous sommes les auteurs de la législation morale à laquelle nous obéissons.

53. Ce n'est là qu'une analogie ; ce qui ressemble le plus au respect, dit Kant dans la *Critique de la raison pratique (ibid.)*, c'est l'admiration ; et dans la *Critique de la faculté de juger* (§ 23, § 27, § 29) il montre comment le sentiment du sublime symbolise le respect que nous avons pour la loi morale et pour notre destination essentielle.

54. Le respect, d'après Kant, ne s'adresse jamais aux choses, et s'il s'adresse aux personnes, c'est en tant que les personnes, soit par leur conduite, soit par leurs talents, nous offrent des exemples ou des symboles de la loi accomplie.

55. Kant expliquera plus loin le sens qu'il donne au mot « intérêt ». Un intérêt pour lui est un mobile, mais un mobile représenté par la raison, qui peut le tirer soit d'elle-même, soit des inclinations ; il y a

un intérêt pur et, si l'on peut dire, désintéressé, quand le mobile est pris de la loi morale seule, et non de l'objet de l'action.

56. Cette formule de la loi morale sera expliquée dans la seconde section des *Fondements* et complétée aussi par d'autres formules.

57. Du moment en effet que la loi morale ne doit rien contenir en elle qui soit emprunté à la matière de nos inclinations, il ne peut y avoir pour la définir que la forme d'une loi en général, c'est-à-dire le caractère d'universalité inhérent à toute loi issue de la raison.

58. Cet exemple a été repris plusieurs fois par Kant en des termes plus ou moins différents. On le retrouvera en particulier, avec des exemples s'appliquant à d'autres genres de devoirs, dans la seconde section des *Fondements*. Il vise à montrer comment on doit distinguer la maxime proprement morale d'une maxime qui, tout en produisant le même acte que la première, est fondée avant tout sur la considération des conséquences et ne saurait avoir par suite de caractère moral authentique. Je ne dois pas faire de fausse promesse, parce que je ne peux pas vouloir que cette maxime, de faire une fausse promesse, soit convertie en loi universelle. En effet, si je porte cette maxime à l'universel, une contradiction interne apparaît : le principe qu'une promesse fausse peut être faite détruit l'idée même de promesse, qui suppose confiance et sécurité dans les rapports entre les hommes. — La phrase dans laquelle Kant, à la fin, déclare que celui qui fait de fausses promesses recueillerait la méfiance et serait payé de la même monnaie doit être interprétée comme l'illustration par le fait de cette contradiction interne, non comme une justification empirique et utilitaire.

59. Kant a fortement insisté sur cette idée, que notre jugement sur ce que nous devons faire a dans notre raison même de quoi se constituer et se suffire, tandis qu'un jugement d'utilité dépend de connaissances compliquées et même souvent impossibles. Nous pouvons toujours savoir selon quelle maxime nous devons agir ; nous ne pouvons pas savoir dans bien des cas si un acte, considéré dans toutes ses suites et tous ses contrecoups, est véritablement utile.

60. C'est en effet, pour Kant, le propre de la raison philosophique, que de comprendre l'universel *in abstracto*, tandis que la raison commune ne le saisit qu'*in concreto*.

61. Socrate, on le sait, soutenait que tout homme porte en soi les vérités morales, qu'il n'a donc pas à les apprendre du dehors, qu'il les découvre en réfléchissant sur la nature humaine qui le constitue. Kant admet de même la suffisante compétence de la conscience commune pour juger de ce qui est moralement bon ou mauvais. Par là leurs pensées se ressemblent, comme aussi par la tendance à critiquer les prétentions excessives de la spéculation et à faire de l'intérêt moral l'intérêt suprême. Elles n'en diffèrent pas moins, de façon essentielle,

sur d'autres points. La méthode socratique analyse les opinions communes pour en dégager l'élément matériel de définitions universelles ; elle ramène les appréciations de la conscience à des types généraux. Kant, au contraire, analyse la conscience commune pour en dégager l'élément formel dont dérive le pouvoir de juger la valeur morale de la conduite, il veut aller du devoir jusqu'à ce qui en fonde la possibilité, c'est-à-dire jusqu'à cette faculté propre de la raison qui, tout en remplissant pour la constitution de la science et la réalisation de la moralité deux fonctions spécifiquement distinctes, n'en reste pas moins dans l'un et l'autre cas une faculté de législation *a priori*.

62. Les doctrines que Kant appelle *dogmatiques* sont sujettes aux mêmes vices, parce que, en prenant les phénomènes pour des choses en soi et en prétendant connaître des objets suprasensibles, elles se dérobent aussi bien que la raison commune à la discipline nécessaire de la Critique. (V. le début de la *Préface* à la première édition de la *Critique de la raison pure*.)

63. Kant, dans la *Critique de la raison pratique*, emploie le mot « dialectique » en un sens quelque peu différent et qui correspond à celui qu'il avait admis dans la *Critique de la raison pure* ; il désigne alors l'illusion de la raison dans sa façon de se représenter la totalité de son objet pratique, c'est-à-dire le souverain bien, et de déterminer les rapports de la vertu et du bonheur comme s'ils étaient fixés par les lois du monde donné, investi d'une réalité en soi.

64. Tandis que la *Critique de la raison pure* concluait que l'usage de la raison en vue d'acquérir des connaissances hors des limites de l'expérience est illégitime, la *Critique de la raison pratique* s'efforcera d'établir que l'ingérence d'éléments empiriques fausserait et corromprait le principe moral. Il ne faudrait pas croire pour cela que les deux *Critiques* représentent deux directions de pensées absolument différentes. La *Critique de la raison pure*, en effet, est dirigée aussi contre les thèses qui tendent à considérer les objets donnés comme des choses en soi ; elle montre que ces objets, tombant sous les formes *a priori* de l'intuition sensible, ne peuvent être que des phénomènes d'où une notion de l'expérience, qui la lie et la subordonne, comme ensemble des phénomènes, à la puissance législative de la raison. C'est cette même puissance législative de la raison qui se trouverait détruite ou compromise, si l'on admettait, au point de vue pratique, que des mobiles empruntés à la sensibilité sont susceptibles de déterminer le principe moral, il ne s'agirait plus alors d'une expérience conçue comme champ d'application de la raison, mais d'une expérience appelée à justifier la loi pratique. Un certain empirisme dogmatique reparaîtrait donc, que la *Critique de la raison pure* avait précisément exclu.

65. La raison, même dans son usage commun, n'en reste pas moins la raison, c'est-à-dire une faculté indépendante de l'expérience. D'autre part, l'analyse qui a été pratiquée a consisté à dégager l'idée du

devoir, non comme une simple donnée de la conscience parmi d'autres, mais comme le principe de toutes les appréciations morales.

66. Les actions qui sont conformes au devoir sans avoir été accomplies en vue du devoir n'ont, comme dit souvent Kant, qu'un caractère *légal*, et non un caractère *moral* ; si elles sont bonnes quant à la *lettre*, elles ne le sont pas quant à l'*esprit*.

67. L'œuvre que fait la raison en conciliant entre elles les inclinations et en recherchant comment elles peuvent être le plus et le mieux satisfaites, est une œuvre de *prudence*, parfaitement légitime tout autant qu'elle ne prétend pas être équivalente de l'œuvre de la sagesse morale, et qu'elle reste subordonnée à l'idée du devoir. (V. le début de la seconde partie de *la Religion dans les limites de la simple raison*.)

68. Kant a souvent insisté sur cette idée, que nous ne pouvons pas, par l'observation la plus attentive, discerner les mobiles véritables des actions d'autrui, même de nos propres actions. Cette idée, que son éducation religieuse aussi bien que les réflexions des moralistes avaient gravée profondément dans son esprit, se rattache dans sa doctrine à la thèse d'après laquelle le choix des maximes par la volonté s'accomplit en dehors du temps et ne tombe pas comme tel sous la connaissance objective.

69. Rigoureusement ici la démonstration de Kant ne va qu'à établir l'impossibilité de prouver l'existence d'une seule action morale, non à nier qu'il ait jamais existé d'action de ce genre. Pourtant on soupçonne déjà, et l'on verra apparaître nettement un peu plus loin la tendance qui le porte à supposer dans l'âme humaine un penchant originel au mal, — venu, comme il l'explique dans son livre sur *la Religion*, de ce que l'homme, par un péché radical, a érigé l'amour de soi en règle souveraine de sa conduite.

70. Pour Kant, l'empirisme est l'ennemi de la moralité comme il l'est de la science, parce qu'il supprime ou qu'il nie les conditions de toute certitude objective.

71. C'est là comme un écho de la parole de saint Paul, que Kant redira dans *la Religion :* « Il n'y a pas un seul juste, non, pas même un seul. » *(Rom.*, III, 12.) Kant a, du reste, souvent parlé sur un ton d'amertume ou d'ironie des faiblesses et des vices de la nature humaine ; mais c'est principalement par rapport aux fins de notre destinée individuelle qu'il insiste sur l'immensité et la profondeur du mal accompli par l'homme : là prévaut manifestement l'influence de son éducation chrétienne et piétiste. Au contraire, quand il envisage le mal dans son rapport avec l'organisation sociale et politique de l'humanité, il se montre beaucoup plus optimiste : l'amour de soi, la concurrence, l'effort de plus en plus tendu, deviennent des instruments de progrès, et une sorte de loi providentielle fait que l'espèce bénéficie de l'antagonisme des individus, ici prévaut l'influence du XVIIIe siècle et, pour une

part, de la philosophie *des lumières*. Kant admettra même plus volontiers l'existence d'une bonne volonté des peuples (guerre de l'indépendance américaine, Révolution française) que d'une bonne volonté des
individus.

72. Kant accepte donc, dans sa simplicité rigoureuse, en même
temps qu'il la justifie par l'opposition de la raison et de l'expérience,
l'antithèse familière à la conscience commune entre ce qui doit être et
ce qui est.

73. « Pure, mais pratique » : la pensée de Kant garde dans cette
opposition de termes la trace d'un dualisme antérieur, que précisément
elle achève de surmonter. Pendant un temps, Kant avait distingué les
affirmations et démonstrations transcendantales des affirmations et
démonstrations pratiques (sur Dieu, la liberté, l'immoralité), les premières étant seules à relever de la raison pure et n'admettant pour
les concepts sur lesquels elles portent aucun élément empirique ou
anthropomorphique ; les secondes, au contraire, étant directement liées
aux besoins moraux de notre nature, recevant même de ces besoins
une part de leurs déterminations, et contre-balançant par leur efficacité
leur défaut de rigueur théorique : l'usage *pratique* de la raison était
alors distinct de son usage *pur*, c'est-à-dire que la notion d'une raison
à la fois *pure* et *pratique*, telle qu'elle apparaît maintenant dans les
Fondements de la métaphysique des mœurs, n'était pas encore formée.
(V. en particulier les *Leçons de Kant sur la Métaphysique*, publiées
par Politz.)

74. Selon *la Religion dans les limites de la simple raison*, la person-
nification du bon principe sous la forme du Fils de Dieu résulte du
besoin qu'a l'homme d'exprimer en un idéal l'idée de la pure perfection morale ; mais c'est cette idée qui fait en dernière analyse la valeur
souveraine du modèle.

75. Saint Mathieu, XIX, 17.

76. Kant distingue le souverain bien originel et le souverain bien
dérivé. Dieu est le souverain bien originel, et, à ce titre, la cause du
souverain bien dérivé, ou du meilleur des mondes, c'est-à-dire d'un
monde dans lequel doit régner un juste accord entre la vertu et le bonheur.

77. Kant reprend ici les critiques qu'il a déjà adressées dans sa
Préface aux représentants de la « philosophie populaire », il insiste
surtout sur leur façon éclectique de procéder, qui use indistinctement
de l'observation et de la raison sans se préoccuper de la portée exacte
des moyens mis en œuvre, et sur l'accommodation complaisante de
leur pensée aux goûts et à la demi-culture du public. Kant ne conteste
pas du reste l'utilité et la nécessité de la vulgarisation philosophique,
mais sous cette réserve très expresse que la philosophie, avant de vulgariser, se constitue selon une méthode rigoureuse qui ne laisse pas

s'introduire les trop faciles et peu probantes raisons suggérées par l'intelligence commune.

78. Cette façon, assez fréquente chez les « philosophes populaires », de faire appel selon les cas et les moments aux notions les plus diverses pour résoudre un même problème, ou bien d'en établir superficiellement et artificiellement l'équivalence, répugnait fort à l'esprit de Kant, soucieux d'éviter l'amalgame des concepts, de définir exactement ce qui est principe comme tel, et de déduire en toute rigueur, sans flottement aucun, les conséquences.

79. « Isolée » : ce terme revient souvent chez Kant pour marquer la nécessité qui s'impose à toute science de mettre rigoureusement à part de son objet les éléments étrangers qui pourraient s'y mêler. Cette exigence vaut particulièrement pour la Métaphysique, qui ne doit procéder qu'avec des concepts rationnels purs, sans mélange de données empiriques. Ici il s'agit de marquer surtout que la Métaphysique des mœurs a ses concepts propres, qu'elle doit traiter par elle-même indépendamment de toute autre science.

80. Par *hyperphysique*, Kant entend la connaissance d'objets qui seraient hors de l'expérience.

81. En ce sens, qu'elles se dissimuleraient sous les apparences sensibles.

82. Sulzer (Jean-Georges) (1720-1779) appartenait au groupe des « philosophes populaires ». Son œuvre la plus importante est sa *Théorie générale des beaux-arts*.

83. Idée à laquelle, comme nous l'avons vu, Kant est fortement attaché, et sur laquelle il ne cessera d'insister.

84. La clarté dans la connaissance des principes n'établit entre la raison philosophique et la raison commune qu'une différence *logique*, non une différence *réelle*.

85. Nous adoptons la correction proposée par Arnoldt : *aber* au lieu de *oder*, qui est maintenu dans l'édition de l'Académie de Berlin.

86. Cette dernière tâche est l'objet propre assigné par Kant à ce qu'il a appelé la Critique.

87. En ce sens que la raison humaine, étant finie, ne peut connaître d'objet que dans l'intuition sensible et doit par conséquent formuler ses principes en vue de l'application à l'expérience.

88. Dans la première section de cet ouvrage.

89. Kant, comme il l'explique lui-même *(Critique de la raison pure : Dialectique transcendantale. Des Idées en général)*, a emprunté à Platon le terme d'*Idées* pour désigner ces concepts de la raison proprement dite qui dépassent les concepts de l'entendement, et auxquels aucun objet donné dans l'expérience ne peut jamais pleinement correspondre. Les idées sont des modèles, des archétypes, et par suite, loin de pouvoir être déterminées par des exemples, elles laissent toujours au-dessous d'elles les exemples que l'on peut tirer de l'expérience :

les exemples sont propres tout au plus à confirmer en quelque mesure et d'une façon sensible cette vérité, que ce que la raison exige peut être accompli.

90. La volonté, selon une définition très fréquente de Kant, est la faculté d'agir d'après des règles : ces règles sont des maximes, lorsque le sujet ne les considère comme valables que pour sa propre volonté ; de ce point de vue, elles sont simplement subjectives. Elles sont objectives, au contraire, et sont proprement des lois, lorsque le sujet les reconnaît comme valables pour la volonté de tout être raisonnable. Même lorsque les règles n'ont qu'une portée subjective, elles dérivent cependant déjà de la raison par le caractère qu'elles ont de subsumer les motifs d'action sous des concepts ; seulement, si toute volonté peut être dite raison pratique en ce sens, l'intention de Kant est de montrer que la volonté véritable est celle dont les maximes concordent avec les lois, et que la raison spécifiquement pratique est celle qui n'emprunte pas à la sensibilité les données de ses règles, celle qui est pratique par elle-même, qui par conséquent est pure.

91. On le voit donc, la nécessité propre à la loi morale ne devient une contrainte que pour des êtres dont la volonté peut être déterminée par des mobiles sensibles.

92. La définition générale des impératifs implique que tous les impératifs, de quelque espèce qu'ils soient, sont fondés en raison, parce qu'ils énoncent des règles supérieures aux motifs d'action particuliers et momentanés ; la distinction entre eux s'établit par la suite, selon que la raison détermine le contenu des règles par rapport à des fins subjectives qui en sont les conditions dernières, ou qu'elle le détermine intégralement et immédiatement par elle seule.

93. Kant avait déjà nettement esquissé cette distinction lorsque, dans son *Étude sur l'évidence des principes de la théologie naturelle et de la morale* (1764), critiquant l'idée d'obligation telle que la présentaient Wolff et ses disciples, il avait reconnu une différence essentielle entre la *nécessité problématique*, c'est-à-dire la nécessité d'accomplir telle chose comme moyen en vue d'une fin que l'on veut, et la *nécessité légale*, c'est-à-dire la nécessité d'accomplir telle chose comme fin et sans condition.

94. Kant applique ici à la détermination des impératifs les termes qui marquent la différence des jugements considérés dans leur modalité. Les jugements *problématiques* sont ceux dans lesquels l'affirmation ou la négation sont tenues pour possibles ; les jugements *assertoriques* sont ceux dans lesquels l'affirmation ou la négation sont considérées comme réelles ; les jugements *apodictiques* sont ceux dans lesquels l'affirmation ou la négation sont représentées comme nécessaires.

95. Nous ne voyons pas l'utilité de la correction qui a consisté à supprimer *nicht* dans l'édition de l'Académie de Berlin.

96. L'habileté, c'est donc l'aptitude, soit acquise, soit simplement fortifiée et élargie par la culture, à atteindre certaines fins sans que la valeur de ces fins soit encore déterminée autrement que par l'intérêt ou le bon plaisir de l'individu.

97. On peut supposer *a priori* que le bonheur est une fin réellement poursuivie par tous les hommes, parce que, comme êtres finis, ils ont une sensibilité, c'est-à-dire des inclinations qui demandent à se satisfaire.

98. Si l'impératif catégorique concernait autre chose que la maxime ou la forme de l'action, il ne serait plus un impératif catégorique, puisque ses prescriptions seraient alors inévitablement subordonnées à la possibilité d'accomplir matériellement l'action et d'en avoir apprécié et approuvé d'avance, par un savoir certain et une satisfaction propre, toutes les conséquences.

99. La distinction des impératifs et la subdivision des impératifs hypothétiques répondent par leur objet à trois doctrines que Kant jugeait nécessaire d'instituer sur les fins de l'homme : une doctrine du *bonheur*, une doctrine de l'*habileté*, une doctrine de la *sagesse*. Il ne faut donc pas croire que les impératifs hypothétiques soient sans valeur et qu'ils aient été introduits uniquement pour faire ressortir par contraste le caractère incomparable de l'impératif catégorique : d'abord, comme nous l'avons dit, ils s'appuient, eux aussi, sur la raison en ce que, par l'établissement des règles, ils libèrent l'individu des suggestions incohérentes et des impulsions aveugles de la sensibilité ; ensuite, si les fins auxquelles leurs prescriptions sont relatives ne peuvent par elles-mêmes se justifier absolument, il se peut cependant que, sous certaines conditions et dans de certaines limites, elles soient autorisées, que même elles soient comprises dans l'accomplissement de nos devoirs : le développement de l'habileté fait partie du perfectionnement de notre nature commandé par la loi morale ; seul est interdit l'usage moralement mauvais de nos talents et de nos aptitudes ; de même la recherche du bonheur est légitime, autant du reste qu'inévitable, tant qu'elle n'est pas en opposition avec la loi morale ; bien plus, elle peut être un devoir au moins indirect. Ce qui est, en revanche, radicalement faux, c'est que les impératifs hypothétiques prétendent fournir la loi suprême, la loi spécifique de la volonté, et déterminer par eux-mêmes les principes de la morale.

100. Il faut noter l'importance de la question. Kant se demande comment sont possibles les impératifs en général, et tout spécialement l'impératif catégorique. Rien que cet énoncé atteste que l'impératif catégorique n'est pas son dernier mot. Il est une détermination du devoir que l'on doit ensuite s'efforcer de justifier. C'est donc trahir l'intention de Kant et son effort exprès que de dire qu'il a présenté l'impératif catégorique comme une consigne venue on ne sait d'où et qui prétend s'imposer sans donner ses motifs. Si l'impératif catégorique est déclaré indépendant de toute condition et de toute fin, c'est

parce que les conditions et les fins dont on le ferait dépendre ne fourni-
raient de sa nécessité que d'apparentes et fallacieuses raisons, qui
empêcheraient précisément de le dériver de la raison même, de la raison pure. Il arrive sans doute à Kant d'exprimer par le *sic volo, sic
jubeo* le commandement de la loi morale, mais on lui prête trop aisément le *sit pro ratione voluntas* qu'il a eu soin de ne pas ajouter.
L'autorité « dictatoriale » qu'il paraît prêter à l'impératif catégorique
n'est telle qu'à l'égard d'une volonté dominée par les inclinations sensibles et incapable pour cela d'éprouver la loi autrement que comme
une contrainte. Mais, ainsi que Kant le montrera, l'impératif catégorique est, par son principe, identique à la volonté raisonnable autonome.

101. On sait l'importance que Kant a donnée à la distinction des
jugements analytiques et des jugements synthétiques. Un jugement
analytique est pour lui un jugement dans lequel le concept exprimé par
le prédicat n'ajoute rien au concept exprimé par le sujet et ne fait que
développer ce qui est compris dans ce dernier, par la seule vertu du
principe d'identité ou de contradiction. Un jugement synthétique est
un jugement dans lequel le concept exprimé par le prédicat ajoute
réellement des connaissances au concept exprimé par le sujet et ne
peut s'en tirer par voie de simple développement ou analyse. — Le
problème dont traite la Critique, c'est le problème de la possibilité des
jugements synthétiques *a priori*, c'est-à-dire qu'il s'agit de rechercher
si, comment et jusqu'à quel point la raison pure peut, par elle seule et
indépendamment de l'expérience, ne pas se borner à éclaircir des
concepts donnés, mais établir entre les concepts des liaisons qui éten-
dent les connaissances.

102. L'impératif de l'habileté porte sur les moyens nécessaires à
l'accomplissement de telle ou telle fin, le commandement qu'il énonce
n'a pas besoin d'une explication *propre*, puisqu'il résulte analytiquement de la fin poursuivie par la volonté, selon la formule passée en
proverbe : Qui veut la fin, veut les moyens. — Nous avons rejeté la
correction *handelnde* au lieu de *handelnder Ursache*.

103. Il se peut que la détermination des moyens s'appuie sur des
propositions synthétiques ; seulement la question porte, non pas sur la
façon dont peuvent pour nous se constituer les moyens, mais sur la
relation des moyens en tant que tels à la fin, — relation qui reste analytique.

104. Comme l'impératif de l'habileté, l'impératif de la prudence
énonce une relation simplement analytique des moyens à la fin ; seulement ici la fin reste pour notre raison impossible à déterminer absolument : de là l'incertitude dans le choix des moyens les plus capables
d'assurer le bonheur tel que nous l'entendons.

105. L'impératif de la moralité ne se contente pas de prescrire une
action logiquement impliquée dans un vouloir antérieur ; il lie véritablement la volonté à la loi, au lieu de lier simplement, sous l'apparence

d'une loi, l'action que doit accomplir la volonté à telle fin matérielle voulue d'abord par cette même volonté ; par suite aussi il lie la volonté ; à la loi, non pas par les actes particuliers dont s'acquitte cette volonté, mais par la maxime qui sert de principe à ces actes. Ce rapport par lequel la volonté, dans sa maxime, est rattachée à une loi objective et inconditionnée est un rapport synthétique *a priori*, dont la possibilité, en conséquence, exige une explication.

106. Les jugements synthétiques *a priori* qui fondent la connaissance de la nature sont immanents à l'expérience dont ils sont les conditions, et l'analyse de l'expérience permet de les retrouver. Aussi Kant dit-il volontiers qu'il s'agit simplement d'en expliquer la possibilité. Mais l'impératif catégorique, pour les raisons que nous savons, ne peut jamais être tiré sûrement de cas donnés ou d'exemples.

107. Ils sont des *principes* en ce sens qu'ils fournissent un ensemble de règles, par lesquelles peut se déterminer la volonté ; ils ne sont pas des *lois*, en ce sens qu'ils fournissent des règles, non point à la volonté comme telle dans son essence pure, mais à la volonté qui, pour des motifs simplement subjectifs, s'est préalablement décidée à la poursuite de certaines fins.

108. Cette liaison n'est en effet concevable que tout autant qu'il s'agit d'une volonté qui n'est pas essentiellement dépendante des causes subjectives de détermination ; si elle l'était, comment pourrait-elle se rattacher à la loi et être obligée par elle ? D'autre part, la loi ne pourrait être considérée comme analytiquement déduite de la volonté que si la volonté était parfaite, autrement dit, que si l'on supposait réalisée absolument en un sujet l'identité de la maxime et de la loi. Mais un tel sujet, s'il nous est concevable, ne nous est pas donné.

109. Kant renvoie à la dernière section de son livre la solution finale du problème, et il paraît maintenant vouloir se préoccuper d'une tout autre question, celle de savoir quelle est la formule de l'impératif catégorique, et comment de cette formule on peut déduire l'ensemble des devoirs. Il va ainsi esquisser la tâche que doit remplir une Métaphysique des mœurs proprement dite, et qui consiste, non plus à rechercher comment la loi morale peut être fondée en raison, mais à tirer de la loi, admise dans sa pureté, les conséquences qu'elle impose à l'homme selon les dispositions essentielles de sa nature, les rapports essentiels qui le lient à ses semblables, à développer en somme le système des devoirs. Mais, tout en poursuivant ce but, Kant tente aussi, par l'établissement et l'examen des formules de l'impératif catégorique, de pousser plus loin l'analyse déjà engagée, de façon à toucher à l'idée qui permettra de résoudre, dans la dernière partie, le problème capital : comment l'impératif catégorique est-il possible ? — L'exécution combinée de ces deux desseins qui supposent des démarches de l'esprit différentes a engendré certaines difficultés, et surtout donné lieu à certaines méprises que nous aurons l'occasion de signaler.

110. Cette expression de l'impératif catégorique n'introduit ni fins ni motifs qui soient empruntés à l'expérience : elle est exclusivement *formelle*. Mais, quoi qu'on en ait dit, *formelle* ne signifie pas ici *vide, sans contenu*. De ce que l'impératif catégorique ne commande les actions que par leurs maximes, on ne doit pas conclure qu'il ne les détermine point ; il les détermine en ce qui fait qu'elles peuvent être moralement qualifiées et au moyen d'une idée — l'idée d'une loi universelle à réaliser par elles — dont on ne saurait contester la plénitude que par préjugé d'empiriste.

111. C'est là ce que Kant appelle l'élément formel de la nature, *das Formale der Natur* (*Prolégomènes*, § 17). V. du reste, dans les *Prolégomènes*, § 14, la même définition de la nature en ce sens : « La nature est l'existence des choses, en tant qu'elle est déterminée selon des lois universelles. »

112. Le rôle que joue ce principe dans la déduction des devoirs particuliers est présenté un peu différemment et, semble-t-il, avec plus de précision dans la *Critique de la raison pratique* (V. dans le chap. II de la première partie le morceau intitulé : *De la typique de la raison pure pratique*). Le problème y est ainsi posé : comment la loi morale, c'est-à-dire la loi de ce qui doit être par la liberté, peut-elle s'appliquer à des cas qui ne peuvent se produire que comme événements du monde sensible ? Kant remarque qu'un problème analogue avait dû être examiné dans la *Critique de la raison pure* : il s'agissait alors de savoir comment les concepts purs de l'entendement peuvent s'appliquer aux données d'une faculté hétérogène, la sensibilité : le moyen terme avait été trouvé dans l'imagination transcendantale, laquelle produit des schèmes *a priori* qui relient les catégories aux intuitions sensibles. Ici, la faculté intermédiaire qui permet un rapprochement entre la loi morale, expression de la raison proprement dite, et la réalité sensible, c'est l'entendement, mais l'entendement conçu comme la faculté de poser des lois, avant toute application à une matière. L'universalité de la loi : voilà ce qui est commun à la moralité en tant qu'elle est prescrite par la raison, et à la nature en tant qu'elle est comprise par l'entendement. Donc, en tant qu'elle est soumise à cette forme d'universalité, la nature peut servir de *type* pour l'ordre moral. Au surplus, il reste bien entendu que ce rapport entre l'ordre moral et la nature est un rapport purement pratique, qui, des actions accomplies en ce monde, retient, non pas la matière déterminée par des lois théoriques, mais uniquement les maximes dont elles dérivent.

113. Kant est resté fidèle à cette division dans sa *Métaphysique des mœurs* ; partant de cette idée, que la loi morale commande non des actes, mais des maximes, il y voit la preuve qu'elle ne peut déterminer d'une manière absolument précise comment et jusqu'à quel point il faut agir pour lui obéir. De là la conception de devoirs larges ou imparfaits, qui n'impliquent nullement à vrai dire le droit de faire exception à la règle, mais qui admettent la possibilité de limiter une maxime du

devoir par une autre (par exemple, l'amour du prochain par l'amour des parents). Les devoirs proprement moraux ou devoirs de vertu (devoirs qui ont pour objet le bonheur d'autrui et le perfectionnement de soi-même) sont des devoirs larges, tandis que les devoirs de droit (devoirs qui ont pour objet le respect de la personne humaine en nous aussi bien qu'en autrui) sont des devoirs stricts. (V. *Doctrine de la vertu, Introduction*, VII.)

114. Ces devoirs énoncent l'obligation de ne rien faire qui aille contre la perfection de notre nature, physique ou morale : ce sont, par exemple, les devoirs qui interdisent le suicide, le mensonge, la bassesse, etc.

115. Voici ce que Kant veut dire : il est impossible de concevoir un ordre de la nature dont la loi serait la maxime d'une volonté qui userait *arbitrairement* de la disposition à vivre implantée en chacun de nous, et qui, selon les circonstances contingentes et les impressions subjectives, la tournerait contre la vie même.

116. On s'est beaucoup servi de cet exemple pour prétendre que le formalisme de Kant n'avait pu tenter de spécifier des devoirs concrets qu'en se détruisant lui-même. Il semble, en effet, ici que Kant explique finalement l'immoralité de l'acte, non plus par la contradiction intrinsèque de la maxime érigée en loi avec elle-même, mais par la contradiction tout extrinsèque des conséquences de l'acte avec le dessein de la volonté : la défiance que provoque à son égard l'auteur de la fausse promesse n'est-elle pas la sanction dont dérive l'obligation de rester toujours sincère ? — Mais cette interprétation littérale de la pensée de Kant doit apparaître suspecte, si l'on songe que Kant a dit maintes fois que l'on ne devait pas confondre avec l'action morale, même si elle présentait les mêmes caractères extérieurs, l'action inspirée par la prévision des conséquences. Voici plutôt, croyons-nous, la marche de sa pensée dans cet exemple : la maxime d'une fausse promesse ne saurait devenir une loi de la nature, parce qu'elle se contredit elle-même ; il est contradictoire, en effet, de vouloir des promesses qui par définition supposent qu'on sera cru sur parole, et cependant, par intérêt personnel, de les vouloir fausses, c'est-à-dire destructrices de la faculté d'être cru de la sorte. Kant n'invoque le fait de la défiance excitée par la fausse promesse que comme une confirmation extérieure de son raisonnement.

117. Si la maxime d'après laquelle on préfère l'oisiveté à tout effort pour se cultiver ne peut être érigée en loi universelle, ce n'est pas parce que sous cette forme elle impliquerait, comme les maximes citées dans les exemples précédents, une contradiction logique, c'est parce qu'elle serait contradictoire avec l'idée d'une volonté qui, sous peine de restreindre arbitrairement son droit à établir un ordre de la nature issu d'elle, doit vouloir tout ce qui peut contribuer pour ainsi dire à étendre et à remplir cet ordre.

118. Kant, comme bien d'autres philosophes rationalistes, se défie des vertus qui proviennent surtout d'une impulsion du sentiment, et qui tendent à faire négliger ou dédaigner les vertus strictement commandées par la raison, comme la justice.

119. Ici encore il ne faut pas interpréter la pensée de Kant comme si le dévouement à autrui devait se justifier par la crainte de rencontrer chez les autres dans le malheur l'égoïsme dont on est soi-même animé. Kant veut dire plutôt qu'un ordre de la nature suppose entre les êtres des relations positives et objectives de réciprocité, et que par conséquent la volonté, en se considérant comme l'auteur d'un ordre de la nature, ne peut pas vouloir que les êtres humains restent par l'égoïsme isolés les uns des autres et se traitent en étrangers.

120. Nous gardons la correction *Ableitung*, qui nous paraît préférable à la leçon *Abtheilung* reproduite par l'édition de l'Académie de Berlin.

121. Le « pouvoir vouloir » s'entend donc en deux sens, selon que la possibilité exprime l'accord logique de la maxime érigée en loi avec elle-même, ou qu'elle exprime l'accord de la maxime érigée en loi avec l'essence de la volonté qui est de réaliser pratiquement un ordre de choses positif et aussi complet que possible.

122. Mal agir, c'est donc, selon Kant, vouloir pour soi ce que l'on ne veut pas universellement, c'est se mettre à l'état d'exception.

123. En fait, au lieu de prendre conscience de la contradiction qu'il y a dans notre maxime élevée à l'universalité de la loi, nous usons de sophismes ; nous affaiblissons l'universalité de la loi morale pour lui permettre de s'accommoder, dans tel ou tel cas, à l'arbitraire de notre maxime.

124. On voit particulièrement ici ce mélange, que nous avons déjà signalé, des deux tâches différentes poursuivies par Kant dans cette section de son ouvrage : montrer comment l'impératif catégorique est applicable (Métaphysique des mœurs) ; préparer la solution du problème final, qui est de savoir comment l'impératif catégorique est possible (Critique).

125. C'est un nouvel avertissement de Kant contre le danger de faire intervenir l'anthropologie ou la psychologie dans l'établissement ou la justification du principe de la morale. La loi morale n'est une loi pour la volonté humaine que parce qu'elle est une loi pour tout être raisonnable en général.

126. La philosophie morale, telle que Kant l'entend, ne peut reposer ni sur une connaissance, qui nous est impossible, d'objets suprasensibles, ni sur les données variables et contingentes de l'expérience ; elle ne peut se fonder que sur une Critique, dont la tâche est d'explorer à sa source la puissance pratique de la raison.

127. La tâche de la Métaphysique des mœurs paraît ici s'identifier, au moins dans une certaine mesure, avec celle de la Critique de la raison pure pratique.

128. Cette science empirique de l'âme, c'est l'anthropologie, dont nous avons vu plus haut la place et la portée.

129. La volonté est pour Kant, ainsi que nous l'avons vu, la faculté d'agir en vertu de la représentation de règles ; elle est aussi la faculté d'agir en vue de fins. Il est donc légitime d'analyser le concept de la volonté pure aussi bien sous l'aspect de la fin que sous l'aspect de la règle. Et, comme il s'agit de déterminer ce qu'implique la volonté d'un être raisonnable soumis au devoir, la fin ici doit être conçue indépendamment de tous les mobiles subjectifs et s'accorder avec la loi pratique objective. De même que la maxime d'une volonté pure a la valeur d'une loi universelle, la fin d'une volonté pure est, comme le dira Kant plus loin, une fin en soi.

130. C'est là une des formules de Kant qui accentuent le plus son rigorisme.

131. L'être raisonnable s'identifie pratiquement avec la raison et ne doit pas, non plus que la raison, être subordonné à une condition étrangère ; c'est à ce titre qu'il est une personne. On voit par là à quel point la personne se distingue de tout ce qui, sous le nom de besoins et d'inclinations, constitue notre simple individualité.

132. Cette proposition sera fondée principalement sur ceci, que les êtres raisonnables font par leur raison partie d'un monde intelligible.

133. On omet souvent, quand on traduit ou quand on cite cette formule, les mots « simplement » et « en même temps » ; ils ont cependant un sens. Kant ne veut pas dire, en effet, que l'homme ne doive jamais être mis ou se mettre lui-même au service de certaines inclinations et de certains besoins ; il veut dire que l'homme, dans tout usage de sa personne, a le devoir et le droit de rester libre, que s'il sert ou s'il est servi, ce doit être sans être asservi ou sans tenter d'asservir.

On a souvent reproché à Kant d'avoir par cette formule introduit la nature humaine comme matière, ou même comme principe dissimulé de l'impératif catégorique : par où il aurait tout à fait manqué au formalisme strict qu'il s'était systématiquement imposé. Mais ce reproche ne peut être fondé que si l'on ne tient pas compte de ce fait, que le développement de la pensée de Kant obéit ici à deux préoccupations au fond quelque peu divergentes, l'une qui le pousse à montrer comment de l'impératif catégorique on peut déduire l'ensemble des devoirs, l'autre qui le pousse à chercher des éléments pour la solution du problème de la légitimité de l'impératif catégorique. De ce dernier point de vue, il faudrait retenir de la suite de ses idées essentiellement ceci : toute volonté agit en vue d'une fin ; la fin d'une volonté pure ne peut être une fin subjective, mais une fin objective, une fin en soi. Or, par sa raison, l'être raisonnable est une fin en soi, il doit par conséquent être traité comme tel, et non pas simplement comme un moyen. Ainsi présentée, la pensée de Kant ne procède que par des concepts purs et elle s'achemine par cette voie vers le concept de l'autonomie qui lui permettra de toucher aux raisons qui fondent la possibilité de l'impératif catégorique. Mais de l'autre point de vue, qui est proprement celui de la Métaphysique des mœurs, il est à la fois permis et indispensable de chercher dans la nature humaine l'objet d'application du principe moral, l'humanité étant la forme sous laquelle la nature raisonnable nous est donnée, l'on est autorisé à dire : *Agis de telle sorte que tu traites l'humanité*, etc. — Remarquons à l'appui de cette interprétation que la *Critique de la raison pratique*, qui doit naturellement procéder avec plus de rigueur, puisqu'elle ne veut être qu'une préparation à la Métaphysique des mœurs, et non contenir même en raccourci cette Métaphysique, n'emploie qu'incidemment la notion de l'humanité fin en soi, et en tout cas ne l'emploie pas pour déterminer le principe moral, tandis que la *Métaphysique des mœurs*, qui doit présenter surtout les applications de ce principe, en fait un grand usage.

134. Dans la *Métaphysique des mœurs* (*Doctrine de la vertu, Doctrine élémentaire*, § 1- § 4) Kant explique comment le même sujet peut être obligeant et obligé ; il invoque pour cela la distinction de l'être sensible et de l'être intelligible en nous : l'obligation envers nous-mêmes, c'est l'obligation envers l'être intelligible, envers l'humanité dans notre personne. Si le suicide est interdit, c'est qu'il supprime radicalement les conditions de la réalisation de la moralité. (*Ibid.*, § 6.)

135. Ce principe de l'*humanité fin en soi*, même poussé, comme le veut Kant, jusqu'à la justification des devoirs de bienfaisance, n'en reste pas moins dans sa signification propre un principe surtout *limitatif* : il met surtout en relief l'obligation de ne jamais violer sous aucun prétexte le respect dû à la personne humaine. Il contribue à donner à la morale de Kant ce caractère « juridique » que quelques-uns lui ont reproché comme une restriction apportée au développement spontané des sentiments sympathiques et à l'expansion naturelle de la vie, que d'autres au contraire ont loué comme une satisfaction donnée à la nécessité rationnelle de faire plier l'amour, aveugle et tyrannique en son principe, devant la justice, devant la reconnaissance entière de l'égale dignité des personnes.

136. Seul peut être fin en soi un être capable de se représenter par sa raison toutes les fins possibles, capable par suite de se les représenter en accord avec la loi.

137. Ce nouveau principe résume et combine les deux principes antérieurs : puisque l'être raisonnable doit être conçu comme fin en soi, il ne peut être un simple moyen ou un simple instrument au service d'une loi qui s'imposerait à lui du dehors. Il doit donc être considéré comme étant par sa volonté l'auteur de la loi à laquelle il obéit. Ce principe, auquel Kant va donner le nom de principe de l'autonomie de

la volonté, nous fait toucher, comme nous le verrons, à la solution définitive du problème moral. — Il apparaît comme une application à l'ordre de la moralité de l'idée que Rousseau avait soutenue pour l'ordre social : « L'obéissance à la loi qu'on s'est prescrite est liberté. » (*Contrat social*, I. I, ch. VIII.)

138. On voit par là comment cette troisième formule parachève le travail d'analyse qui, parti du concept du devoir, doit aboutir à la découverte des raisons qui par une autre méthode en fondent la possibilité. En effet, la difficulté que soulève l'explication de l'impératif catégorique vient de ce que nous devons obéir à la loi uniquement parce que c'est la loi et par respect pour elle. Cette difficulté n'existe pas en ce qui concerne les impératifs hypothétiques, puisque là le motif de notre obéissance est quelque intérêt plus ou moins saisissable, mais toujours réel et agissant. Ici tout intérêt est exclu, du moins tout intérêt sensible, et cependant il faut, pour nous déterminer, que nous nous intéressions en quelque façon à la loi. Or cet intérêt d'un tout autre ordre, cet intérêt purement intellectuel, qui existe incontestablement, s'explique maintenant, puisqu'il apparaît que nous sommes, comme êtres raisonnables, les auteurs de la loi à laquelle, comme êtres raisonnables et sensibles à la fois, nous devons nous soumettre. En outre, le concept de l'autonomie de la volonté nous met en face de concept de la liberté, en qui s'exprime la puissance pratique de la raison, et qui seul peut fonder définitivement, comme nous le verrons, la possibilité de l'impératif catégorique.

139. C'est-à-dire, ici, d'un intérêt déterminé par des inclinations sensibles, d'un intérêt qui s'attache à l'objet de l'action, au lieu de s'attacher exclusivement à la forme et à la loi de l'action.

140. Kant met ici en lumière l'importance décisive du principe qu'il vient d'introduire : si ce n'est pas à sa législation que l'homme obéit, il ne peut se soumettre à la loi qu'en vertu de quelque mobile étranger qui subordonnerait l'impératif catégorique à une condition.

141. Kant adapte ici à sa doctrine l'idée augustinienne de la cité de Dieu, en partant du reste de l'interprétation philosophique que Leibniz en avait donnée avec sa distinction du règne de la grâce et du règne de la nature. (V. *Critique de la raison pure, Méthodologie, Canon de la raison pure*, deuxième section.)

142. Le règne des fins, tel que Kant l'entend, paraît comprendre tout ce qui, comme fin, est en connexion, directe ou indirecte, avec la loi morale, ce qui, comme fin, est constitué, ou commandé, ou autorisé par elle d'abord, les êtres raisonnables, considérés, à titre de sujets des fins, comme fins en soi ; puis les fins que la loi morale ordonne à ces êtres de poursuivre, les fins que la *Doctrine de la vertu* appellera les *fins-devoirs* ; en outre, les fins que la loi morale leur permet simplement de poursuivre.

143. C'est là l'indication expresse que, pour des nécessités naturelles ou sociales, les êtres raisonnables peuvent bien se servir les uns aux autres de moyens, mais sous la condition absolue qu'ils soient traités *en même temps* comme des fins en soi.

144. Un idéal qui doit être réalisé par la liberté.

145. Ainsi les êtres raisonnables finis, par conséquent les hommes, ne peuvent prétendre qu'au titre de membres du règne des fins ; Dieu seul évidemment, dans la pensée de Kant, étant « le souverain bien originel », peut être considéré comme chef.

146. Nous avons déjà vu que la loi pratique n'était une contrainte ou un devoir que pour les êtres qui sont sensibles en même temps que raisonnables.

147. Cette idée d'une égalité ou d'une réciprocité essentielles, considérées comme constitutives de l'ordre qui doit régner entre les êtres raisonnables, est une des idées qui caractérisent le plus la morale de Kant ; elle a été regardée par certains kantiens indépendants comme l'idée qu'il importait avant tout de retenir, en la dégageant des formules trop métaphysiques, selon eux, auxquelles Kant l'a associée.

148. Il y a ici, semble-t-il, une réminiscence du stoïcisme, appropriée par Kant à sa doctrine. V. dans Sénèque, *Ep.* 71, 33, la différence entre le prix *(pretium)* et la dignité *(dignitas)*, traduisant la différence établie par les stoïciens, entre les ά ξιαν εγουτα et les ά γαθά.

149. On voit par là que les lois du règne des fins gouvernent non seulement les relations des personnes idéalement ou abstraitement considérées, mais encore les échanges d'objets ou de services entre les personnes.

150. C'est dans ce genre de satisfaction que consiste, ainsi que l'expliquera la *Critique de la faculté de juger*, le plaisir désintéressé que nous éprouvons à contempler le beau ; les choses qui nous satisfont de la sorte ont un prix de sentiment, selon l'expression de Kant *(Affektionspreis)*, et non un prix marchand *(Marktpreis)*, parce que leur valeur propre n'en fait pas des objets d'échange que l'on puisse matériellement estimer.

151. Parce que ce sont des qualités que nous aimons en dehors de tout avantage matériel et qui nous plaisent comme nous plaît la beauté de certains objets.

152. Au fond, l'être raisonnable ne possède le droit de participer à la législation universelle qu'à la condition de le mériter, c'est-à-dire encore que pour Kant un être raisonnable ne se réalise véritablement comme tel qu'en étant un être moral.

153. Nous avons vu plus haut que le respect envers la loi morale, s'il nous humilie comme êtres sensibles, nous rehausse cependant par un certain côté, en raison de la conscience que nous avons d'être les auteurs de la loi à laquelle nous sommes soumis.

154. De chacune de ces formules on peut en effet, par simple analyse, tirer les deux autres, et les trois formules résultent elles-mêmes
analytiquement du concept d'une bonne volonté, ou d'une volonté soumise au devoir, concept ramené à celui d'une volonté dont la maxime
peut être érigée en loi universelle.

155. La formule essentielle de la loi morale est pour Kant celle qui
a été énoncée la première : *Agis uniquement d'après la maxime qui
fait que tu peux vouloir en même temps qu'elle soit une loi universelle.*
En déterminant cette formule, premièrement par l'idée d'une loi de la
nature ; deuxièmement, par l'idée des personnes fins en soi, troisième-
ment, par l'idée d'un règne des fins, Kant a voulu d'une part pousser
l'analyse du concept du devoir jusqu'au point où il toucherait à ce qui
en justifie la possibilité (autonomie), mais il a voulu montrer aussi
comment la loi morale est applicable, et voilà pourquoi il l'a exprimée
en des formules plus susceptibles de représenter à l'intelligence
humaine l'ordre à réaliser, plus capables par suite d'agir efficacement
sur les volontés.

156. On sait que par ce terme de *catégories*, emprunté à Aristote,
Kant entend les concepts primitifs de l'entendement qui se rapportent
a priori aux objets de la sensibilité, et qu'il a dressé une table systématique de ces concepts. Il a par la suite volontiers employé, plus ou
moins artificiellement, sa table des catégories à représenter des
moments ou des déterminations de sa pensée dans d'autres domaines.

157. L'unité, la pluralité et la totalité sont les catégories de la quan-
tité. Dans la 2ᵉ édition de la *Critique de la raison pure*, Kant remarque
que dans chaque classe la troisième catégorie résulte de l'union de la
deuxième avec la première : ainsi la totalité n'est autre chose que la
pluralité considérée comme unité, de même que, dans une autre classe,
la limitation n'est autre chose que la réalité jointe à la négation, etc.
(*Analytique transcendantale*, I. I, ch. 1, 3ᵉ section).

158. Elle la considère ainsi surtout à cause de la présence dans le
monde d'êtres organisés, inexplicables pour nous par le seul mécanisme, et en dernière analyse à cause des rapports que présente la
nature avec les fins des êtres raisonnables.

159. La morale a pour Kant une sorte de téléologie absolue, en ce
sens qu'elle n'a pas à observer les productions de la nature pour affirmer l'existence de fins, mais qu'elle pose tout à fait *a priori* un système
de fins qui doit être. Si maintenant ce système de fins peut être appelé
par analogie un règne de la nature, c'est que l'idée de la nature représente un ordre des existences selon certaines lois.

160. Ici Kant reprend la suite d'idées qui lui a permis de définir la
loi morale et d'en déterminer les formules.

161. C'est en raison de cette analogie que la nature, ainsi que nous
l'avons noté d'après Kant, peut servir de *type* à l'ordre de la moralité.

162. Il n'y a que le sujet de toutes les fins possibles, c'est-à-dire l'être raisonnable, qui puisse être fin en soi, parce qu'il ne peut être assimilé à aucune des fins particulières, et que par sa raison il conçoit la loi objective à laquelle sa volonté doit se conformer.

163. D'un être raisonnable qui serait simplement un moyen, je ne saurais dire que la maxime de mon action vaut, comme loi universelle, pour lui, car, dans ces conditions, il ne saurait lui-même se faire des maximes susceptibles d'être érigées en lois universelles, et dès lors le rapport de la volonté à la législation morale ne serait pas en lui ce qu'il est en moi, ce qu'il doit être en soi.

164. Un être fin en soi ne saurait être gouverné par une législation à laquelle il ne participerait pas, et qui s'imposant à lui du dehors, se trouverait le traiter comme un simple moyen.

165. On sait que pour Kant la connaissance véritable du monde donné repose sur l'affirmation du mécanisme, et que s'il nous est impossible d'expliquer par le mécanisme toutes les productions de la nature, l'idée de la finalité, simplement régulatrice, ne doit jamais restreindre notre effort pour fournir des explications mécanistes, dans les limites où ces explications ne dépassent pas la portée de notre intelligence.

166. Selon Kant, la nature, bien que soumise au mécanisme, peut et doit être appelée un *règne*, parce que, selon notre faculté de juger, pour certaines de ses productions comme pour sa marche générale, elle agit en vue de fins. Or ce qui marque à la fois le terme et la condition souveraine de cette hiérarchie des fins, c'est l'être raisonnable, spécialement considéré comme être moral : l'homme est le « but final » de la création, en tant que sa liberté, se conformant à la loi pratique inconditionnée, se propose pour objet la réalisation du souverain bien dans le monde. De l'homme ainsi conçu on n'a pas à se demander pour quelle fin il existe ; son existence a dans la moralité son but suprême et tire de là son droit à se subordonner les autres fins de la nature. (V. *Critique de la faculté de juger.*)

167. Les fins que réalise la nature n'ont pas de rapport direct et nécessaire avec nos inclinations ; la nature ne peut donc pas par elle-même nous assurer le bonheur proportionné à notre vertu ; pour que le juste accord de la vertu et du bonheur, c'est-à-dire le souverain bien, s'accomplisse, nous sommes obligés de supposer l'existence d'une Cause suprême, principe de cet accord, c'est là pour Kant l'un des *postulats* de la raison pratique.

168. Cette supposition, aux yeux de Kant, est parfaitement légitime et même en un sens indispensable ; seulement elle est l'objet, non d'une certitude démonstrative, mais d'une *foi* de la raison, s'appuyant sur la loi morale, et affirmant la réalité des conditions sans lesquelles l'accomplissement du souverain bien est inconcevable.

169. Ainsi l'idée selon laquelle le monde tend, grâce à Dieu, à réaliser le souverain bien et à constituer ainsi l'unité de tout le système des fins, ne vaut que par la loi morale ; elle ne saurait donc être appelée, par un renversement des rôles, à servir de principe ou de caution à la loi.

170. Cette proposition est synthétique en ce qu'elle lie à l'idée d'une volonté bonne, l'idée d'une législation universelle qui n'y est pas *logiquement* contenue.

171. Afin de montrer par quelle faculté la raison est capable d'opérer cette liaison synthétique qu'a découverte l'analyse de la conscience commune, et afin de rechercher comment est légitime l'exercice de cette faculté.

172. Dans ce cas, les représentations de la raison, se rapportant avant tout à des objets, ne peuvent déterminer la volonté que par l'intermédiaire de la sensibilité.

173. Car alors ce ne serait pas la raison qui serait véritablement pratique, ce seraient les objets des inclinations.

174. Ce doit être en effet pour Kant l'un des résultats de la Critique, de montrer que la raison spécifiquement pratique ne peut être qu'une raison pure, tirant sa puissance de sa forme seule, et non de la représentation d'objets matériels.

175. Dans la *Critique de la raison pratique* (première partie, I. I, ch. 1, scholie II du théorème IV), Kant dresse un tableau, qu'il juge complet, des principes matériels et hétéronomes de détermination : ces principes se divisent d'abord en principes subjectifs et en principes objectifs ; les principes subjectifs se divisent à leur tour en principes externes, qui sont d'abord l'éducation (Montaigne), puis la constitution civile (Mandeville), et en principes internes, qui sont d'abord le sentiment physique (Epicure), ensuite le sentiment moral (Hutcheson) ; les principes objectifs se divisent également en principes internes, qui se ramènent à la perfection (Wolff et les stoïciens), et en principes externes, qui se ramènent à la volonté de Dieu (Crusius et divers théologiens moralistes).

176. C'est surtout Wolff et son école que Kant vise ici.

177. C'est à Crusius que Kant songe ici. Crusius (1712-1776) attribuait en effet à Dieu une liberté indépendante en elle-même de la raison, et plaçant dans le commandement divin la source de toute obligation morale.

178. Si légitime que puisse être dans de certaines limites et surtout sous certaines conditions la recherche du bonheur, il est radicalement faux et funeste, selon Kant, de l'ériger en loi pratique ; même si l'on déclare que le bonheur à poursuivre n'est pas seulement le bonheur de l'agent, mais aussi celui de ses semblables, il reste toujours que c'est la loi morale, conçue dans sa pureté absolue, qui peut conférer au bonheur une dignité, qui peut imposer le souci du bonheur d'autrui

comme obligation restrictive du souci de notre bonheur propre. — C'est au principe du bonheur que se ramènent plus ou moins directement tous les principes matériels et hétéronomes, ainsi que Kant le montrera particulièrement dans la *Critique de la raison pratique* (première partie, I. I, ch. 1) ; c'est donc le principe du bonheur qui est le plus essentiellement en opposition avec le principe moral véritable.

179. C'étaient Schaftesbury, Hutcheson et Hume qui avaient soutenu que le bien, loin d'être découvert et déterminé par l'entendement, est l'objet d'un sens particulier, le sens moral, qui l'aperçoit et le reconnaît spontanément. Pendant un temps, Kant avait lui-même adopté cette doctrine qui lui paraissait fournir de la nature morale de l'homme une vue plus exacte et plus déterminée que la doctrine wolffienne de la perfection, qui lui semblait en outre provoquer le philosophe à une analyse plus directe et plus impartiale de la moralité. (V. le *Programme des leçons pour le semestre d'hiver* 1765-1766.) Il la rejeta au contraire très explicitement, en l'assimilant même à l'épicurisme, dans sa *Dissertation* de 1770, où il établissait les fondements de son nouveau rationalisme.

180. François Hutcheson (1694-1747) fut un des partisans les plus considérables de la doctrine du sens moral. Il la défendit dans sa *Recherche sur le type de nos idées du beau et du bien* (1725), dans son *Essai sur la nature et la direction des passions et des affections, avec des éclaircissements sur le sens moral* (1728), dans son *Système de philosophie morale* (1755).

181. Ce que l'on appelle le sens moral, selon ce que Kant dit encore volontiers, n'a de réalité ou de vérité que tout autant que c'est un effet produit en nous par l'influence de la loi.

182. Le concept de perfection est un concept qui peut bien se laisser déterminer par le principe moral, mais qui ne peut pas par lui-même le déterminer. Si je dois rechercher ma perfection, c'est-à-dire cultiver en moi toutes les facultés nécessaires à l'accomplissement des fins prescrites par la raison, c'est que la loi morale l'exige. Autrement dit, le concept de perfection repose sur celui de loi morale, non le concept de loi morale sur celui de perfection.

183. Car c'est de nous-mêmes alors que nous tirerions le concept de la moralité pour l'attribuer à Dieu et pour expliquer ensuite par cet attribut la présence de la loi morale en nous.

184. Le principe du bonheur ruine au contraire toute morale.

185. Ainsi que nous l'avons déjà dit, la Métaphysique des mœurs consiste avant tout à déterminer le principe suprême de la moralité et à en déduire par l'application à la nature humaine le système des devoirs, tandis que la Critique a pour fonction propre d'établir l'objectivité de ce principe par l'examen de la puissance pratique de la raison. Seule donc la Critique est à même de démontrer que la moralité est

vraie, alors que la méthode suivie jusqu'à présent s'est bornée à rechercher ce que la moralité implique si elle est vraie.

186. Kant repousse la liberté d'indifférence, tout en admettant le libre arbitre dans un sens que nous aurons à définir.

187. *La Critique de la raison pure* a exposé deux conceptions de la liberté : une conception *cosmologique* et *transcendantale*, strictement rationnelle, d'après laquelle la liberté est le pouvoir d'agir indépendamment du mécanisme de la nature et de produire par une causalité intelligible, hors du temps, une série de phénomènes qui se manifestent dans le temps conformément à la nécessité des lois naturelles ; puis une conception *pratique* et plutôt *psychologique*, démontrée par l'expérience, d'après laquelle la liberté est la causalité par laquelle la raison détermine la volonté en lui fournissant des règles de conduite. La liberté pratique est immédiatement certaine pour la fonction qu'elle remplit ; si elle se fonde sur la possibilité de la liberté cosmologique et transcendantale, — possibilité que du reste la raison théorique ne peut pas convertir en réalité objective, — c'est uniquement afin d'écarter le doute spéculatif par lequel on se demande si ce qui apparaît en nous comme *liberté* par rapport à des impulsions sensibles ne serait pas *nature* par rapport à des causes plus élevées ou plus lointaines. Dans la *Critique de la raison pure*, la relation de ces deux espèces de liberté est imparfaitement établie, parce que Kant n'est pas encore parvenu à la formule pleinement explicite du principe de l'autonomie.

188. Kant affirme donc l'identité de la liberté et de la moralité. Cette identité n'était pas énoncée dans la *Critique de la raison pure*, ni pour ce qui était de la liberté transcendantale, à laquelle paraissait être rapportée essentiellement la décision radicale qui faisait notre conduite soit bonne, soit mauvaise ; ni pour ce qui était de la liberté pratique, qui pouvait se régler sur l'agréable et l'utile autant que sur le bien. Ici, grâce à la mise en lumière de l'idée d'autonomie, la forme de la liberté paraît trouver dans la moralité, dans la notion de volontés législatrices universelles, un contenu adéquat. Faut-il croire cependant que Kant n'admette plus la liberté de la volonté mauvaise, qu'il revienne par un détour à une doctrine voisine du déterminisme leibnizien ? Assurément non, bien que, par la nature du problème envisagé, cet ouvrage-ci s'attache à présenter les deux concepts de liberté et de moralité comme convertibles. Il n'est pas très aisé de saisir d'ensemble la pensée de Kant sur ce sujet. Voici, semble-t-il, comment il faut se la représenter. La volonté est essentiellement la faculté d'agir par des règles ou des maximes ; alors même qu'elle emprunte ses mobiles aux inclinations sensibles, elle ne subit pas de leur part une influence strictement déterminante, puisque ces mobiles ne valent pour elle que s'ils sont admis dans sa règle d'action. Autrement dit, toute règle enferme un élément rationnel, irréductible par cela même à des mobiles *donnés*, et l'on peut soutenir en ce sens que la liberté existe pour l'homme dès qu'il se fait une règle de conduite, quelle qu'elle soit :

ce n'est pas une liberté d'indifférence, puisque d'une part les actes matériels dérivant de cette règle sont toujours liés à des causes déterminées ou déterminables dans l'expérience, puisque d'autre part la règle choisie exprime, pour le jugement pratique, la direction constante de la conduite. Cependant la raison est capable, non seulement de mettre en règles et en formules des mobiles fournis par la sensibilité, mais de fournir d'elle-même une loi dont le contenu, aussi bien que la forme, vienne d'elle et suffise à déterminer la volonté en ce qu'elle a d'essentiel, c'est-à-dire dans sa maxime ; cette loi est la loi morale, indépendante de toute matière empirique, et inconditionnée en elle-même. Ainsi la raison est pratique tout en étant absolument pure. On conçoit dès lors que la position de la loi morale soit l'action libre par excellence. Mais si l'identité de la liberté et de la loi est la vérité pratique suprême, que les *Fondements* ont pour objet de faire ressortir, il ne semble pas qu'elle rejette de la pensée de Kant la réalité du libre arbitre et la possibilité d'un choix libre du mal. Dans ses ouvrages postérieurs, surtout dans son ouvrage sur *la Religion*, Kant suppose ou soutient que l'homme fait le mal, non par un simple abandon de sa volonté aux impulsions de la sensibilité, mais par une adoption directe de maximes qui acceptent les mobiles sensibles comme s'ils valaient la loi. L'homme est un être à la fois sensible et raisonnable, et, à cause de cela, sa raison, quand elle agit, n'est pas par sa nature seule immédiatement conforme à la loi objective que cependant elle porte en elle ; comme, d'autre part, la dualité de la sensibilité et de la raison est telle qu'il n'y a pas passage par degrés continus de l'un à l'autre, l'action par laquelle la raison ou bien remplit sa règle par des mobiles sensibles, ou bien impose sa loi aux inclinations, ne peut être représentée dans sa liberté propre que comme un choix.

189. D'une façon générale, les jugements synthétiques diffèrent des jugements analytiques en ce qu'ils mettent en rapport avec le sujet un prédicat qui n'y était pas logiquement contenu ; aussi ont-ils besoin d'un terme intermédiaire pour opérer l'union des deux concepts. Pour la connaissance théorique, cet intermédiaire est fourni par l'intuition ; c'est ainsi que le principe de causalité, d'après lequel tout ce qui arrive suppose quelque chose à quoi il succède selon une règle, implique l'intuition du temps et la faculté de saisir dans le temps les phénomènes qui s'y succèdent ; autrement dit, le rapport de cause à effet est un rapport de principe à conséquence, mais déterminable dans le temps de façon à comprendre un objet réel, au lieu d'exprimer simplement une identité logique ; et c'est une détermination propre du temps, la succession qui réalise l'enchaînement des deux termes synthétiquement unis par la loi de causalité.

190. Telle qu'elle s'offre à l'intuition.

191. Ce troisième terme est, comme nous le verrons, l'affirmation d'un monde intelligible.

192. La liberté, ainsi que le redira Kant plus loin, ne peut pas être un concept tiré de l'expérience, puisque toute l'expérience possible est soumise à la nécessité naturelle. Nous avons rappelé que la *Critique de la raison pure* considérait encore la liberté pratique comme démontrable par l'expérience.

193. Au point de vue pratique, nous n'avons pas besoin de *savoir* ce qu'est la liberté ; du moment que nous en avons l'idée, qui exprime la spontanéité de la raison, il suffit de reconnaître que l'être raisonnable agit par sa raison pour admettre qu'il est pratiquement libre. — Kant pourtant déclarera plus loin que si la possibilité de la liberté n'était pas théoriquement recevable, il faudrait renoncer décidément à la liberté en faveur de la nécessité. Et il renouvellera plus d'une fois cette déclaration, notamment dans la *Préface* de la 2ᵉ édition de la *Critique de la raison pure* : « Admettons que la morale implique nécessairement la liberté (au sens le plus strict) comme une propriété de notre volonté, puisqu'elle pose *a priori* comme des *données* de la raison des principes pratiques qui ont leur origine dans cette même raison et qui seraient absolument impossibles sans la supposition de la liberté, admettons encore que la raison spéculative ait prouvé que cette liberté ne se peut aucunement concevoir ; il faut alors nécessairement que cette supposition, la supposition morale, se retire devant celle dont le contraire enferme une contradiction manifeste, par suite que la *liberté* et avec elle la moralité (dont le contraire n'enferme pas de contradiction quand la liberté n'est pas préalablement supposée) cède la place au *mécanisme de la nature.* »

194. Pour Kant, la conscience qu'a un être raisonnable de se déterminer par sa raison ne saurait être sujette au même genre d'illusion que la conscience de telle ou telle donnée de fait ; car elle se manifeste par la position de principe ou de règles.

195. L'idée de la liberté exprimant la causalité de la raison, un être raisonnable qui en agissant ne se considérerait pas comme libre, cesserait par là même d'être un être raisonnable.

196. Il nous faudrait pour cela une faculté d'intuition intellectuelle dont nous sommes dépourvus.

197. Cette supposition a sans doute une valeur objective, mais seulement au point de vue pratique ; et par suite elle ne peut servir à expliquer la possibilité de l'impératif catégorique, si l'on n'a point éclairci ce qui fait que des règles susceptibles de devenir des lois universelles sont véritablement les principes de notre conduite.

198. Kant a expliqué plus haut et expliquera encore plus loin la différence qu'il y a entre prendre intérêt à une action pour elle-même, pour la validité universelle de la maxime dont elle procède, et prendre intérêt à une action pour l'objet qui doit résulter d'elle, pour le contentement qu'elle apporte aux inclinations. Dans le premier cas, c'est un

intérêt *pur*, spécifiquement *pratique* ; dans le second cas, c'est un intérêt *empirique, pathologique*.

199. C'est en tant qu'universelle que la volonté est la source de la loi ; c'est en tant qu'individuelle, en tant qu'unie à une sensibilité qui entrave ou limite sa puissance pratique, que la volonté éprouve la contrainte du devoir.

200. Kant a souvent défini la vertu ce qui nous rend dignes d'être heureux, par opposition du reste aux doctrines qui identifient la vertu avec la recherche du bonheur.

201. Plus simplement le cercle vicieux serait celui-ci : l'affirmation de la loi morale repose sur celle de la liberté.

202. Nous touchons ici au point important de cette dernière partie de l'ouvrage ; Kant va y établir la légitimité de la conception d'un monde des *choses en soi*, ou monde *intelligible*.

203. Kant indique souvent la réceptivité comme le caractère propre de la sensibilité.

204. La Critique justifie cette thèse en montrant que les objets de la perception sensible ne peuvent être saisis qu'en tant qu'ils tombent sous les formes de l'espace et du temps, que par suite ils sont relatifs pour notre connaissance à ces formes qui constituent la nature de notre sensibilité, qu'ainsi ils ne peuvent être représentés que comme *phénomènes* : le fondement de l'apparition des *phénomènes* est sans doute dans les *choses en soi*, mais l'application de l'entendement aux données des sens ne peut que les convertir en objets d'*expérience* scientifique, non en faire sortir la connaissance des choses en soi.

205. Il serait absurde d'admettre, dit Kant dans la *Préface* de la 2ᵉ édition de la *Critique de la raison pure*, qu'il y ait apparence phénoménale sans l'existence de quelque chose qui apparaît *(dass Erscheinung ohne etwas wäre, was da erscheint)*.

206. La distinction est établie ici en gros, parce qu'elle ne repose pas sur l'examen *critique* de la nature de la sensibilité, tel qu'il se trouve dans la *Dissertation* de 1770 et dans la *Critique de la raison pure (Esthétique transcendantale)*, et parce qu'elle se borne à invoquer la passivité et la variabilité des sensations. Kant s'est flatté d'avoir trouvé, par sa doctrine de l'idéalité de l'espace et du temps, un fondement certain pour la vieille distinction platonicienne du monde sensible et du monde intelligible, tout en écartant les vaines spéculations par lesquelles le platonisme avait prétendu embrasser ce dernier monde.

207. Kant a beaucoup lutté contre la théorie qui attribue au sens intime le privilège d'atteindre une réalité plus foncière que les phénomènes : tout ce qui est représenté par un sens, aussi bien sens intime que sens externe, est toujours à ce titre *phénomène*. Pour se connaître comme *être en soi*, il faudrait que l'homme eût une spontanéité capable de produire par elle seule tous ses états, et parallèlement une intuition intellectuelle capable de saisir cette spontanéité dans son opération.

208. Toute connaissance étant enfermée dans les limites de l'expérience, si le monde intelligible peut et doit être affirmé, il ne saurait être connu.

209. Notre connaissance, selon Kant, commence par les sens, passe de là à l'entendement *(Verstand)* et s'achève dans la raison *(Vernunft)*. La raison est en nous ce qu'il y a de plus élevé pour élaborer la matière de l'intuition sensible et la ramener à l'unité la plus complète de la pensée.

210. L'entendement est incapable de se représenter par ses concepts purs ou catégories des objets qui leur soient conformes, il ne peut en user que comme de règles qui se rapportent aux objets construits ou donnés dans l'intuition sensible. La raison, au contraire, conçoit des objets qui sont bien à elle, l'âme, le monde, Dieu ; elle ne peut point sans doute, sauf par illusion, les transformer en objets de connaissance, mais elle peut à bon droit les employer théoriquement comme des schèmes idéaux sous lesquels se représente une unité systématique et totale des phénomènes, achèvement de l'unité imparfaite et toujours conditionnée que leur constitue l'entendement : ce sont des *objets en idée*. Ainsi, tandis que l'entendement est la faculté de ramener les phénomènes à l'unité au moyen de règles, la raison est la faculté de ramener à l'unité les règles de l'entendement au moyen de principes. La raison se rapporte donc encore à l'expérience, mais par l'intermédiaire de l'entendement.

211. L'unité *transcendantale* de la conscience, ou *aperception pure*, est l'action propre par laquelle le sujet impose son identité, c'est-à-dire un enchaînement régulier, à la diversité des représentations ; elle s'exprime par le « Je pense » ; elle est le fondement des catégories ; elle se distingue essentiellement de cette unité *subjective* de la conscience, plus ou moins saisie par le sens intime, et qui ne consiste que dans le lien d'associations d'idées.

212. Sans les concepts de l'entendement, les intuitions, dit Kant, sont *aveugles*, mais sans les intuitions les concepts sont *vides*.

213. Le rôle des *idées*, c'est de permettre à la raison de parfaire la synthèse des conditions, de s'élever par suite jusqu'à l'inconditionné, tandis que les concepts de l'entendement ne peuvent franchir les limites du conditionné. — En produisant ses idées, la raison conçoit des objets ou pose des problèmes inaccessibles à l'entendement proprement dit, et c'est par là qu'elle lui marque des limites.

214. Le droit et la nécessité de concevoir un autre monde que le monde sensible, à savoir un monde intelligible, sans en faire du reste pour cela un objet de connaissance, apportent à la fois une justification et un contenu au concept de liberté, en offrant à notre volonté un ordre à réaliser selon des lois qu'elle pose elle-même et qui sont indépendantes du mécanisme de la nature.

215. La loi morale ne sert pas à prouver la liberté, pas plus que la liberté ne sert à prouver la loi morale, mais l'une et l'autre sont également fondées sur l'affirmation, maintenant autorisée, d'un monde intelligible dont la liberté est, si l'on peut dire, le facteur, tandis que la loi morale en est la loi de réalisation. Si maintenant la loi morale se présente à nous comme un *devoir*, et non pas sous la seule forme essentielle de l'autonomie, c'est que nous faisons partie des deux mondes, et que notre nature intelligible, pour se réaliser, doit contraindre notre nature sensible.

216. Pour Kant, la causalité de notre être intelligible doit se manifester dans le monde sensible. Or nos actions, en tant qu'elles *apparaissent* dans le monde sensible, sont soumises à la nécessité des lois de la nature et doivent s'expliquer, comme tous les autres phénomènes, par des causes naturelles. Quant à la cause libre dont elles procèdent et qui se détermine hors du temps, elle échappe aux conditions de la connaissance, parce qu'elle les dépasse.

217. Le principe du bonheur est l'expression la plus complète et la plus systématique des mobiles empruntés à la sensibilité.

218. Le rapport de causalité qu'il y a entre le monde intelligible et le monde sensible reste théoriquement indéterminé et impossible à représenter par une connaissance ; il ne se détermine que pratiquement par la nécessité qui s'impose à des êtres raisonnables appartenant aussi au monde sensible, de conformer les maximes de leur action aux lois du monde intelligible.

219. En tant, bien entendu, qu'activité raisonnable, que volonté pure.

220. Kant avait plus haut présenté un peu autrement la synthèse : il l'avait présentée comme s'opérant entre l'idée de la volonté bonne et l'idée d'une volonté législatrice ; il la présente maintenant comme s'opérant entre l'idée de la volonté affectée par les désirs sensibles et l'idée de cette même volonté renfermant en tant que pure la loi de la première. Dans les deux cas, la conception du monde intelligible sert de terme intermédiaire ; elle confère l'objectivité pratique au rapport qui lie à la volonté législatrice universelle soit la volonté bonne, soit la volonté capable de l'être, tout en étant affectée par la sensibilité.

221. Il y a cependant une différence, qui est cause que Kant n'indique le rapprochement que comme approximatif. Ainsi que nous l'avons vu, dans l'ordre théorique, c'est l'élément sensible, l'intuition, qui réalise la liaison des deux termes ; ici, c'est le monde intelligible, objet de conception rationnelle, mais non d'intuition, qui rend cette liaison pratiquement réalisable.

222. Il ne faudrait pas interpréter la phrase de Kant comme si le fait d'appartenir au monde sensible était le principe réel du mal moral. Sans doute le mal suppose l'adoption de mobiles fournis par la sensibilité, mais c'est précisément l'adoption de ces mobiles par la raison, et au préjudice du mobile de la loi, qui fait le mal.

223. L'expérience nous montre des actions dont nous jugeons, selon le principe de l'autonomie, qu'elles n'auraient pas dû se produire.

224. Pour Kant, tous les phénomènes sans exception sont soumis au principe de causalité, et c'est de là essentiellement qu'ils reçoivent le caractère de vérité qui les distingue des simples rêves.

225. La nécessité est, avec l'universalité, la marque de l'*a priori*.

226. Le concept d'une nature, c'est ici le concept d'une liaison nécessaire d'après des règles.

227. On sait que Kant présente les principes de l'entendement comme des conditions de la possibilité de l'expérience.

228. Parce qu'elle ne peut point être saisie dans une intuition correspondante.

229. C'est-à-dire, selon le sens du mot *dialectique*, que la raison engendre des *antinomies* dont elle ne peut triompher qu'en prenant conscience de l'illusion inévitable qui l'égare : ici, c'est l'antinomie de la liberté et de la nécessité. (V. dans la *Critique de la raison pure* le chapitre intitulé *l'Antinomie de la raison pure* ; V. aussi *Prolégomènes*, § 50-54.)

230. La thèse de la nécessité paraît d'accord avec la science, dont elle consacre les exigences ; la thèse de la liberté est surtout en accord avec la morale, qui, mettant ce qui doit être au-dessus de ce qui est, suppose le pouvoir de réaliser ce qui doit être.

231. Kant expliquera plus loin que l'on peut admettre que la liberté est possible, sans être en état d'admettre comment elle l'est.

232. Si la liberté s'introduisait dans le cours des phénomènes du monde, ou bien elle ne serait pas liberté, elle ne serait que nature, — ce qui la mettrait en contradiction avec elle-même, — ou bien elle briserait la trame des règles qui seules rendent possible l'expérience, — ce qui la mettrait en contradiction avec la nature. Pour que la liberté soit possible, il faut donc qu'elle soit admise dans un autre monde que le monde des phénomènes.

233. A la différence de la première et de la deuxième antinomie, dont les thèses opposées sont également fausses, la troisième antinomie (la liberté et la nécessité), comme du reste la quatrième, permet d'admettre, dès qu'est écartée l'illusion dogmatique, la vérité des thèses opposées, mais seulement à des points de vue différents.

234. La philosophie spéculative n'a pas à poser les principes propres de la philosophie pratique ; mais elle est amenée à décider si la position de ces principes est théoriquement autorisée ; elle doit, comme dit Kant dans la *Dialectique transcendantale*, « déblayer et affermir le sol pour le majestueux édifice de la morale ».

235. C'est, comme Kant le déclare souvent, une des grandes utilités de la Critique que de pouvoir exclure, en raison de leur dogmatisme, toutes les doctrines qui, comme le matérialisme, le naturalisme et le fatalisme, rendraient impossible un usage pratique de la raison.

236. La fonction propre de la raison pratique ne commence qu'avec la position du principe moral.

237. A une condition, sur laquelle Kant a beaucoup insisté : à la condition que les phénomènes ne soient pas pris explicitement ou implicitement pour des choses en soi, et c'est cette erreur que doit empêcher désormais la doctrine des formes *a priori* de la sensibilité.

238. Ici Kant considère la liberté de l'homme dans le monde intelligible comme liée essentiellement à l'accomplissement de la loi morale, tandis que dans la *Critique de la raison pure* il l'avait envisagée surtout comme la puissance de se déterminer en opposition aussi bien qu'en accord avec la loi morale : le caractère intelligible exprimait essentiellement hors du temps le sens dans lequel la détermination était prise. Nous avons expliqué plus haut que, malgré la prépondérance de la première conception dans les *Fondements de la Métaphysique des mœurs*, Kant n'avait pas renoncé à admettre aussi la liberté comme liberté de choix ou libre arbitre. Il semble que dans sa pensée s'établisse implicitement une hiérarchie des diverses significations de la liberté, et que désormais la liberté identique à la loi morale, vérité pratique suprême, domine à la fois et justifie la liberté de choix.

239. L'homme n'est pas moralement mauvais parce qu'il a des inclinations, ou que même dans une certaine mesure il cherche à les satisfaire, mais parce qu'il emprunte aux mobiles qu'elles fournissent la maxime de sa conduite en lui conférant l'autorité qui n'appartient qu'à la loi morale.

240. Nous avons, selon Kant, le droit de penser des objets suprasensibles ; l'illusion ne commence qu'avec la prétention de convertir cette pensée en connaissance, alors qu'il nous faudrait pour cela un genre d'intuition qui nous manque, une intuition intellectuelle.

241. Prétendre connaître le monde intelligible, ce serait, puisque toute intuition intellectuelle nous fait défaut, le changer en un monde sensible et chercher en lui des mobiles comme ceux que le monde sensible nous offre.

242. Cette formule de Kant atténue ou efface singulièrement le réalisme de la chose en soi qui dans d'autres passages soutient la conception d'un monde intelligible.

243. Connaître comment la liberté est possible, ce serait, étant données les limites dans lesquelles notre connaissance est enfermée, transformer la liberté en nature.

244. Si la Critique établit que pour les grands objets de la Métaphysique, liberté, immortalité, existence de Dieu, il est impossible de présenter des preuves théoriquement démonstratives, elle établit aussi bien et mieux encore qu'il est impossible de résoudre dans le sens de la négation les problèmes soulevés par là.

245. De l'erreur qui consiste à traiter les phénomènes comme des choses en soi, est solidaire l'erreur qui consiste à traiter les choses en soi comme des phénomènes.

246. Nous avons vu comment Kant exclut la doctrine du sentiment moral, que dans la période antécritique il avait un moment acceptée pour son compte.

247. L'influence de la loi morale sur notre sensibilité est certaine, et elle se manifeste notamment par le respect que la loi nous impose à son égard ; mais comment s'exerce cette influence, c'est ce qu'il nous est impossible de comprendre. (V. dans la *Critique de la raison pratique* la partie du chapitre III. I, intitulée : *Des Mobiles de la raison pure pratique*.

248. Du monde intelligible nous ne connaissons donc que la loi qui nous oblige, en ayant seulement la conscience d'être aussi par notre volonté raisonnable les auteurs de cette loi.

249. « La colombe légère, lorsque dans son libre vol elle fend l'air dont elle sent la résistance, pourrait s'imaginer qu'elle volerait bien mieux encore dans le vide. C'est justement ainsi que Platon quitta le monde sensible, parce que ce monde oppose à l'entendement trop d'obstacles divers, et s'aventura au delà de ce monde, sur les ailes des idées, dans l'espace vide de l'entendement pur. » *(Introduction de la Critique de la raison pure.)*

250. Cette croyance rationnelle a pour objet un ordre de choses dans lequel disparaîtraient les obstacles qui s'opposent à la moralité et dans lequel s'établirait, par la puissance d'une Cause souveraine, une juste proportion entre la vertu et le bonheur ; le monde intelligible serait donc comme le lieu où doit se réaliser, selon les exigences de la moralité, l'unité de tout le système des fins. La *Critique de la raison pure*, dans la 2ᵉ section du chapitre II de la *Méthodologie transcendantale*, avait indiqué cette conception du souverain bien ; la *Critique de la raison pratique*, avec sa doctrine des *postulats*, exposera plus spécialement le caractère propre de l'affirmation dont le souverain bien est l'objet, tandis que la *Critique de la faculté de juger* fera surtout ressortir le sens et la portée de la loi selon laquelle doit se concevoir, dans l'harmonie totale de l'univers, l'accord du monde de la nature et du monde moral.

251. La raison tend à l'inconditionné ; et cette tendance la porte à concevoir dans l'ordre théorique une Cause suprême du monde ; mais elle ne peut faire correspondre de réalité objective à cette idée, qui reste transcendante par rapport à nos facultés spéculatives. Au point de vue pratique, au contraire, la raison saisit avec la loi morale la réalité objective de l'inconditionné, car elle découvre dans la loi morale une puissance de réalisation immanente.

252. Si la nécessité inconditionnée de la loi morale pouvait être comprise, elle se trouverait de la sorte conditionnée par les principes

qui permettraient de la comprendre. Ceci ne veut pas dire que la loi morale n'est pas fondée en raison ; au contraire, elle est identique à la raison même, conçue comme pratique par elle seule. Mais il faut tenir compte de ce que la Critique a mis en lumière : la raison humaine n'est pas une raison absolue, créatrice et intuitive ; c'est une raison limitée qui ne peut pas remonter au delà de l'idée d'une puissance pratique spécifiquement distincte des facultés théoriques et incapable de manifester avec elles une relation d'une autre sorte qu'une supériorité d'intérêt dans la poursuite de l'universel.

Table

Composition réalisée par NORDCOMPO

IMPRIMÉ EN FRANCE PAR BRODARD ET TAUPIN
Usine de La Flèche (Sarthe).
LIBRAIRIE GÉNÉRALE FRANÇAISE - 43, quai de Grenelle - 75015 Paris.
ISBN : 2 - 253 - 06514 - 5